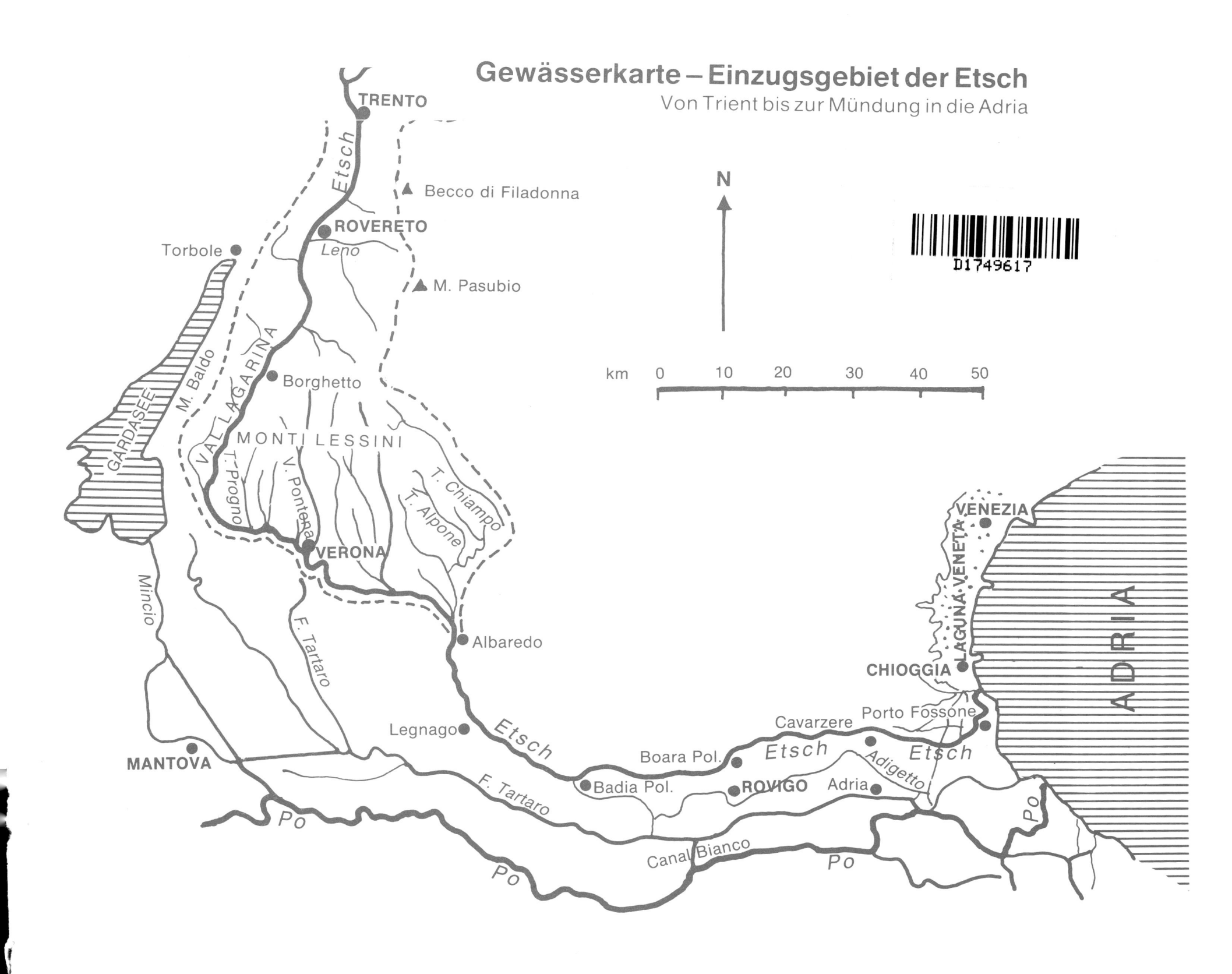

Gewässerkarte – Einzugsgebiet der Etsch
Von Trient bis zur Mündung in die Adria

Die Etsch

Umschlagbilder:
vorne: Die Etsch im Bereich der „Berner Klause" vor Verona
hinten: Ausblick von Castelfeder bei Auer auf das Etschtal (Bozner Unterland)

1984

Alle Rechte vorbehalten
© by Verlagsanstalt Athesia, Ges.m.b.H., Bozen
Umschlaggestaltung: Roland Prünster, Bozen
Gesamtherstellung: ATHESIADRUCK, Ges.m.b.H., Bozen
ISBN 88-7014-359-7

Peter Ortner Christoph Mayr

Die Etsch

Natur- und Kulturbild eines Alpenflusses

VERLAGSANSTALT ATHESIA - BOZEN

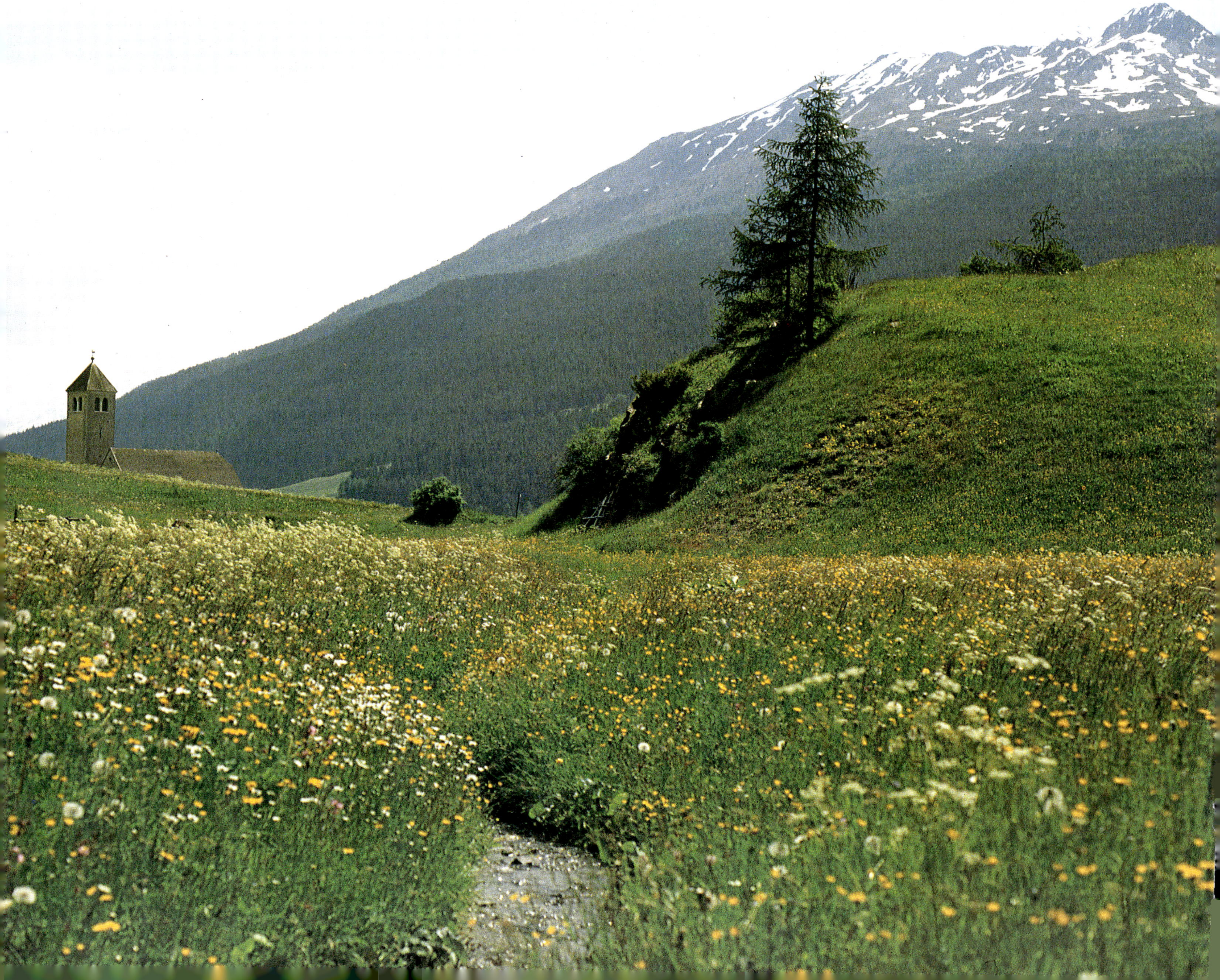

VORWORT

Beim Anblick des unscheinbaren Wiesenbächleins im Bereich des Ortes Reschen im Vinschgau würde kein Mensch vermuten, daß es sich dabei um den Hauptfluß Südtirols, des „Landes an der Etsch und im Gebirge", und um den zweitgrößten Fluß Italiens handelt. Die Etsch greift mit ihrem auf Südtiroler Boden liegenden Oberlauf und ihren Quellbächen tief in die Alpen hinein. Vom Ursprung nahe dem Reschensee fließt sie durch Südtirol und das Trentino der Scaligerstadt Verona zu, wobei sie viele, zum Teil wasserreiche Nebenflüsse aufnimmt. In ihrem Einzugsgebiet befinden sich zahlreiche Gletscher; ein Großteil gehört dem Abschnitt vom Etschursprung bis Bozen an (Ortlergruppe, Ötztaler Alpen). Südlich von Verona erhebt sich die Sohle der Etsch über das Geländeniveau. Sie strömt als ausgesprochener Dammfluß durch die Venetianische Ebene und mündet schließlich bei Porto Fossone südlich von Chioggia in die Adria.

Die Autoren dieses Buches möchten dem Leser die Natur- und Kulturlandschaft des Etschlaufes und des gesamten Einzugsgebietes von der Quelle bis zur Mündung in Text und Bild vorstellen. Die Alpenflüsse waren bis zum Beginn unseres Jahrhunderts auf weite Strecken von menschlichen Eingriffen verschont geblieben und stellten — zumindest gebietsweise — eine echte Urlandschaft dar. Wegen des mäandrierenden Laufes, der Schotterbänke, der Auwälder und Sumpfflächen bot das Etschtal früher das Bild einer schwer gangbaren Talfurche. Die alten Siedlungen liegen durchwegs auf Schutt- und Murkegeln. Das heutige Etschtal hingegen verdankt sein Aussehen der wasserbaulichen Tätigkeit von Jahrhunderten. Erste Maßnahmen standen im Dienste der Flößerei. Durch die Errichtung von Uferschutzbauten sollte den verheerenden Überschwemmungen, besonders im Unterlauf, Einhalt geboten werden. — In den letzten 150 Jahren wurde die Etsch durchgehend reguliert; dabei ist allerdings ein unschätzbares Naturpotential schwerstens beeinträchtigt bzw. zerstört worden. Groß ist auch das Ausmaß der Schäden und der Anteil an Naturlandschaften, der bisher der Nutzung der Wasserkraft geopfert wurde. So ragt aus dem Reschensee heute nur mehr der Kirchturm der einstigen Ortschaft Graun hervor.

Hauptanliegen dieses Buches ist eine Darstellung der Etsch und ihres Einzugsgebietes im Spannungsfeld zwischen Natur und Zivilisation. Besonderer Wert wird dem Thema „Wasser" mit den vielfältigen Lebensräumen und Lebensgemeinschaften beigemessen. Wasser ist Odem des Lebens; wo es versiegt, breiten sich die Zonen des Todes aus. An den großen Strömen der Erde und an den Ufern der Seen baute der Mensch seine ältesten Siedlungen. Wasser hat seit Jahrmillionen die Landschaft geformt. Wasserfälle, Schluchten und Klammen werden als Naturdenkmäler gewertet. Wegen der erstrangigen Stellung der Etsch unter den Flüssen der Südalpen wurde sie bereits in alten Geschichts- und Geographiebüchern am häufigsten erwähnt. Unbestritten ist die völkerverbindende Bedeutung des Etschtales. Die vielen Siedlungen, Schlösser und Burgen sind beredte Zeugen einer traditionsreichen Kulturgeschichte.

Das Thema „Etsch" umfaßt einen großen geographischen Raum: Südtirol, das Trentino, Verona, die Venetianische Ebene und das Mündungsgebiet südlich von Chioggia. Die Etsch liefert Trinkwasser für über eine Million Menschen; ihr Wasser dient auch der Bewässerung großflächiger landwirtschaftlicher Kulturen. Möge daher dieses Buch auch dazu beitragen, daß der Mensch sich dem Wasser gegenüber verantwortlich erweist. Die Flüsse dürfen nicht zu billigen Entsorgern von Abfällen und Abwässern werden, denn sie stellen einen wesentlichen Bestandteil unserer Umwelt dar.
Ein besonderer Dank gilt der Verlagsanstalt Athesia, die die Herausgabe dieses Buches in großzügiger Weise ermöglicht hat.

Quellauf der Etsch unweit des Ortes Reschen im Vinschgau

Peter Ortner
Christoph Mayr

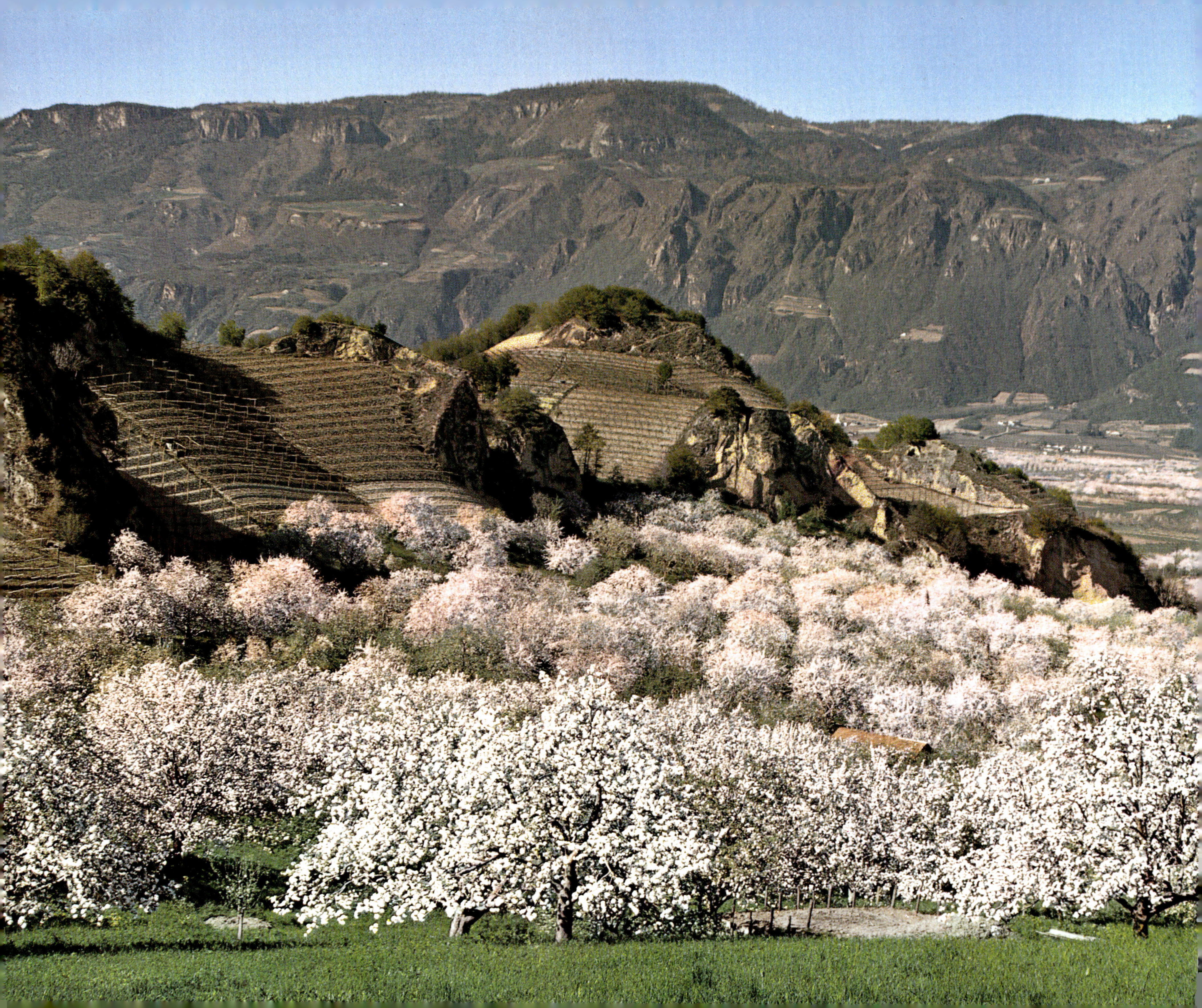

Das Einzugsgebiet der Etsch

Allgemeines

Die Etsch entspringt nahe dem Reschensee in 1586 m Höhe. Sie hat ein Einzugsgebiet von 11.954 km² und eine Länge von 409 km. Was die Größe des Einzugsgebietes anbelangt, nimmt die Etsch nach dem Po und dem Tiber die dritte Stelle unter den italienischen Flüssen ein; hinsichtlich der Länge ist sie, nach dem Po, der zweitgrößte Fluß Italiens. Mit ihrem auf Südtiroler Boden liegenden Oberlauf und den zahlreichen Quellflüssen, die etwas über 60 Prozent des gesamten Flußbereiches einnehmen, greift sie tief in den Alpenraum ein und schiebt sich weit nach Norden zwischen die zur Donau entwässernden Sammelräume von Inn und Drau vor.

Die Etsch fließt von ihrer Ursprungsquelle nach Süden und Osten durch den Vinschgau bis Meran, dann nach Südosten bis Bozen (250 m), wo sie den Eisack aufnimmt. Das Südtiroler Unterland erstreckt sich von der Eisackmündung bis Salurn. Die Etsch nimmt unterhalb der Salurner Klause den Noce und den Avisio auf, durchfließt das Val Lagarina (Lagertal) im Trentino und bricht durch die Berner Klause zur Poebene durch. Als wichtigste Zuflüsse seien linksseitig der Karlinbach, der Punibach, der Schnalser Bach, die Passer, der Eisack, der Avisio, der Fersenbach (Fersina), der Leno di Terragnolo, der Valpantena und der Alpone genannt; rechtsseitig empfängt die Etsch den Rambach, den Suldenbach, die Plima, die Falschauer und den Noce. Bald nach der Einmündung des Tasso, der von den Abhängen des Monte Baldo kommt, wird die Etsch zum typischen Strom der Ebene. Sie nimmt nur mehr die Bäche aus den Lessinischen Bergen auf; von Albaredo an ist kein Zufluß mehr zu verzeichnen. Verona liegt beiderseits der großen Etschmäander am Ausgang der Brennerlinie in die Poebene, 59 m über dem Meere. — Ab S. Giovanni Lupatoto unterhalb von Verona hebt sich die Sohle der Etsch über das Geländeniveau. Von Hochwasserdämmen begleitet und durch viele Kanäle mit dem Po verbunden mündet sie bei Porto Fossone, südlich von Chioggia, in das Adriatische Meer.

Die Querschnittsbreite der Etsch schwankt zwischen einem Minimum von 40 m auf der Strecke Meran–Bozen und einem Maximum von 269 m an den inneren Dammrändern der Zevio-Brücke. Das Gefälle beträgt im oberen Vinschgau maximal 55 Prozent, schwankt im mittleren und unteren Vinschgau zwischen 39 und 23 Prozent im Bereich der Murkegel bzw. 7 bis 3 Prozent an den Flachstrecken und nimmt von Meran bis an die Adria einigermaßen gleichmäßig von 6 auf 0,18 Prozent ab. Die von 1921 bis 1943 durchschnittlich geführte Wassermenge der Etsch bei Trient betrug 220 m³ pro Sekunde.

Das Etschtal einst und jetzt

Das vorwiegend von Norden nach Süden verlaufende Etschtal stellt einen der bedeutendsten Verkehrswege durch die Alpen dar. Es ermöglicht den unmittelbaren Zugang zum oberitalienischen Raum, stellt über den Reschen (1508 m) aber auch eine Verbindung nach Mitteleuropa her. Deshalb war das Etschtal schon in ältesten Zeiten das wichtigste Durchzugsgebiet Südtirols. Es wurde verkehrsmäßig von den Römern durch die in den Jahren 15 bis 47 n. Chr. erbaute Via Claudia Augusta erschlossen, deren Spuren uns mehrfach begegnen; vom Po ausgehend folgte sie der Etsch aufwärts und überschritt den Reschen. Das Etschtal war auf weite Strecken ein Sumpfgebiet. Die Talsohle nahmen neben dem ständig wechselnden Lauf der Etsch dichte Auwälder, Möser und Schotterbänke ein. Die Flora und Fauna war unvorstellbar reich an Arten. Häufig bildeten sich im Stau seitlicher Schuttkegel mehr oder weniger langlebige Seen, denen der Talabschnitt zwischen Calliano und Borghetto den Namen „vallis lagarina" verdankt. So war das Etschtal nur begrenzt nutzbar und für die Besiedlung wenig geeignet. Die Etschsümpfe, insbesondere jene im Raume von Leifers, zählten zu den gefürchteten Malaria-Herden. Immer wieder kam es zu großen Überschwemmungen. Deshalb liegen in Südtirol nur Glurns und Kurtinig auf der Talsohle, alle übrigen Siedlungen aber auf den Schuttkegeln bzw. im Zwickel zwischen benachbarten Murkegeln. Den geschilderten Verhältnissen trug auch die bereits genannte römische Militärstraße Rechnung, die vorwiegend auf Hangterrassen und über Murkegel verlief. Die Etsch bot sich als idealer Transportweg für Holz und Kaufmannsgüter aller Art an. Die Flößerei entwickelte sich daher zu einem blühenden, über die Landesgrenzen hinausgreifenden Erwerbszweig.

Mit dem Bau der Brennerbahn im Jahre 1858 und der Erschließung der Täler durch die ersten modernen Straßen kamen diese traditionsreichen Transportarten in Südtirol und im Trentino rasch zum Erliegen und sind heute nahezu in Vergessenheit geraten. Infolge der Etschregulierung und der Trockenlegung der Möser änderte sich die Landschaft der Etschtalsohle völlig. Die Auwälder und Feuchtgebiete der Etsch sind von Obstkulturen verdrängt worden. Der Weinbau wurde vorwiegend auf den hochwasserexponierten Schutt- und Murkegeln betrieben. Heute gleicht das Etschtal, in Südtirol wie im Trentino, einem fast zusammenhängenden großen Obst- und Rebgarten. In seinem flächenmäßig beschränkten Bereich konzentriert sich der Großteil der Bevölkerung und der wirtschaftlichen Aktivität.

Obstblüte bei Unterrain-Missian im Überetsch

Orographischer Überblick

Die Wasserscheidelinie zwischen Etsch und Donau (Adria — Schwarzes Meer) verläuft über den Reschen und Brenner nach Toblach im Pustertal. Kurz diesseits der ersten Häuser des Dorfes Reschen ist rein höhenmäßig (1507 m) die Wasserscheide, in der Verschneidung einer sanften Schuttkegelwölbung, die vom Ausgang des Rojener Tales herabsteigt, mit dem Felsgehänge, das vom Plamorder Boden abfällt. Das Tal Rojen ist seiner Lage, Einfassung und Orientierung nach so auffällig nach Norden gerichtet, daß auch dem ungeschulten Beobachter bewußt wird: Es entwässerte früher mit dem Stillebach nach Nauders, zum Inn, heute aber biegt der Bach aus Rojen in seinem letzten Abschnitt nach Osten zum Reschensee ab. Er hat im See den flachen Schuttkegel aufgeschüttet, auf dem der Weiler Pitz liegt, und heißt danach Pitzbach. Der erste größere Bach, der die Etsch speist, ist der aus Langtaufers kommende Karlinbach. Der nur 1370 m hohe Brenner verbindet das Inntal mit dem Eisack- und Etschtal; er bildet die Wasserscheide zwischen Adria und Schwarzem Meer. Das Toblacher Feld (1220 m) im Hochpustertal stellt die Wasserscheide zwischen Rienz (Adria) und Drau (Schwarzes Meer) dar. Die Lage des Sextentales läßt erkennen, daß es einst zur Rienz entwässerte. Erst in jüngerer Zeit wurde der Sextenbach durch den vom Silvesterbach bei Toblach abgelagerten, breiten Schuttkegel zur Drau hin abgelenkt und mündet mit der Donau in das Schwarze Meer. Zu Wasserscheideverlegungen kam es auch im Nonsberg und in der Valsugana. Der Noce floß früher aus dem Nonsberg über den Sattel von Andalo zum Gardasee und gehörte damit dem Einzugsgebiet des Po an. Heute mündet er durch die Schlucht der Rocchetta in das Etschtal, und zwar im Bereich des großen Weinanbaugebietes (Piano Rotaliano) zwischen Mezzolombardo und Mezzocorona (Deutschmetz). Unweit der Mün-

Toblach im Hochpustertal mit der Haunoldgruppe und dem Höhlensteintal im Hintergrund. Hier liegt die Wasserscheide zwischen Rienz und Drau.

Ausblick vom breiten Wiesensattel des Reschenpasses (1508 m) in Richtung Nauders, Tirol; Seite 9

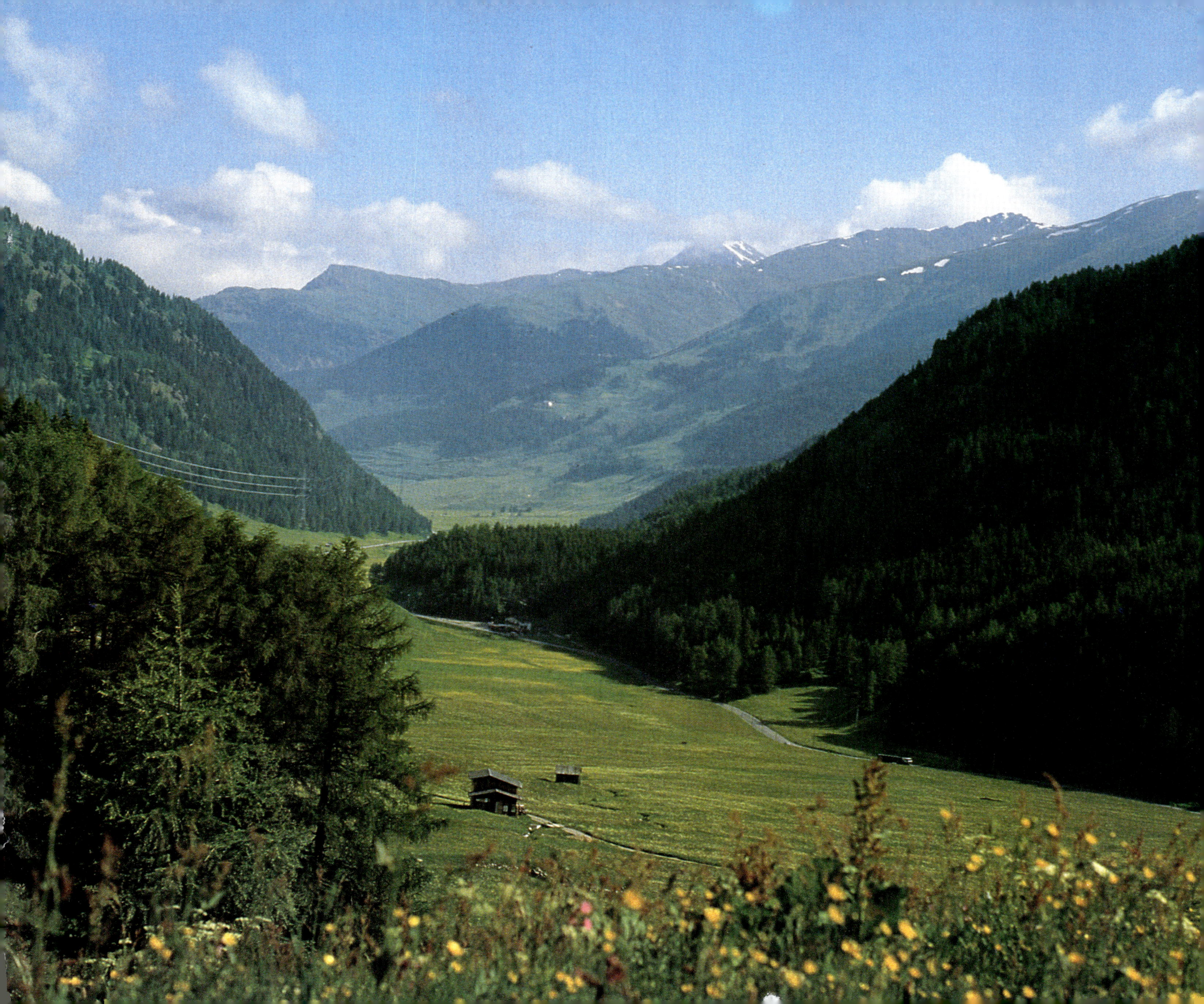

dung des Noce führt der Avisio der Etsch reichlich Wasser zu. Sein Einzugsgebiet erstreckt sich über die Dolomiten des Fassa- und Fleimstales sowie über einen Bereich der großen Quarzporphyrplatte (Val di Cembra). Sowohl der Avisio als auch der bei Trient mündende Fersenbach haben sich ihren Weg ins Etschtal durch gewaltige Schluchten (z. B. „L'Orrido di Ponte Alto" bei Trient) gebahnt. Dies und die besondere Morphologie des Tales von Pinè und der Valsugana weisen darauf hin, daß diese Bäche nicht immer dem Einzugsgebiet der Etsch angehört haben. Heute bildet das Valsugana die Wasserscheide zwischen Etsch und Brenta.

Infolge der Steilheit der Hänge und der beachtlichen Eintiefung der Etsch, die auf die Adria als Erosionsbasis eingestellt ist, erreichen die relativen Höhenunterschiede Spitzen, die zu den bedeutendsten der Alpen gehören. So ragen die Tschenglser Hochwand (3378 m) im Vinschgau auf 6 km horizontaler Entfernung um etwa 2500 Meter und das Roteck (3338 m) in der Texelgruppe bei Meran auf 9,5 km Abstand um mehr als 2300 m über die Sohle des Etschtales auf. Weder die Etsch noch ihre wichtigsten Nebenflüsse entspringen auf Gipfeln, sondern beginnen ihren Lauf auf Jöchern und Übergängen; sie fließen in Betten mit geringem Gefälle zu Tal. Die Nebenbäche haben weiter oben ihren Ursprung und münden nach kurzem Lauf in größere Wildbäche ein. Die kleineren Täler führen demnach Bäche, die wegen des starken Gefälles sehr rasch fließen und einen nachhaltigen Einfluß auf den Wasserlauf nehmen, den sie speisen. In diesem Zusammenhang sei lediglich auf die Schuttkegel hingewiesen, die oft riesige Ausmaße annehmen (z. B. im Vinschgau). Gewaltige Mengen von Schuttmaterial werden von den Wildbächen bei Hochwasser mitgeführt und gelangen schließlich in die Etsch, deren Bett dadurch nach und nach gehoben wird. Dies hat wiederum einen hohen Pegelstand bei Hochwasser zur Folge.

Die periodisch schwankenden Hebungs- und Abtragungsprozesse in den Alpen haben zu einer stockwerkartigen Gliederung geführt, die im Ein-

Die gewaltige Klamm des Fersenbaches von Ponte Alto bei Trient

zugsgebiet der Etsch deutlich in Erscheinung tritt. Als höchstes Stockwerk kommt das Hochgebirge in Frage, das in 2500 bis 2600 m Höhe scharf aus einem flacheren Gelände emporragt. Es erreicht im zentralalpinen Bereich, im Ortlergebiet und in den Dolomiten eine Mächtigkeit von 1000 und mehr Metern. An das Hochgebirge schließt sich talwärts ein ausgedehntes, welliges Gelände an, das man treffend als Mittel-, Sanft- und Flachrelief bezeichnet. Dieses großzügig entwickelte Stockwerk beherrscht über weite Strecken das Landschaftsbild. Die Verebnungen sinken in Südtirol von 2500 bis 2600 m Höhe im Gebirgsinneren auf 1800 m im Raum von Bozen und lassen sich über die Lessinischen Berge sowie die Dreizehn Gemeinden bis an den Alpensüdrand verfolgen. In die Oberfläche der Mittelgebirge wurden die heute noch aktiven Talzüge eingeschnitten. Da ihre Eintiefung mehrmals von Zeiten relativer Ruhe unterbrochen war, weisen die Haupt- und Nebentäler eine stufenförmige Gliederung im Längs- und Querprofil auf. Die Simse und Terrassen entsprechen jeweils alten Talböden. Jede Talfurche besteht demnach aus mehreren, von oben nach unten zunehmend jüngeren Abschnitten. An den verschiedenen Höhenlagen ist beispielsweise die Landesfläche von Südtirol wie folgt beteiligt: 40% liegen über 2000 m Höhe, 44% zwischen 1000 und 2000 m und nur 16% unter 1000 m. Die Massenerhebungen spielen damit eine entscheidende Rolle und beeinflussen wesentlich die Vergletscherung, die Höhenlage der Schneegrenze, die Ausdehnung der Waldfläche und nicht zuletzt die meteorologisch-klimatischen Verhältnisse. Allerdings macht die tiefe Zertalung und Einschartung der Kämme gerade den Alpenbereich von Tirol sehr gut durchgängig.

Der Einfluß der tektonisch bedingten Lagerungsverhältnisse der Gesteinsfolgen macht sich im Etschtal immer wieder bemerkbar. So bewirkt die Schrägstellung der Schichtung oder Schieferung eine Asymmetrie von Talflanken und Bergkämmen.

Das Weindorf Kurtatsch (333 m) im Bozner Unterland auf einer kleinen Terrasse über dem Etschtalboden

Der geologische Bau

Die Gesteine, die das Einzugsgebiet der Etsch aufbauen, weichen nicht nur in bezug auf Entstehung, Aussehen und Mineralbestand stark voneinander ab; sie unterscheiden sich zudem recht wesentlich im Baustil, der ihnen durch gebirgsbildende Vorgänge aufgeprägt wurde. Die Formenvielfalt, die das behandelte Gebiet aufweist, ist das Ergebnis der Wechselwirkung von Gesteinsbestand, tektonischem Bau, postorogenen Hebungen und der abtragenden Tätigkeit der außenbürtigen Kräfte (Wasser, Gletschereis).

Gesteinsbestand und Durchlässigkeit des Untergrundes

Das Einzugsgebiet der Etsch hat an zwei Grundbaueinheiten der Ostalpen, den Zentral- und den Südalpen, Anteil. Die Grenze wird von zwei Störungslinien gebildet, die Glieder eines weit über Südtirol hinausreichenden Bruchsystems sind. Es handelt sich um die Judikarien-Linie, die aus dem gleichnamigen Tal über Meran ins obere Eisacktal zieht, und um die Pustertaler Linie, die von Mauls im Eisacktal ostwärts durch das nördliche Gehänge des Pustertales schneidet. Vom geologisch-hydrographischen Standpunkt aus lassen sich im Etscheinzugsgebiet drei große Zonen unterscheiden.

Die erste Zone (Südtirol) erstreckt sich nördlich und nordwestlich der vorhin erwähnten Störungslinien, die vom Tonalepaß und Malè über Meran, Mauls und Bruneck nach Innichen führen. An diesen Bruchstellen reihen sich mehrere granitische, tonalitische und dioritische Intrusivkörper (z. B. Brixner Granit, Rieserferner Tonalit) aneinander. Im ganzen Gebiet überwiegen Glimmerschiefer, Paragneise und Phyllite, denen Marmorzüge (z. B. Laaser Marmor) und Augengneise eingelagert sind. Stellenweise sind diese kristallinen Schiefer von carbonatischen Meeressedimen-

Die Schlucht der Latschander, über der sich der Burgfels von Kastelbell (Vinschgau) erhebt; den Hintergrund bilden die Berge von Meran.

ten (Kalk, Dolomit) überlagert, so in der Ortlergruppe und im Bereich des Reschenpasses. Zu diesem Gesteinsmaterial treten noch die Kalkschiefer der Sterzinger Gegend, des Pfitsch- und Ahrntales. In unserem Klimabereich fließt ein beachtlicher Teil des Niederschlages ober- und unterirdisch ab. Ein Hilfsmittel für die Abschätzung des ober- und unterirdischen Abflusses bietet vor allem die Einteilung der Gesteine nach dem Grad ihrer Durchlässigkeit. Die kristallinen Schiefer und Gesteine vom Granit- bzw. Diorittypus stellen ein ausgesprochen undurchlässiges Gesteinsmaterial dar, die Kalkschiefer hingegen sind aufgrund ihrer Beschaffenheit halbdurchlässig. Als durchlässig erweisen sich Streifen von besonderem Kalkgestein, das Alluvium der Talsohle und die mehr oder weniger von Moränenmaterial begleiteten karigen Gebiete an den Hängen. Nach den Ergebnissen, die Tiefbohrungen im Raume von Trient und geoelektrische Sondierungen bei Auer und Trient geliefert haben, erreicht die Lockergesteinsfüllung des Etschtales eine Mächtigkeit von etwa 200 m. Es handelt sich dabei um eine wechselnde Folge von feinkörnigen Seeablagerungen, fluviatilen Sanden und Schottern.

Die zweite, zu den Südalpen zählende Zone im Einzugsbereich der Etsch umfaßt ein Dolomitengebiet, das auf einer ausgedehnten und über 1000 Meter mächtigen Quarzporphyrplatte ruht. Die Bozner Quarzporphyrtafel erstreckt sich von Meran bis gegen Trient, wobei sie besonders in den Tälern zutage tritt, die von der Talfer, dem Eisack, dem Avisio und dem Fersenbach durchflossen werden. Am Aufbau dieses ausgedehntesten Eruptivkomplexes der Alpen sind vor allem Ablagerungen von Glutwolkenausbrüchen, Tuffhorizonte und Lavaergüsse beteiligt. Die Porphyrtafel wird abschnittsweise vom Grödner Sandstein und randlich von einer mächtigen Folge mariner Sedimentgesteine überlagert, die im Südosten die Dolomiten im engeren Sinn und im

Säulenförmig ausgebildete Quarzporphyrfelsen bei Pfatten im Bozner Unterland

Westen das sogenannte Etschbuchtgebirge (Mendeldolomit) aufbauen. Die Serie setzt mit sandig-mergeligen, zum Teil gipsführenden Lagunen- und Flachwasserablagerungen ein, auf die im Westen gebankte Algenkalke und -dolomite folgen. Der Bereich der Dolomiten hingegen ist infolge Aufgliederung des einstigen Meeresbodens in Becken und Schwellen durch eine wechselvolle Sedimentation gekennzeichnet. Auf den Schwellen ragen bis 2000 m mächtige Korallenriffe auf, während kalkig-mergelig-tonige Schichten die Senken erfüllen. Ihr sind Tuffe und Laven als Förderprodukte untermeerischer Vulkanausbrüche eingeschaltet. Während die Dolomitschichten der mittleren und oberen Trias wasserdurchlässig sind, handelt es sich beim Grödner Sandstein und den gipsführenden Ablagerungen des Perm um halbdurchlässige Gesteine.

Die dritte (südliche) Zone wird vorwiegend aus reinen bis mergeligen Kalkgesteinen der Jura-, Kreide- und Tertiärzeit aufgebaut, die halbdurchlässig bis durchlässig sind. Aufgrund von untergeschobenen Tuffschichten oder von Eruptionsstellen und Basaltgängen erweisen sich nur wenige Bereiche (z. B. Chiampo, Alpone) als wasserdurchlässig. Auf die Hügelzone folgt das große Moränengelände linksseitig des Gardasees und das Gebiet der Alluvionen innerhalb der Veroneser Ebene. Diese südliche Zone hat im Vergleich zur mittleren und nördlichen eine recht bescheidene Ausdehnung. Im großen und ganzen ist daher das Einzugsgebiet der Etsch wenig wasserdurchlässig. Dies und die beachtliche Steilheit der Gebirgshänge bildet den Grund für das rasche Ansammeln der Wassermassen und das starke Auswaschen der Böden durch die Tätigkeit des fließenden Wassers und der Niederschläge.

Der alte Etschgletscher

In der jüngsten geologischen Vergangenheit, der Eiszeit, reichten die Gletscher bis an den Alpenrand und noch darüber hinaus. Sie füllten die Täler hoch auf und hingen untereinander über Pässe und Einschartungen hinweg zu einem ganzen Eisstromnetz zusammen. Die Schneegrenze lag um etwa 1200 m tiefer als heute. Die fünf größten Gletscher der Alpen waren der Rhone- und Rheingletscher, der Inn-, Salzach- und Etschgletscher. Während die Spuren der älteren Eis- und Zwischeneiszeiten verwischt sind, lassen sich die Verhältnisse während der letzten Eiszeit (Würm—Glazial) recht gut rekonstruieren. Den charakteristischen Formenschatz kann auch der Laie, einmal aufmerksam gemacht, überall beobachten und verfolgen. Es handelt sich dabei vor allem um Gletscherschliffe, Findlinge, Moränen, Moränenseen, Kare, Rundhöckerfluren oder um hängende Seitentäler und Trogtäler mit charakteristischem U-förmigen Querschnitt.

Der Etschgletscher umfaßte, mit dem Eisack- und Rienzgletscher, fast ganz Südtirol. Nur die Dolomitentäler wurden größtenteils vom Piavegletscher beherrscht. Über den Reschen hing der Gletscher des Inntales mit dem des Etschtales zusammen; es ist hier Eis aus dem Inntal ins Etschtal übergeflossen. Immerhin wird es lange Zeit gebraucht haben, bis der Inngletscher am Ausgang des Engadin über den Reschen in den Vinschgau überfließen konnte. Die Felsen auf der Paßhöhe des Reschen wurden abgeschliffen. Der am Ausgang des Rojentales angehäufte Moränenschutt lenkte den aus dem Tal fließenden Bach zum Reschensee ab. Inzwischen sind auch die Gletscher aus den Ortler und Ötztaler Alpen ins Haupttal vorgedrungen; aus ihnen und dem Inngletscher ist ein gemeinsamer Etschgletscher entstanden. In der Gegend von Glurns strömte Eis aus dem Münstertal zu. Moränenschutt, den die Gletscher bei ihrem Schwinden zurückgelassen haben, verkleidet zum Teil hoch hinauf die Gehänge und bedeckt die Terrassen (z. B. Tannas, Talatsch, Schlandersberg, Nörderberg). Moränen anderer Art liegen an der Mündung des Matscher, Laaser und Martelltales. Auf einem der Uferwälle bei Laas steht die kleine Martinskirche. Die Höhe eines gewaltigen Stirnwalles am Ausgang von Martell krönt die Ruine Obermontani.

Im Meraner Gebiet stieß der breite Eisstrom aus dem Passeier zum Etschgletscher, in Bozen der Eisack- und Rienzgletscher dazu. Beachtlich waren auch die Firnflächen im Ulten- und Sarntal. Die Höhen um Meran und Bozen sind bis an die 2000 m hinauf mit Findlingen übersät, welche die eiszeitlichen Gletscher von weither brachten.

Aus Moränenmaterial haben sich später mehrere Gruppen von Erdpyramiden gebildet, so jene von Schloß Tirol, von Steinegg und vom Ritten. Die Montiggler Seen bei Eppan im Überetsch sind Moränenseen. Die riesige Eisfläche dehnte sich auch nach Süden über den ganzen Nonsberg hinweg aus, um erst an den Dolomiten der Brenta und, links der Etsch, an den Palaier Bergen wieder zu branden. Erst vom heutigen Trentino an begann die Oberfläche des Etschgletschers rascher zu sinken. Die große Eisflut verteilte sich bei Trient. Nach beiden Seiten flossen Gletscherströme ins Suganer Tal (Valsugana) und ins Sarcatal; ein mittlerer Teil folgte weiterhin dem Etschtal und drang durch die Berner Klause bis Rivoli Veronese vor. Die Eisoberfläche sank von etwa 2500 m Höhe am Alpenhauptkamm auf 2000 m an der Salurner Klause und 1500 bis 1200 m am Alpensüdrand ab. Zahlreich sind die Spuren, die der einstige Etschgletscher im heute abflußlosen Tal der Seen (z. B. Toblinosee, Molvenosee) und der Sarca hinterlassen hat (z. B. Gletschermühlen bei Torbole und Vezzano). Einzigartig ist das große Moränenamphitheater des einstigen Gardaseegletschers, das vom kleineren und fast kreisrunden Etschamphitheater bei Rivoli Veronese durch die Tasso-Ebene getrennt ist. Es handelt sich dabei um den ausgedehntesten Komplex konzentrisch angeordneter, von innen nach außen in die Höhe gestaffelter Stirnmoränenwälle der Südalpen. Nicht in einem Zuge, sondern mit ein paar Halten und Rückfällen ist der alte Etschgletscher wieder in Teile zerfallen und abgeschmolzen; das Land wurde eisfrei.

Junge Veränderungen im Landschaftsbild

In der jüngsten geologischen Vergangenheit übt das fließende Wasser die wesentlichste Tätigkeit aus, während die Wirkung von Eis und Schnee eine starke räumliche Einschränkung auf höhere Gebirgslagen erfahren hat.

Die Etsch im Bereich der Veroneser Klause

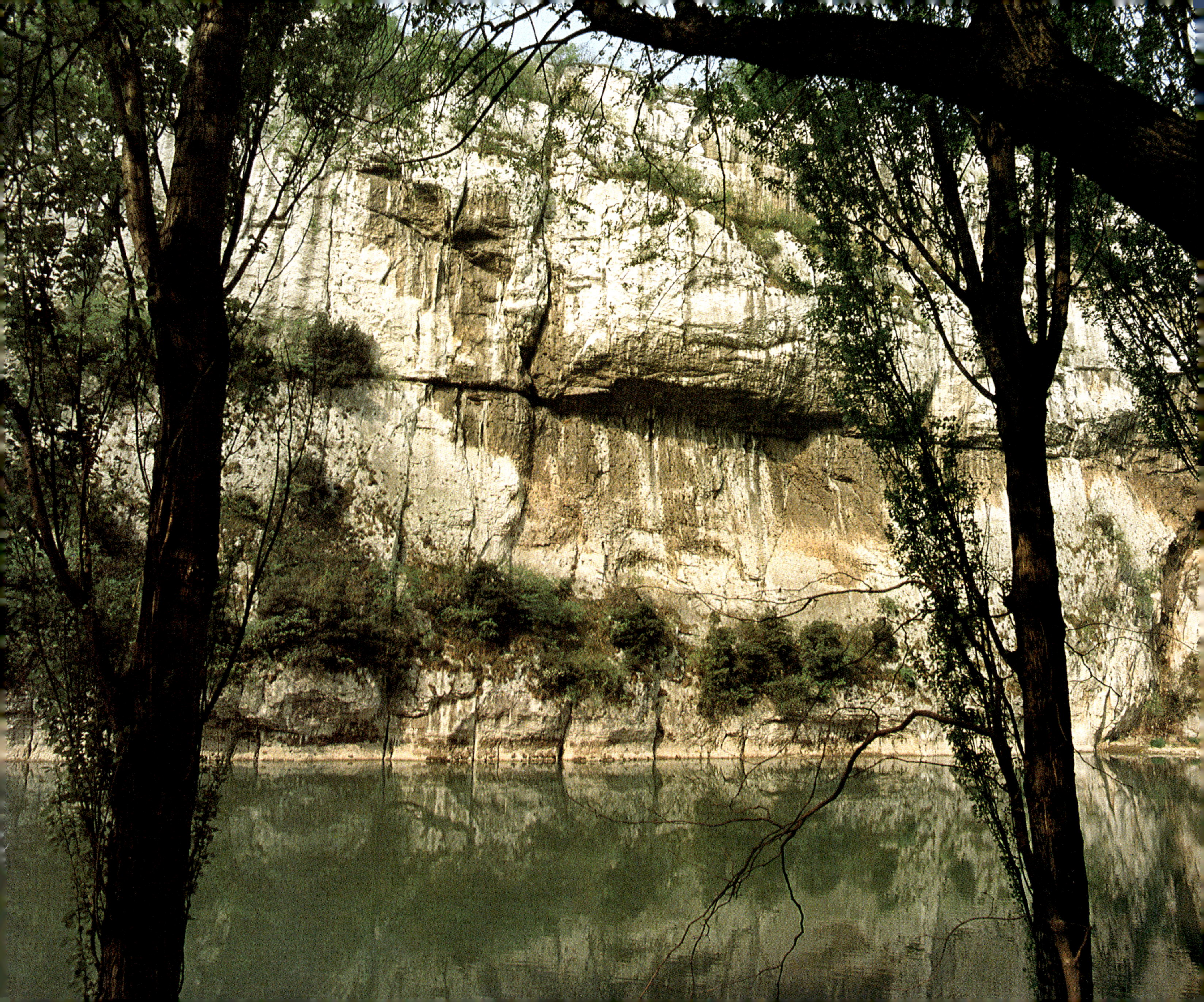

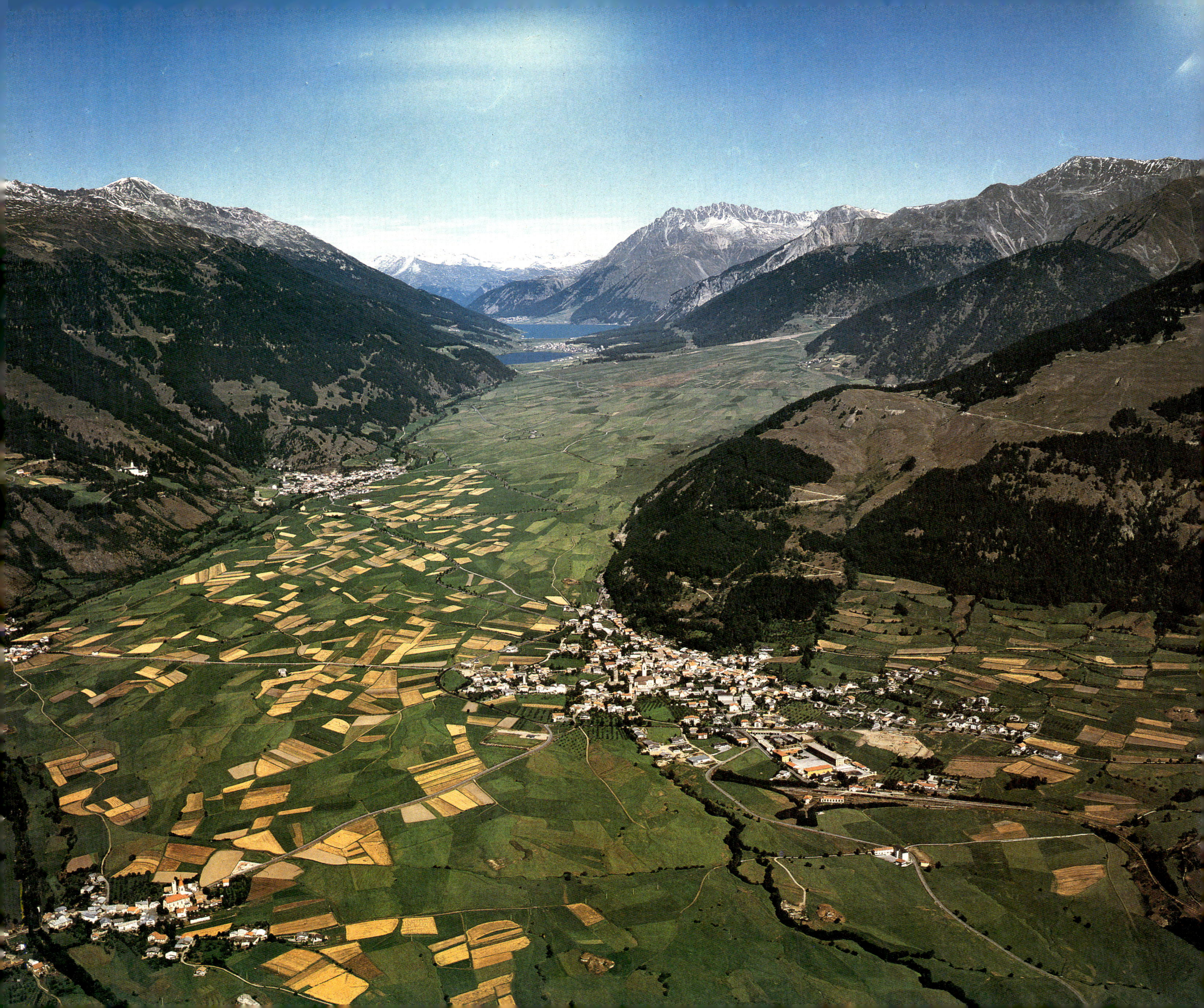

Nach den Eiszeiten, vor etwa 10.000 Jahren, trugen vor allem die Wildbäche große, von den Gletschern hinterlassene Schuttmassen ab und führten sie der Etsch zu, die sie zum Meer weiterbeförderte. Infolge der Einwirkung der Geschiebebelastung durch die Zuflüsse und des Höherrückkens der Erosionsbasis mit dem Spiegelanstieg der Adria um etwa 100 m in 4000 Jahren erlahmte allmählich die Transportkraft der Etsch. Große Anteile der mitgeführten Feststoffe gelangten im Haupttale selbst zur Ablagerung. Es handelt sich dabei um feinkörnige Absätze von Seen, um fluviatile Sande und Schotter.

Die gegenwärtige erosive Tätigkeit der Etsch konzentriert sich in Südtirol auf einige, vorwiegend von Schuttkegeln gebildete Gefällestufen. Ihre Schleppkraft reicht nur mehr zum Abtransport der gelösten Stoffe und des Schwebs aus; die Geschiebeführung der Zuflüsse hingegen kann nicht mehr bewältigt werden. Während unterhalb der Avisio-Mündung Gleichgewicht zwischen Materialzu- und -abfuhr herrscht, wurde die Sohle der Etsch im Zeitraum von 1900 bis 1952 in Trient um einen Meter, in der Periode 1890 bis 1952 zwischen Terlan und Lavis jährlich um 1,45 Meter erhöht. Nicht wesentlich nachgelassen hingegen hat die erosive Tätigkeit der Etschzuflüsse, besonders der ausgesprochenen Wildbäche. Sie bauen ausgedehnte Schwemmkegel in das Haupttal hinaus. Bei Starkregen treten besonders im Bereiche brüchiger Fest- und wasserempfindlicher Lockergesteine Murkegel auf; Südtirol gilt als das klassische Land der Murkegel. Geradezu landschaftsprägend treten sie im Vinschgau in Erscheinung. So ist die Malser Haide mit 13,25 km² der größte Murkegel der Alpen, gefolgt von der Gadriamure und dem Murkegel von Laas-Allitz. Beachtliche Flächen nehmen auch die Kegel von Tarsch-Latsch, Tabland, Partschins und vom Töllgraben ein. Dazu kommen die großen Schwemmkegel des Karlinbaches, der Plima, des Saldur- und Suldenbaches. Die Murkegel

Das Vinschgauer Oberland gegen Mals und die Seenplatte (Reschenpaß); deutlich erkennbar ist der große Schuttkegel der Malser Haide.

Bergsturzgelände der „Slavini di Marco" südlich von Rovereto

haben wiederholt zur Abdrängung bzw. Stauung der Talgewässer und bei Toblach sogar zur Verlagerung der Wasserscheide von Rienz und Drau geführt. Die Muren hatten auch eine große Auswirkung auf Siedlungen und Kulturflächen.

Im unmittelbaren Postglazial traten Berg- bzw. Felsstürze großen Ausmaßes infolge Spannungsumlagerung in den vom Eisdruck entlasteten Gesteinen auf und führten zur zeitweiligen Abdämmung zahlreicher Täler, wie des Eisacktales bei Stilfes. Südlich von Rovereto fällt jedem Reisenden eine steile Steinwüste am Gehänge auf, die auf einen gewaltigen Felssturz hinweist. Die chaotischen Trümmer bilden die Slavini di Marco, die bereits Dante Alighieri in seiner „Göttlichen Komödie" schildert.

Als mitgestaltender Faktor tritt schließlich der Mensch immer augenfälliger in Erscheinung. Er leistete der Tätigkeit von außenbürtigen Kräften vor allem durch die Vernichtung großer Waldflächen — meist zugunsten von Weideland — Vorschub. In jüngster Zeit führt er im Zuge der Urbanisierung, der Verkehrserschließung und der Nutzung von Wasserkräften gewaltige Materialbewegungen aus. Bei der leider nicht selten unsachgemäßen Ausführung von Eingriffen kommt es zu Störungen im labilen Gleichgewicht, das sich zwischen den von außen einwirkenden Kräften und dem Untergrund einstellt. Damit schafft der Mensch die Voraussetzungen für weitere, mit Landschaftsschäden verbundene Abtragungsvorgänge.

Hydrographische Grundlagen

Dem Einzugsgebiet der Etsch gehören 97,5% der Fläche Südtirols an, das in folgende Teileinzugsbereiche gegliedert ist: Etsch im engeren Sinn, Eisack, Rienz, Talfer, Noce und Avisio. Der restliche Flächenanteil entfällt auf die Einzugsgebiete von Drau, Inn und Piave. Außer der Etsch gelten noch der Eisack und die Rienz als Flüsse, während die übrigen zahlreichen Wasserläufe die Merkmale von Wildbächen zeigen. Letztere weisen eine rasch wechselnde, mitunter sogar ausbleibende Wasserführung und zeitweilig auch einen bedeutenden Geschiebetransport auf.

Die Gletscher

Die Gletscher haben als Wasserspeicher und mittelfristig als Regulatoren der Wasserführung von Flüssen und Bächen eine große hydrologische Bedeutung. Nach der Bestandsaufnahme der Jahre 1957 und 1958 gab es in Südtirol 209 Gletscher mit einer Gesamtfläche von 122,38 km^2. Sie verteilen sich auf die einzelnen Flußeinzugsgebiete wie folgt:

Etsch   138 Gletscher mit 82,85 km^2 Fläche
Eisack   23 Gletscher mit 18,09 km^2 Fläche
Rienz   47 Gletscher mit 21,36 km^2 Fläche
Drau   1 Gletscher mit   0,19 km^2 Fläche

Das Gesamtvolumen der Gletscher in Südtirol wird auf 4,5 Milliarden m^3 Wasser geschätzt; dies entspricht etwa 57% des Jahresmittels der Niederschläge. Aus dem Vergleich obiger Flächenangaben mit den Mittelwerten des Zeitraumes 1923 bis 1943 ergibt sich für die Einzugsgebiete der

Gletschertor im Bereich Sulden—Schaubachhütte (Ortlergruppe)

Gletscherwelt der Weißkugelgruppe (Langtaufers, Vinschgau); Seite 19.

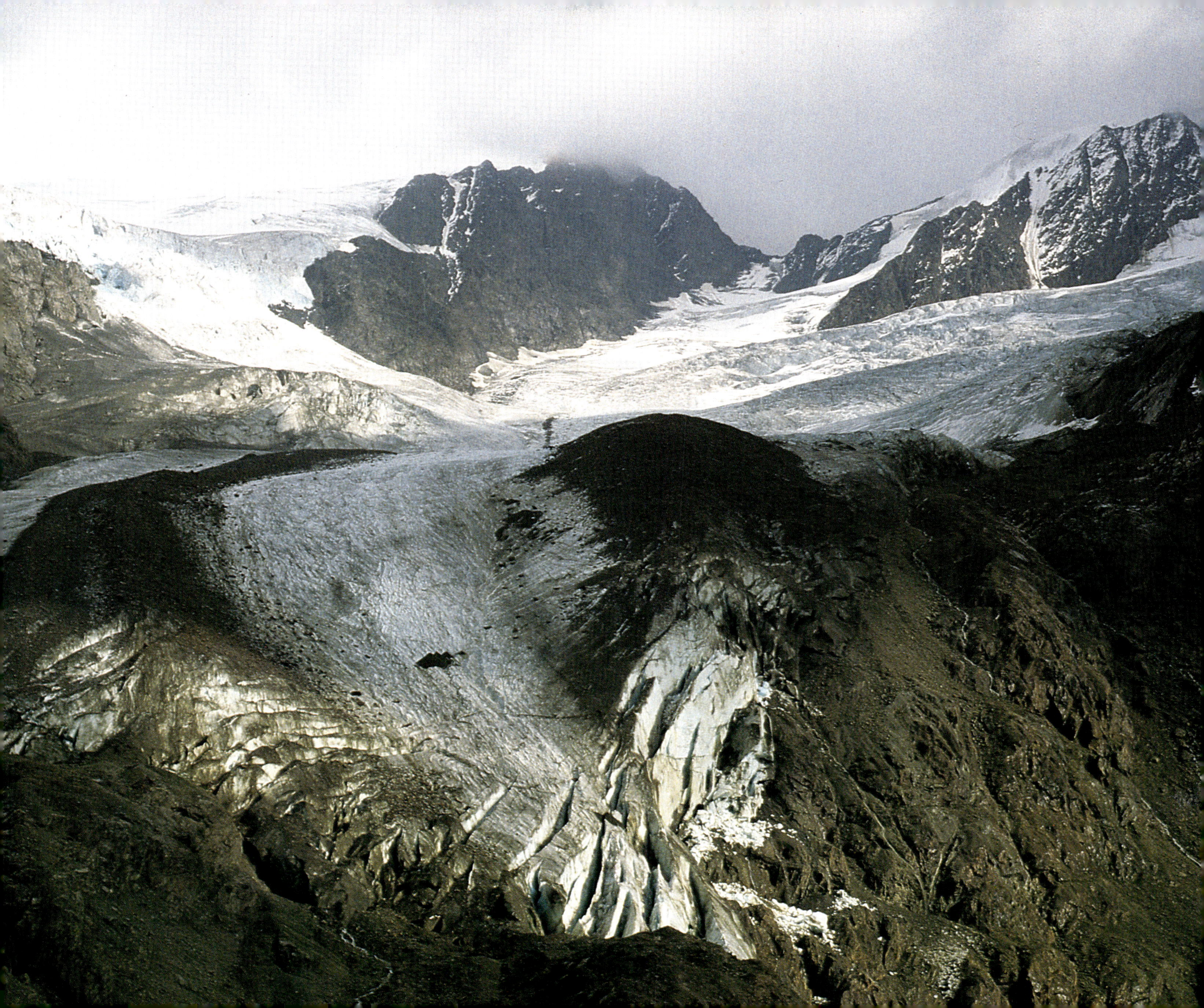

Etsch, des Eisacks und der Rienz eine Abnahme von 24,3 %, 21,7 % und 48,9 %. Diese Feststellung fügt sich gut in das Bild des weltweiten Gletscherrückganges ein, der von der Mitte des vorigen Jahrhunderts bis in die sechziger Jahre unseres Jahrhunderts andauerte. Vor etwa fünfzehn Jahren zeichnete sich, offenbar durch einen leichten sommerlichen Temperaturrückgang bedingt, eine kurzfristige Umkehrung in der allgemeinen Tendenz ab. An der Südabdachung der Alpen setzten nur 20 % der Gletscher ihren Rückzug fort; ebenso viele blieben stationär, und mehr als die Hälfte rückte vor.

Die wichtigsten Gletscher im Einzugsgebiet der Etsch gehören der Ortlergruppe, den Ötztaler, Stubaier und Zillertaler Alpen an. Sie entsprechen in der Mehrzahl Kar- und Hanggletschern, untergeordnet auch firnfeldlosen Lawinengletschern. Nur vereinzelt reichen die Zungen bis in hochgelegene Talschlüsse hinab. Die Gletscher weisen, abgesehen vom Zillertaler Kamm, vorwiegend Nord- und Ostexposition auf. Die Schneegrenze, oberhalb der bei geeigneter Geländegestaltung eine Vergletscherung möglich ist, steigt in Südtirol mit zunehmender Massenerhebung und Wintertrockenheit von 2900 m Höhe in den Dolomiten auf 3100 m in den westlichen Zentralalpen an. Sie liegt an Nord- und Osthängen durchwegs tiefer als an West- und Südhängen.

Die Ortlergruppe streckt wie ein unregelmäßiger Stern vier mächtige Arme aus, die vom Cevedale (3778 m) aus ihren Ursprung nehmen. Der höchste Gipfel, der Ortler (3905 m), liegt im Nordwestarm sehr exzentrisch. Von den über 116 Gletschern dieser Gruppe gehören 72 dem Einzugsgebiet der Etsch, 42 der Adda und 2 dem Oglio an. In Südtirol finden wir mehrere Gletscher im Bereich der Hauptkämme der nördlichen Ortlergruppe zwischen dem Ultental und dem Münstertal,

Naturbelassener Bergbach im Pfitscher Tal; er kommt von der vergletscherten Nordwestflanke des Hochferners (Zillertaler Alpen).

Moränen- und Gletschergelände im Gebiet des Hohen Angelus (Sulden, Ortlergruppe); Seite 21

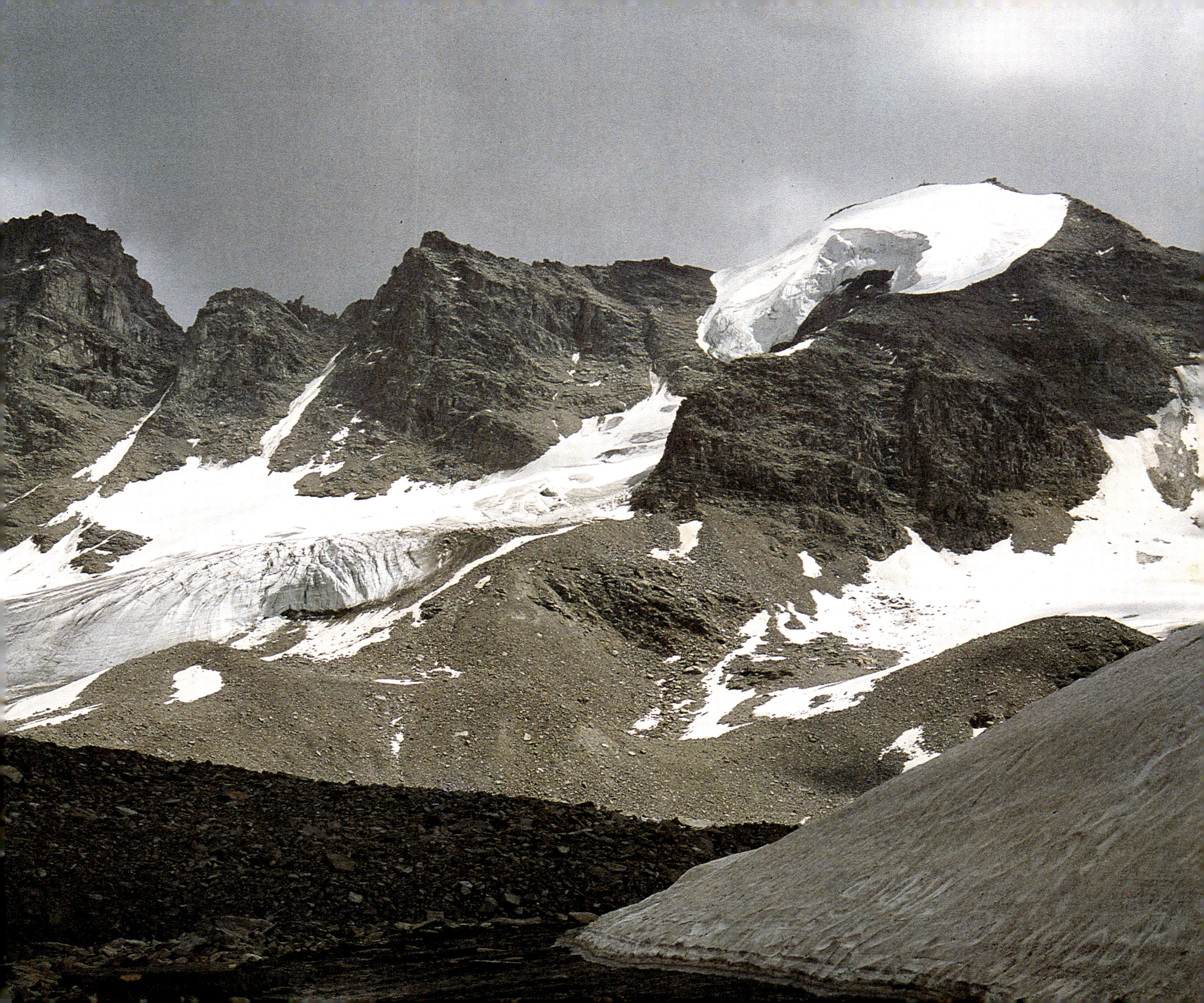

darunter scharfe Kämme und Eiswände (z. B. Trafoier Eiswand, 3555 m). Ein größerer Gletscher des Ultentales ist der Weißbrunn-Ferner. Als besonders reich an Gletschern erweist sich das Martelltal: Soy-Ferner, Gramsen-Ferner, Hoher Ferner, Fürkele-Ferner, Zufall-Ferner und Langen-Ferner. Im Hintergrund des Laaser Tales bilden mehrere Gipfel (z. B. Hoher Angelus, Vertainspitze) ein Halbrund, dem der große Laaser Ferner entströmt. Der Suldenferner, ein typischer Talgletscher, gilt nach dem Forno-Gletscher im Süden als der zweitgrößte Gletscher der Ortlergruppe. Bei den übrigen im Gebiet des Suldentales liegenden Firnfeldern handelt es sich meist um Hanggletscher (z. B. End-der-Welt-Ferner, Ebenwand-Ferner, Rosim- und Zay-Ferner). Von den schroffen Kalk- und Dolomitwänden des Trafoitales reichen der Madatsch-Ferner, der Ebenferner, der Trafoier Ferner und der untere Ortler-Ferner herab. Zum Einzugsgebiet von Noce und Etsch gehören einige Gletscher im Bereich des Val di Peio (z. B. Ghiacciaio della Mare, Ghiacciaio del Caresèr) und des Val di Rabbi (z. B. Ghiacciaio di Sternai).

Die Ötztaler Alpen bilden die höchste und am stärksten vergletscherte Massenerhebung in den Ostalpen: 15 Gipfel überragen 3500 m (z. B. Wildspitze, Weißkugel, Similaun). Der gewaltige Langtauferer Ferner bewegt sich erhaben an der Weißkugel hinab. Größere Firnfelder der Ötztaler Alpen sind auch der Matscher Ferner, der Gepatsch-Ferner, der Innere Bärenbart-Ferner, der Steinschlag-Ferner, der Hochjoch-Ferner und der Graf-Ferner, der vom Similaun gegen das malerische Pfossental hinabzieht. In die Gletscherwelt der Ötztaler Alpen führen vom Einzugsgebiet der Etsch aus das Langtauferer Tal, das Schnalstal, die Täler von Planeil und Matsch. Östlich des Schnalstales löst sich am Eisjöchl unter der Hohen Wilde die Texelgruppe vom Hauptkamm ab. Sie umfaßt mit hohen, besonders nordseitig

Gletscherspalten am Rötkees (Ahrntal, Zillertaler Alpen)

Firnfelder im Bereich der Rötspitze (Ahrntal, Zillertaler Alpen); Seite 23

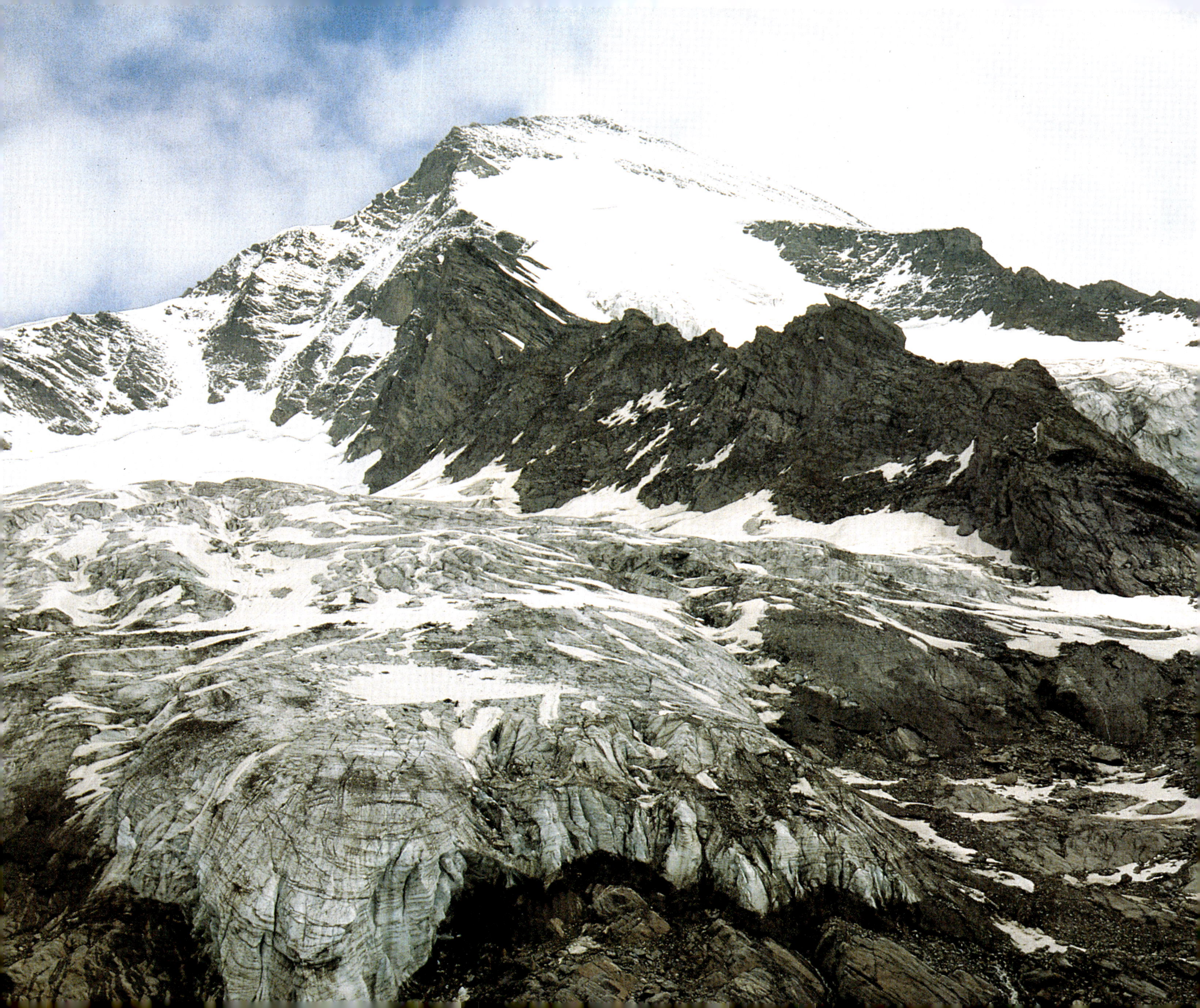

noch vergletscherten Gipfeln das kurze Zieltal, das nach Partschins bei Meran hinabführt. Verschiedene kleinere und größere Kesselgletscher beherbergen auch die Gebirge des Passeiertales. Sowohl von der Texelgruppe als auch vom Passeiertal seien lediglich der Texel-Ferner, der Lodner-Ferner, der Seeber-, Granat- und Timmels-Ferner hervorgehoben. Am Timmelsjoch (2489 m) geht die Grenze auf den Hauptkamm der Stubaier Alpen über. Die größte Gletscherfläche Südtirols nimmt der Übeltal-Ferner im Hintergrund von Ridnaun ein. Die Firnfelder der Stubaier Alpen, zu denen u. a. der Hangende Ferner, der Feuerstein- und Stuben-Ferner zählen, sind auf der Südseite weit schwächer entwickelt als auf der Nordseite (z. B. Zuckerhütl, Wilder Pfaff, Wilder Freiger). Sie gruppieren sich zwischen den Tälern von Passeier, Ridnaun und Pflersch.

Die Zillertaler Alpen liegen zwischen dem Brenner (1370 m) und der Birnlücke im hintersten Ahrntal. Am Hochfeiler (3510 m), dem höchsten Gipfel des Zillertaler Hauptkammes, setzt auf Südtiroler Seite eine starke Vergletscherung ein. Der Gliederferner, der ins Unterbergtal (Pfitsch) absteigt, ist einer der größeren Südtirols; er entwickelt eine der schönsten Gletscherzungen. Der Fläche nach größer ist der benachbarte Westliche und Östliche Neveser Ferner. Vom Hochfeiler und dem Weißzint verläuft der Zillertaler Hauptkamm fast geradlinig, eine richtige Bergkette, hin und hin auch südseitig mit Gletschern versehen, über Möseler, Löffler und Schwarzenstein. Nennenswert sind noch der Tribbach-, Rotbach- und Lahnbacher Kees. Die Birnlücke (2667 m) scheidet die Zillertaler Alpen von den Hohen Tauern (Venedigergruppe). Die allseits vergletscherte Dreiherrnspitze (3499 m) bildet den Grenzpunkt zwischen Salzburg, Süd- und Osttirol. Südtirol hat lediglich an einem stark vergletscherten Seitenkamm der Venedigergruppe Anteil, der von der Dreiherrnspitze zur Röt- und Affentalspitze zieht; letzte hohe Gipfel sind Durreck und Mostnock.

Zwischen Rein und Antholz im Pustertal erhebt sich die Rieserfernergruppe. Der Hochgall (3435 m) gehört mit zu den schönsten Berggestalten der Ostalpen. In dem großartigen Gletscherhalbrund an seinem Nordfuß liegt die Kasseler Hütte, überragt vom Tristennöckl. Der Lankstein-Ferner, der Tristen-Kees und der Schneebige-Nock-Ferner gehören zu einem einzigen gegen Norden geöffneten Becken. Die Rieserfernergruppe ist zwar klein, aber reich an hochalpinen Schönheiten.

Innerhalb der Dolomiten finden wir in der Brentagruppe und in der Marmolata (3344 m) kleinere und größere Gletscher, die ihre Schmelzwasser der Etsch (über Noce bzw. Avisio) zuführen. Von den Brenta-Dolomiten seien der Ghiacciaio Flavona im Tal S. Maria di Flavona und der Ghiacciaio di Rocca di Vallesinella im Einzugsbereich des Noce und der Etsch genannt. Die Marmolata, was soviel wie die „Schimmernde" bedeutet, trägt an ihrer Nordabdachung die größte Vergletscherung der Dolomiten. Der Sattel um Fedaja wurde durch einen mächtigen Staudamm zu einem Wasserspeicher gemacht, der das Wasser von der Nordabdachung der Marmolata bekommt. Seit Jahren geht der etwas mehr als drei Kilometer lange Gletscher stark zurück. Im Einzugsgebiet von Noce und Etsch befinden sich auch mehrere Gletscher der Presanellagruppe, darunter der große Ghiacciaio Presanella (C.ma Presanella, 3556 m) im Val di Stavél. Alle Adamellogletscher zählen hingegen zum Einzugsbereich von Oglio, Po, Chiese, Sarca und Mincio. Die Presanellagruppe umfaßt 25 Gletscher, die überwiegend auf den Nordhängen liegen; 17 davon gehören zum Einzugsgebiet von Noce und Etsch. Mit der allgemeinen Rückzugsphase dieser Gletscher in Verbindung steht die Aufspaltung größerer Firnfelder in kleinere. An den hohen Nordwänden der Hauptgipfel (Adamello, Presanella) geht die Eisdecke in zunehmendem Maße zurück.

Besonders hervorzuheben ist die Ausgleichsfunktion der Gletscher auf den Wasserhaushalt ihres jeweiligen Einzugsgebietes, indem im Winterhalbjahr die Niederschläge als Schnee zurückgehalten und im Sommerhalbjahr als Schmelzwasser abgegeben werden. Dies ist sehr wichtig für Gegenden wie Südtirol, wo ein großer Teil des Gewässernetzes von der Schneeschmelze im Frühjahr und der Abschmelzung der Gletscher im Sommer stark beeinflußt wird. Nicht zu unterschätzen ist auch die Bedeutung der Gletscher für die Bewässerung der landwirtschaftlichen Kulturen im Etschtal sowie für eine konstante hydroelektrische Energiegewinnung während der sommerlichen Trockenperioden. Die Wasserstands-Ganglinie der Etsch und ihrer Nebenflüsse zeigt einen deutlich asymmetrischen Verlauf: Auf das winterliche Niedrigwasser (Minimum im Februar) folgt ein rascher Anstieg im Frühjahr mit Höhepunkt im Juni, worauf die Wasserführung zunächst bis Oktober oder November langsam, dann rasch abnimmt. Der Gletscheraufbruch erreicht im August seinen höchsten Wert. Die Wasserführung der Flüsse wird allerdings durch den Staubetrieb der Kraftwerke sowie durch die Ableitungen für landwirtschaftliche und gewerbliche Zwecke stark beeinflußt.

Die Seen und das Grundwasser

In Südtirol wurden 232 durchwegs kleine Seen gezählt, die vor allem in Höhen zwischen 2000 und 2500 m liegen; hier herrschen weite, vom Gletschereis umgestaltete Verflachungen vor. Die wenigen größeren Seen (z. B. Haider See, Kalterer See) befinden sich im Tal. Fast alle Seen verdanken ihre Existenz der Tätigkeit eiszeitlicher Gletscher, welche die heutigen Seebecken zu Wannen ausgekolkt und durch Moränenwälle aufgestaut haben. Einige Seen sind auch von Bergsturzablagerungen (z. B. Pragser Wildsee), von Schutt- und Murkegeln abgedämmt. Ausgesprochene Karstseen kommen in Südtirol nur im Fanes- und Puezgebiet vor. Bedeutend ist die Anzahl der aufgefüllten Seebecken, deren Abbild sich besonders in Flachstrecken der Talsohlen erhalten hat. So ist der längst verschwundene See bei Salurn nur noch im romanischen Namen Laag (von lacus) angedeutet; ähnliches gilt von der Val Lagarina.

Dokumente früherer Jahrhunderte weisen auf die Laghi della Zambana, den Lago Morto (= Tremol) bei Nave S. Rocco, den Lago di Vela und Lago Torto bei Trient hin, von denen keine Spuren mehr vorhanden sind. Gegenüber der Karte von Tirol von Peter Anich aus dem Jahre 1774 waren im Jahre 1886 in Südtirol und im Trentino bereits 118 stehende Gewässer verschwunden. Von ausgelaufenen Seen ist in der Sage oft, in der Geschichte mehrfach die Rede. So hat der Kummersee in Hinterpasseier durch wiederholte Ausbrüche ganz Passeier und die Stadt Meran arg bedroht und immer wieder schwere Verwüstungen angerichtet. Kaum weniger gefährlich waren die „Eisseen" im Martell- und im Ridnauntal.

Aus dem ehemaligen Reschen- und Grauner See wurde der Reschen-Stausee (6,8 km²) angelegt. Im Bereich der Vinschgauer Talsohle befindet sich auch der Haider See, der nach der großen Malser Haide benannt ist. Schöne Bergseen liegen im Marteller-Ultener-Kamm, in den Tälern von

Der Wilde See in Vals (Pfunderer Berge, Pustertal)

Langtaufers, Planeil, Matsch und Sulden. Über Meran stellt die Spronser Seenplatte ein besonderes Juwel des Naturparks Texelgruppe dar; sie gilt als die größte hochalpine Seengruppe Südtirols. Im östlichen Quellast des Sarntales ist durch einen Bergrutsch der bekannte Durnholzer See aufgestaut worden. Mehrere eiszeitliche Seen (z. B. Wolfsgrubensee, Ritten) sind zu Weihern und Mooren (z. B. Tschaufer Weiher, Jenesien) verlandet.

Im Einzugsgebiet des Eisacks kommen einsame Bergseen in den östlichen Sarntaler Alpen, im innersten Ridnauntal und am Pfitscher Joch vor. Im Bereich des zwischeneiszeitlichen Verlaufes des Eisackbettes liegt der bereits stark verlandete Vahrner See. Der drittgrößte natürliche See Südtirols, der Antholzer See, zählt zum Einzugsgebiet der Rienz. Stattliche Bergseen beleben die Hochgebirgslandschaft des Zillertaler Hauptkammes (Tauferer-Ahrntal), der Pfunderer Berge, der Rieserfernergruppe und des Höhenzuges zwischen den Tälern Antholz und Gsies. Von den Dolomitenseen sind der Karersee, der Pragser Wildsee, die Fanesseen, der Toblacher und der Dürrensee im Höhlensteintal besonders bekannt.

In den Quarzporphyr des Überetscher Mittelgebirges eingebettet sind die Montiggler Seen. Der Kalterer See, der größte (1,55 km^2) natürliche See Südtirols, liegt in einem Toteisloch. Wegen der besonders günstigen klimatischen Lage wird ihm oft das Prädikat „wärmster Alpensee" verliehen. Der Göllersee ruht auf jenem welligen Porphyr-Mittelgebirge, das südlich von Bozen das linke Etschtalgehänge aufbaut. Am Südteil des Mendelzuges befindet sich der stark verlandete und landschaftlich besonders schön gelegene Fennbergsee.

Wegen des geringen Wasservolumens und der Lage fast ausschließlich im Quellgebiet der Flüsse haben die Südtiroler Seen kein nennenswertes Rückhaltevermögen und spielen daher keine ent-

Der Tschaufer Weiher, ein wertvolles Kleingewässer der Kiefern-Lärchen-Wälder des Tschögglberges bei Bozen

Der Limosee im Fanesgebiet (Naturpark Fanes-Sennes-Prags, Dolomiten); Seite 27

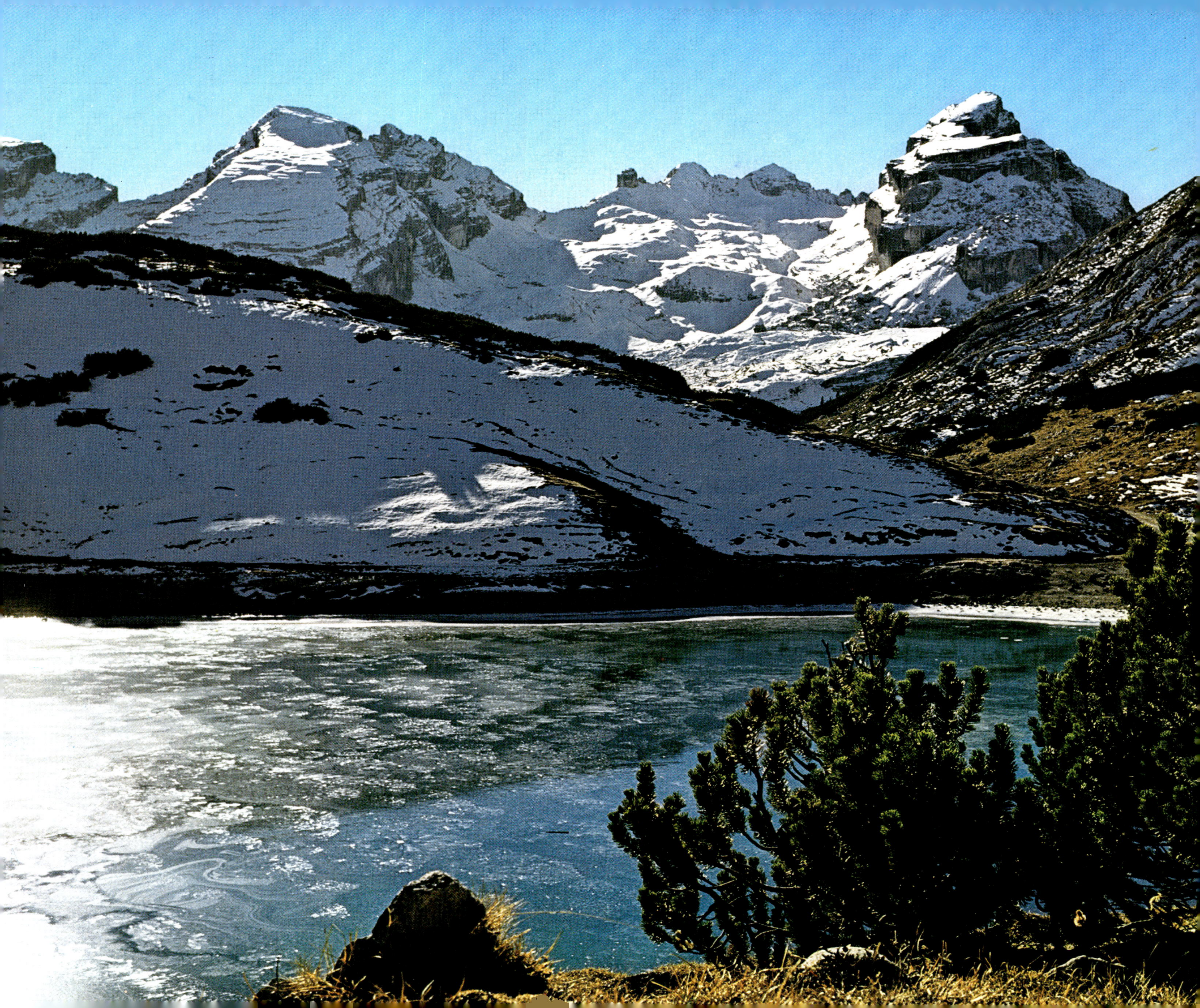

scheidende Rolle für die Abflußverhältnisse. Einen weit größeren Einfluß üben Kraftwerkspeicher aus, die bei Einzugsgebieten von 3997 km² einen Gesamtinhalt von 265 Millionen m³ haben. Große Stauseen hat man u. a. im Vinschgau (z. B. Reschen, Schnals, Martell), in Innerulten, im Mühlwalder Tal, bei Franzensfeste, Mühlbach und Olang errichtet. Die Flüsse wurden in mehreren Stufen ausgebaut; infolge mangelnden Restwassers liegen sie leider zeitweise trocken (z. B. Eisackbett). Die wichtigsten Wasserkraftwerke stehen in Bruneck-Mühlen in Taufers, Brixen-Waidbruck-Kardaun, Bozen-St. Anton, Neumarkt, Lana, Marling und Kastelbell-Glurns.

Für das Trentino wurden 297 natürliche Seen nachgewiesen, deren mittlere Oberfläche ca. 12.000 m² beträgt. Während in Höhenlagen zwischen 65 und 1200 m nur vierzig Seen, darunter allerdings die größten (z. B. Gardasee, Caldonazzo-See) liegen, kommen zwischen 1500 und 3200 m an die 257 Seen vor. Im Einzugsgebiet der Etsch befinden sich mehrere bedeutende Karstseen, so der Lago di Terlago, der Lago Santo und der Lago della Mar. Der hinter dem Schuttkegel des Rio di Gresta gestaute Loppiosee zwischen Mori und Nago wurde leider im Jahre 1958 in Zusammenhang mit der Ableitung von Etschwasser in den Gardasee (Stollen zwischen Mori und Torbole) trockengelegt. Von Rovereto aus erreicht man über Villa Lagarina und Castellano den Lago di Cei, der einst mit dem kleinen Lagabis-See und den umliegenden Feuchtgebieten eine einheitliche Wasserfläche bildete. Zum Einzugsbereich des Noce gehören mehrere Seen der Adamello-Presanella-Gruppe (z. B. Lago delle Malghette), der Brenta-Dolomiten (z. B. Lago di Tovel) und der Ortler Alpen (z. B. Lago delle Marmotte). Der Lago Santo im Cembratal, die Lagorai-Seen im Fleimstal, der Antermoia- und Fedaja-See im Fassatal zählen zum Einzugsgebiet des Avisio. Zur Fersina und damit auch zur Etsch entwässern u. a. der Lago di S. Colomba, der Lago della Serraia, der Lago di Lases und der Lago di Canzolino. Nicht mehr zum Einzugsgebiet der Etsch, sondern der Brenta, gehören die weitum bekannten Seen von Caldonazzo und Levico. Der größte Stausee des Trentino ist der Lago di S. Giustina im Nonsberg.

Der in den Boden versickernde Anteil des Niederschlages speist im wesentlichen das Grundwasser. Es bewegt sich in den Poren der Lockergesteine, an den Schicht- bzw. Kluftflächen und durch Lösungshohlräume der Festgesteine in Richtung Meer oder Austrittstellen zu, die man als Quellen bezeichnet. Die weitaus wichtigsten Grundwasserspeicher stellen die mächtigen Lockergesteinsfüllungen des Etschtales und einiger Nebentäler sowie jene glazialer Becken in höheren Lagen dar. Hohe Speicherfähigkeit zeichnen fluviatile Schotter und Sande, bestimmte Arten von Moränen und Hangschutt aus. Der Grundwassergehalt der Festgesteine ist vor allem an Zonen intensiver Zerklüftung oder an aufgelokkerte Hangbereiche gebunden. Als bescheiden erweist sich der Grundwasserinhalt der meisten Böden und Verwitterungsdecken. Wesentliche

Der Lago di Cei bei Rovereto, eingebettet in einen vielfältigen Mischwald. Das Schilf und die Seerosen verleihen ihm ein teichartiges Aussehen.

Der Toblinosee inmitten einer südlichen Vegetation. Einst gehörte das nunmehr abflußlose Tal der Seen (Valle dei Laghi) zum Einzugsgebiet der Etsch. Seite 29

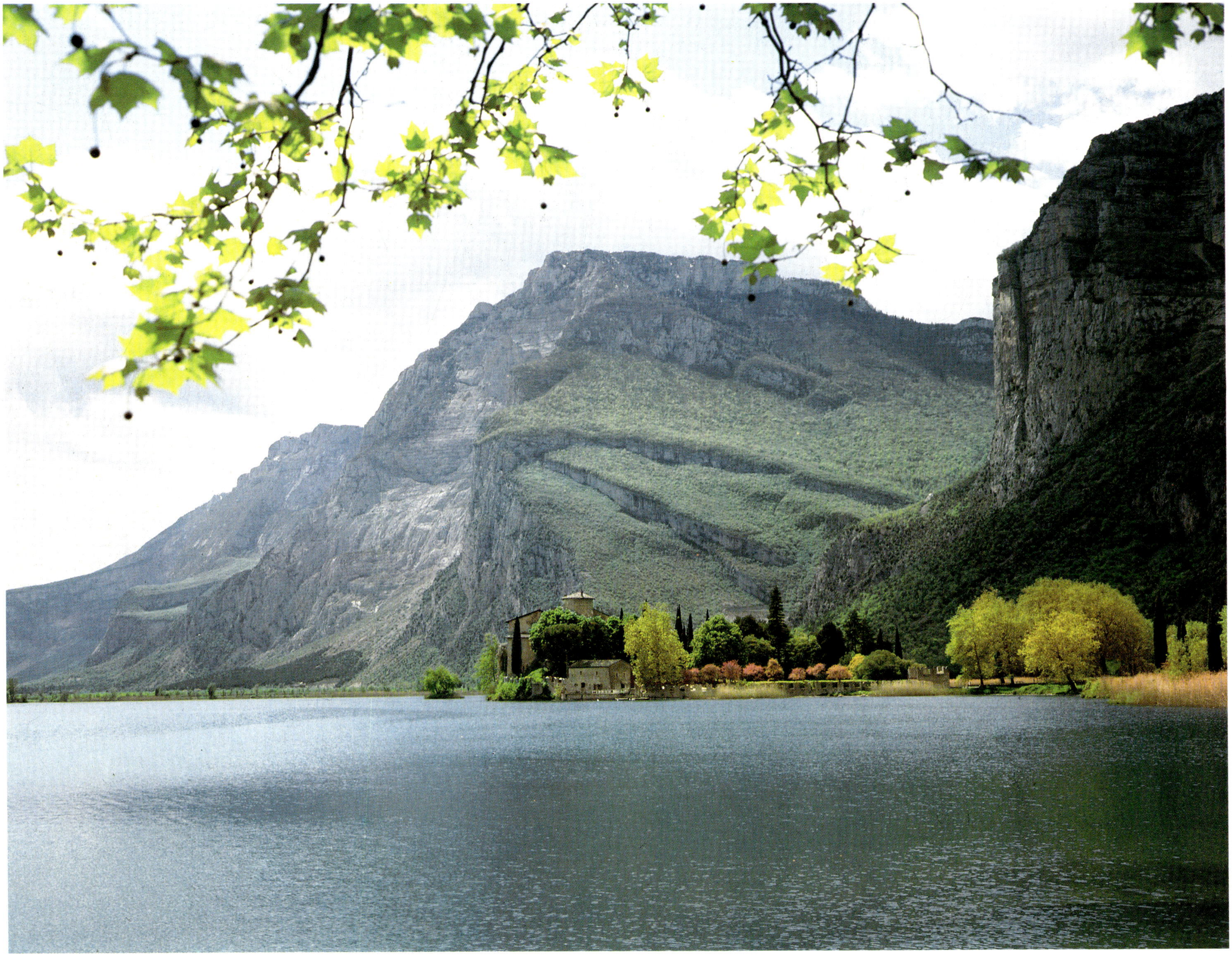

Anteile des Grundwassers treten bereits in Südtirol über Quellen in das Oberflächenwasser über; der unterirdische Abfluß beschränkt sich auf den Wasserinhalt der Alluvionen des Etschtales.

Niederschläge und Hochwasser

Die Menge, die zeitliche und räumliche Verteilung der Niederschläge, die vor allem als Regen und Schnee fallen, sind in Abhängigkeit von Relief und Großwetterlagen beachtlichen Abweichungen unterworfen. Aus Meßwerten geht eine starke Abnahme der Niederschläge vom südlichen Alpenrand, der abschirmend wirkt, gegen das Innere der Alpen hervor. Für den Zeitraum 1921 bis 1966 wurden folgende durchschnittliche Jahresniederschläge gemessen: Verona 663 mm, Trient 959 mm, Cles im Nonsberg 887 mm und Schlanders 472 mm. In vertikaler Richtung ist mit einer Zunahme der Niederschläge bis in die Hochgebirgsregion zu rechnen. In Südtirol verteilen sich die Niederschläge im dreißigjährigen Mittel so, daß ihre Summe von ca. 900 mm in Salurn etschaufwärts auf 400 bis 500 mm bei Glurns und auf 650 mm bei Brixen im Eisacktal absinkt, dann aber im oberen Eisack- und im Pustertal langsam wieder auf 800 bis 900 mm anwächst und an den Hängen bzw. den Verebnungen (1500 m Höhe) 1200 mm erreicht. In der Kammregion der Ötztaler und Stubaier Alpen übersteigen die Regenmengen 1700 mm, in jenen der Rieserfernergruppe, der Zillertaler und Ortler Alpen sogar 2000 mm. Während im Trentino die Niederschläge dem mediterranen Jahresgang mit Frühjahrs- und Herbstmaxima folgen, kommt in Südtirol die typisch kontinentale Vorherrschaft der Sommerregen vor den Niederschlägen des Herbstes, des Frühjahrs und des Winters klar zum Ausdruck. Die Monate Juli und August erweisen sich in Südtirol durchwegs als die feuchtesten; die

Von einem Unwetter im Mai 1983 verursachte Vermurungen bei Ulten (Gemeinde Mals, Vinschgau)

Im Juli 1981 wurde durch den Bruch des Etschdammes von Salurn die ganze Umgebung überflutet. Seite 31

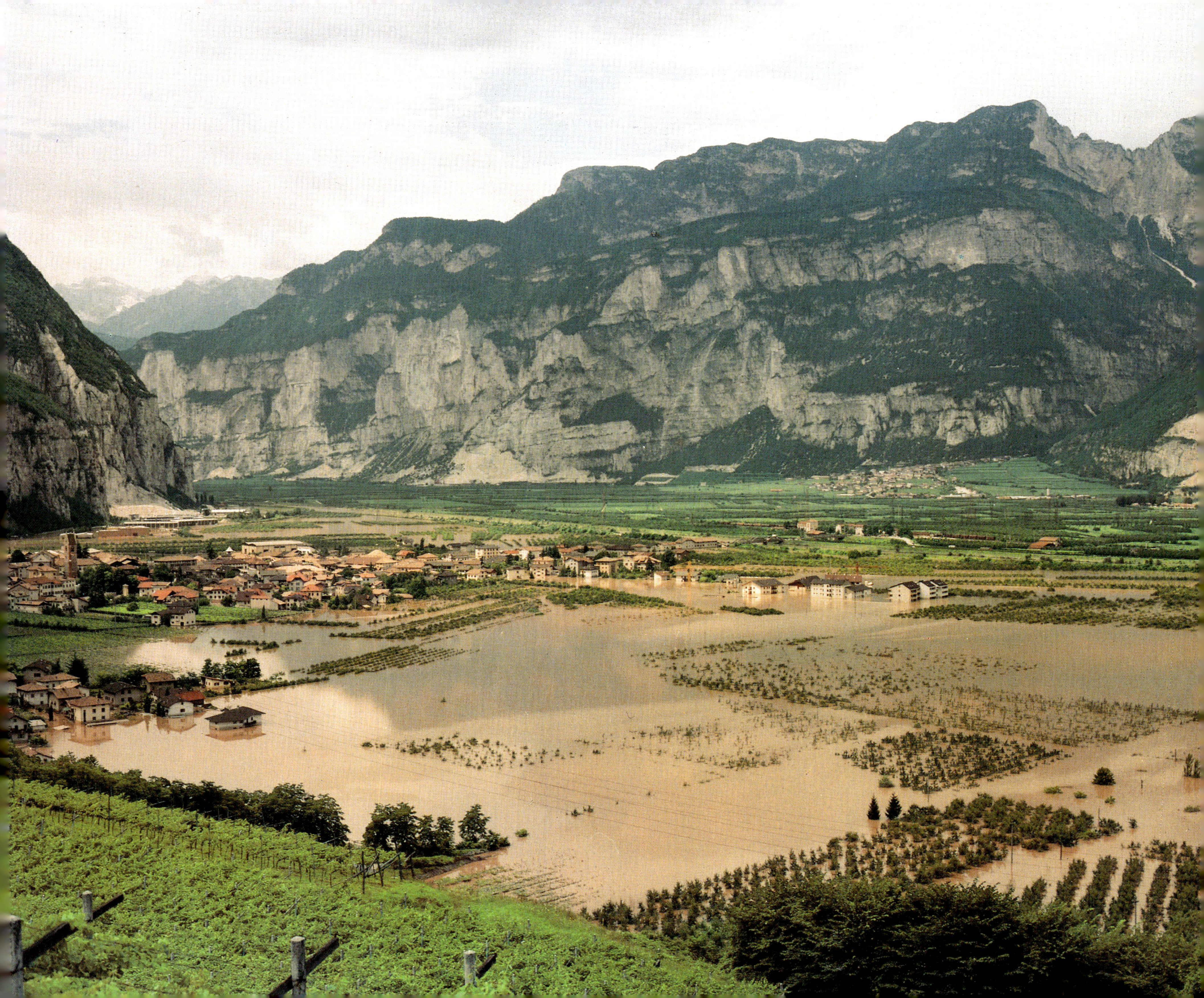

geringsten Niederschläge fallen im Jänner. Im Herbst und Winter entfällt etwa die Hälfte der Niederschläge auf Luftströmungen aus dem Süden, während im Sommer die West-, Nordwest- und Nordströmungen wirksam sind. Die Niederschlagsmengen unterliegen von Jahr zu Jahr großen Schwankungen. Die Niederschlagshäufigkeit wird mit 70 bis 100 Tagen pro Jahr angegeben. Die absoluten Tagesmaxima, die bei Hochwasserkatastrophen wesentlich höhere Werte erreichen können, betrugen im Zeitraum 1931 bis 1960 im Pustertal weniger als 80 mm, im Bereich Sterzing-Ahrntal über 100 mm, bei Brixen und Bozen 70 bzw. 80 mm, im Vinschgau 60 bis 80 mm und bei Salurn 100 mm.

Die Etsch wird in alten Geographie- und Geschichtsbüchern Venetiens deshalb so oft erwähnt, weil Hochwasserkatastrophen im Laufe der Jahrhunderte immer wieder verheerende Zerstörungen zur Folge hatten. Die älteste Überlieferung geht auf das Jahr 590 zurück und bezieht sich, wie die sporadischen Nachrichten des zehnten, elften und zwölften Jahrhunderts, auf Überschwemmungen in Verona. Die Republik Venedig hatte schon seit langem die Etsch im gesamten venetianischen Verlauf eingedämmt und deren Seitenarme abgeriegelt. Damit war zwar die Gefahr einer ständigen Verlagerung des Etschbettes im Unterlauf gebannt, doch kam es bei Hochwasser infolge Einfassung der Wassermassen und fortschreitender Hebung des Flußbettes in verstärktem Maße zu Überschwemmungen des angrenzenden Kulturlandes. Im 19. und 20. Jahrhundert ereigneten sich solche Katastrophen immer wieder. Verheerend waren die Folgen des Hochwassers im September 1882. Im damals österreichischen Etschabschnitt zwischen Meran und S. Michele kam es zu 19 Dammbrüchen; Brücken wurden weggerissen, Fluren und Ortschaften überschwemmt, Straßen und Bahnlinien streckenweise verschüttet. Noch katastrophaler

Überschwemmung von Klausen im Eisacktal durch den Thinnebach (9. August 1921). Die Häuser standen teilweise bis zu fünf Meter unter Wasser.

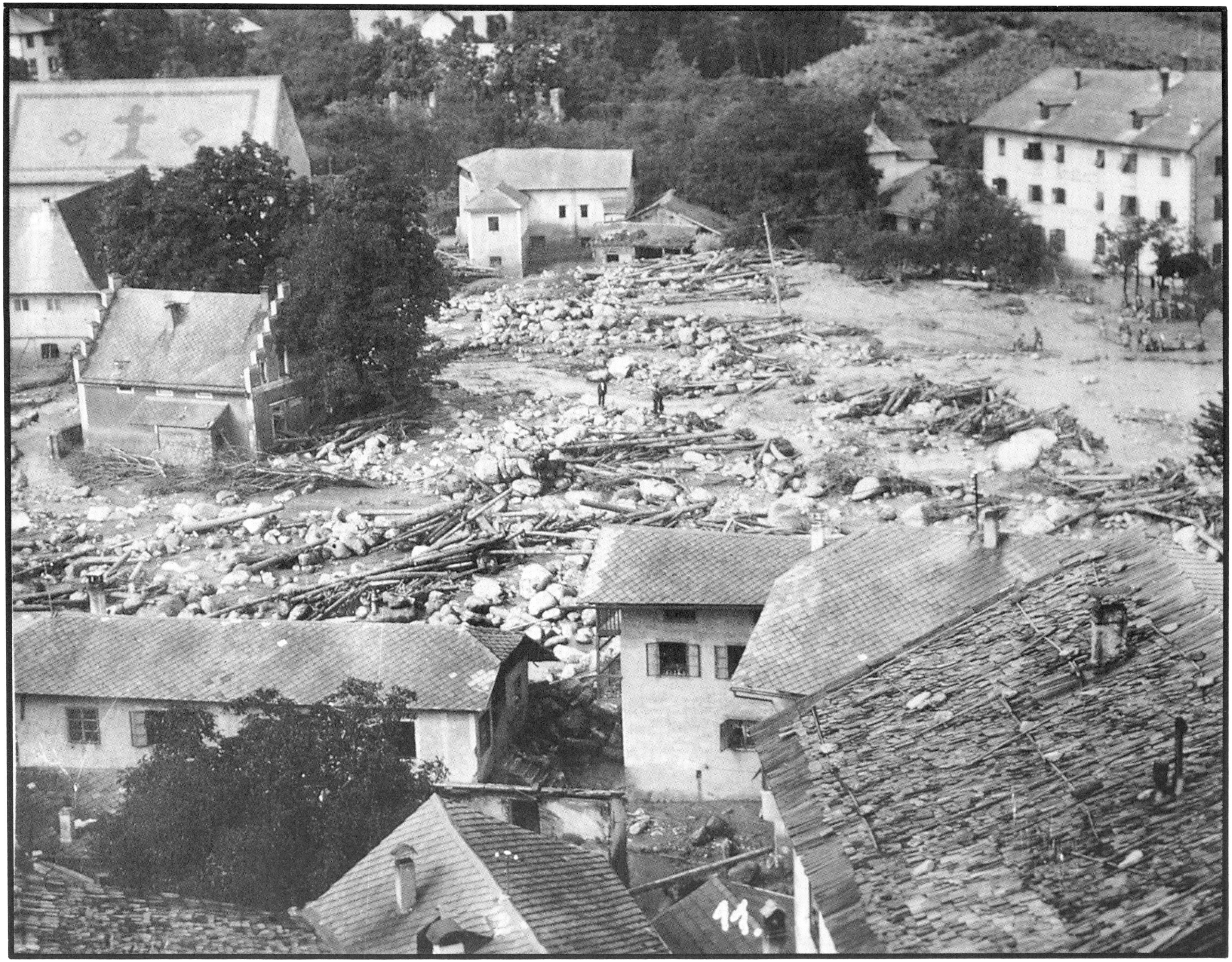
11.

Ableitung des Etschwassers in den Gardasee durch einen Stollen zwischen Mori und Torbole

wirkte sich das Hochwasser im italienischen Flußbereich aus, wo die Etsch über 100.000 ha Grund unter Wasser setzte, 40 große Brücken, 2500 Bewässerungs- bzw. Regulierungsanlagen und 540 Wohnhäuser zerstörte; 8200 Häuser wurden zum Teil schwer beschädigt. Unermeßlich waren auch die Schäden an den Kulturen und am Viehbestand.

Vom österreichischen Staatsbauamt wurden Arbeiten zur Bannung der Hochwassergefahr und zur Zurückhaltung des Gerölls ausgeführt. Im oberen Etschbereich hat man in der ersten Hälfte des 19. Jahrhunderts robuste Dämme gebaut und an neun Stellen des Flußverlaufs zwischen Meran und Trient Schlingen abgeschnitten. In den Jahren 1896 bis 1906 wurden die Flußverbauungen auch auf den Vinschgau ausgedehnt. Diese umfangreichen Eingriffe hatten eine Verkürzung der Etschstrecke um rund zehn Kilometer zur Folge. Dadurch und durch die Tatsache, daß das Hochwasser in ein künstliches Flußbett eingeengt wurde, kam es zu einer wesentlichen Verkürzung der Auffüllzeit. Dies mußte sich ungünstig auf die ehedem schon arge Situation in der Poebene auswirken. Zwischen 1853 und 1859 wurde vom österreichischen Staatsbauamt mit großer Sachkenntnis die Noce-Mündung abgeleitet und verlängert, der Fersenbach eingedämmt, der S.-Giorgio-Damm im Avisio gebaut und der Leno verbaut. Die am Beginn unseres Jahrhunderts vorgenommenen Verbauungs- und Aufforstungsarbeiten im gesamten Einzugsgebiet der Etsch trugen wesentlich dazu bei, den Boden vor Auswaschung zu schützen und die Wasseransammlungszeit in den Flüssen bzw. Bächen zu reduzieren. Zwischen den beiden Weltkriegen hat die italienische Regierung die Wildbachverbauungs- und Aufforstungsarbeiten in den Nebenflüssen der Etsch (Trafoier Bach, Passer, Ahr, Noce, Gsieser Bach, Silvesterbach) wieder aufgenommen und weitere Regulierungsarbeiten am Hauptfluß durchgeführt. Damals wurde auch der Noce-Staudamm bei der Rocchetta errichtet. Später hat man im Auftrag des Magistrato alle Acque von Venedig einen neuen Generalplan für die endgültige Regulierung der Etsch ausgearbeitet, um die Auswirkung des Hochwassers längs des in der Poebene verlaufenden Flußabschnittes in erträglichen Grenzen zu halten. Der Bau eines Stollens zwischen Mori und Torbole im Jahre 1959 ermöglicht es, in Gefahrenzeiten Etschwasser (bis zu 500 m^3/Sek.) in den Gardasee abzuleiten. In Zusammenhang mit dieser Entlastungsmöglichkeit sind eine ganze Reihe von Meliorierungsarbeiten durchgeführt worden, so die Verbauung des Mincio am Gardasee und die Fertigstellung eines Bewässerungsreservoirs für die Gebiete um Mantua, Verona und das Polesine.

Verschiedene Schwierigkeiten vereitelten jedoch die gesamte Ausführung der umfangreichen Vorhaben. Man hat die Hochwasserschutzanlagen im Etschgebiet immer wieder verstärkt und verbessert. Im Jahre 1956 wurden die Arbeiten im Mündungsbereich des Eisacks bei Bozen abgeschlossen. Die großen Wassermengen und die starke Geröllablagerung des Eisacks hatten den Abfluß des Etschwassers beim sogenannten Spitz gestört.

Durch das neu angelegte, breite Eisackbett, das eine beachtliche Menge an Material fassen kann, sollte eine Rückstauung des Etschwassers verhindert und ein gleichbleibendes Niveau in beiden Flüssen im Mündungsbereich gewährleistet werden. Im Etschabschnitt der Poebene hat man die Dämme verstärkt, um das Einbrechen der Strömung zu verhindern und dem Wasser überall dort, wo eine Saugwirkung zu befürchten war, den Weg zu versperren.

Die schrecklichen Hochwasserkatastrophen im November 1966 haben gezeigt, wie notwendig es ist, daß man die Pflegemaßnahmen an der Etsch und ihren Nebenflüssen nie aus dem Auge verliert. Aus Berichten des Hydrographischen Amtes des Wassermagistrates geht hervor, daß die Niederschläge im Gebiet der sogenannten Drei Venetien etwa 36 Stunden ununterbrochen andauerten. Gleichzeitig kam es zu einem Abschmelzen des Schnees, der unmittelbar vorher gefallen war. In St. Pankraz (Falschauer) wurden am 4. und 5. November 1966 insgesamt 193 mm Niederschlag gemessen, in Mühlen (Ahr) 251 mm, in Cles (Noce) 168 mm, in Cadino und Paneveggio (Avisio) 231 mm bzw. 316 mm. Der Noce und der Avisio, aber auch die linksseitigen Etschzuflüsse südlich von Trient (z. B. Rio Valsorda, Rio Cavallo) führten ganz ungewöhnlich große Wassermassen mit. Der bei Rovereto in die Etsch mündende Leno brachte es auf über 300 m³ Wasser pro Sekunde. Ungewöhnlich groß waren auch die von den Bächen mittransportierten Geröllmassen. Die lang anhaltenden und progressiv zunehmenden Niederschläge haben eine einzige Hochwasserwoge ausgelöst, die ihre Spitze am 4. November 1966 erreichte. Der Pegelstand an der Etsch bei Trient übertraf damals mit 6,30 m sogar den im September 1882 erreichten Höchstwert von 6,11 m. Durch den Entlastungsstollen zwischen Mori und Trient wurden 67 Millionen m³ Wasser aus der Etsch abgeleitet, so daß dadurch der Wasserstand südlich der Ableitungsstelle etwas gesenkt werden konnte. Die Stadt Verona blieb vor Überschwemmungen verschont. Längs des Abschnittes zwischen Trient und Rovereto kam es zu elf Dammbrüchen.

Im Juli 1981 wurde durch den Bruch des Etschdammes von Salurn die ganze Umgebung überflutet. Das Wasser stieg in Salurn um gut einen Meter über den Höchststand von 1882 an; nicht weniger als 550 ha Kulturland stand unter Wasser. Im Mai 1983 regnete es in Südtirol 68 Stunden lang ohne Unterbrechung. Im Vinschgau sind

Unwetterschäden im oberen Vinschgau (Mai 1983)

annähernd 220 mm Niederschlag gefallen. Die starken Regenfälle haben in allen Teilen Südtirols Flüsse und Bäche anschwellen lassen und zahlreiche Überschwemmungen sowie Murbrüche verursacht. Am schwersten vom Unwetter betroffen wurde der Vinschgau. Ein Großteil des Tales war von der Außenwelt abgeschlossen; zahlreiche Einwohner mußten ihre Häuser verlassen. Erdrutsche, unterbrochene Straßen, gefährdete Höfe, zahlreiche Abrutschungen und schlammbedeckte Wiesen — dieses Bild bot am Pfingstmontag praktisch der ganze Vinschgau. Am schlimmsten sah es in Sulden, Trafoi, Stilfs, Latsch, Lichtenberg und Planeil aus.

Die massiven Eingriffe des Menschen in den vergangenen Jahrzehnten haben zu einer empfindlichen Störung des Wasserhaushaltes geführt. Weite Landstrecken in allen Höhenlagen, die früher durch Grund- und Sickerwasser, durch mäandrierende Flüsse und Bäche mit entsprechender Auvegetation versumpft waren, wurden fast ganz trockengelegt. Für die Erschließung zahlreicher Berggebiete für den Wintersport und für den Bau von Siedlungen hat man große Waldflächen gerodet, so daß der Abfluß und damit auch die Erosion stark erhöht wurde. Die vielen asphaltierten Straßen in den Obstanbaugebieten des Etschtales, in den neuen bzw. erweiterten Siedlungen und der Wegebau bis hinauf ins Hochgebirge hatten ebenfalls einen verstärkten Abfluß zur Folge. Viele Häuser wurden in Gefahrenzonen gebaut, so im Bereich von Bachufern und von Murkegeln. Diese einschneidenden Veränderungen der Umwelt machen die Erhaltung des hydrographischen Gleichgewichtes immer schwieriger und bedingen auf lange Sicht eine Zunahme der Wasserkatastrophen. Für den Etschbereich in der Poebene besteht die Gefahr nicht nur in einem Überlaufen des Hochwassers über die Ufer, sondern auch in der ungeheuren Wasserbelastung der anliegenden Fluren, die dann ca. 10 Meter unter dem Wasserspiegel liegen. Durch den sandigen bis schotterigen Boden kann das nachdrückende Wasser leicht wieder emporquellen, insbesondere wenn dem Hochwasser andauernde Niederschlagsperioden vorausgehen.

Außerordentliche Witterungsverhältnisse verursachen mitunter ein plötzliches Anschwellen zahlreicher Flußläufe. Wenn es im Herbst zu ergiebigen Regenfällen kommt, so schwellen die Wasserläufe im Einzugsgebiet der Etsch rasch an; selbst kleine, trockene Bäche werden zu reißenden Strömen. In der jahreszeitlichen Verteilung kommt die Häufung der Hochwasser im Herbst klar zum Ausdruck. Die gelegentlichen Hochwasser im Frühjahr sind in der Regel dem Zusammenwirken von beschleunigter Schneeschmelze und Niederschlag zuzuschreiben. Im folgenden seien einige hydrologische Werte angeführt, die an drei verschiedenen Stellen der Etsch erhoben wurden:

Etsch bei Sigmundskron: In der Periode 1926 bis 1949 durchschnittlich geführte Wassermenge von 60,5 m³/Sek.; höchster Pegelstand 5,28 m am 5. September 1965.

Etsch bei Trient: In der Periode 1921 bis 1943 durchschnittlich geführte Wassermenge von 220 m³/Sek.; höchster Pegelstand 6,30 m im November 1966.

Etsch bei Boara Pisani: In der Periode 1923 bis 1949 durchschnittlich geführte Wassermenge von 246 m³/Sek.; höchster Pegelstand 3,99 m im November 1928.

Beim Hochwasser im November 1966 betrugen die Höchstwerte für die Etsch bei Trient 2600 m³ Wasser/Sek., für den Avisio 1200 m³/Sek., für den Fersenbach 350 m³/Sek. und für die Etsch bei Verona 2000 m³/Sek. Im statistischen Mittel der letzten 110 Jahre wäre alle sechs Jahre mit einem regionalen Katastrophenhochwasser zu rechnen. Tatsächlich aber wechseln Perioden mit hoher Frequenz mit unwetterfreien oder -armen Zeiten ab.

Mit der weitgehenden Zerstörung von Neumarkt im Jahre 1221 beginnt eine lange Reihe von Meldungen über Hochwasserkatastrophen in Südtirol. Im 19. Jahrhundert waren über 20 Überschwemmungen zu verzeichnen, neun davon allein im Jahrzehnt 1882 bis 1891. Die bedeutendsten Schadwasser unseres Jahrhunderts ereigneten sich in den Jahren 1906, 1917, 1926, 1927, 1928, 1950, 1965 und 1966.

Tirol hat auf dem Gebiet der Wildbachverbauung eine ruhmreiche Tradition. Dazu beigetragen haben Persönlichkeiten wie Franz v. Zallinger, Georg v. Aretin und Josef Duile (1776 in Graun geboren). Den Ruf als Pionier der Wildbachverbauung verdankt Duile dem Umstand, daß er bereits vor Beginn einer systematischen Verbauungstätigkeit die Zweckmäßigkeit der Verbindung forstlicher Maßnahmen mit baulichen erkannte. Dank der erstmaligen Einbeziehung lebender Baustoffe in die vorgeschlagenen Sicherungsmethoden gilt er als Vorläufer der Ingenieurbiologie. Josef Duile hat das erste Lehrbuch für die Ausführung technischer Vorkehrungen verfaßt. Umfangreiche Aufgaben und Pflichten brachte dem Amt für Wildbachverbauung in Südtirol das neue Autonomiestatut (D.P.R. Nr. 670 vom 31. August 1972), das dem Land die Zuständigkeit für die Fluß- und Wildbachverbauung an allen öffentlichen Gewässern, mit Ausnahme der Etsch von der Töll bis Salurn, des Eisacks und der Drau (70 Meter vor der Staatsgrenze) übertrug. Somit verfügt Südtirol heute über sehr weitreichende Zuständigkeiten auf dem Gebiet der Wildbach-, Lawinen- und Erosionsbekämpfung. Nach den im Lehrbuch von Duile enthaltenen Grundsätzen und Anleitungen erfolgt im wesentlichen auch heute noch die moderne Wildbachverbauung.

Die Talfer bei Bozen mit Blick auf St. Peter (rechts), St. Anton (Mitte) und Schloß Rafenstein (links oben)

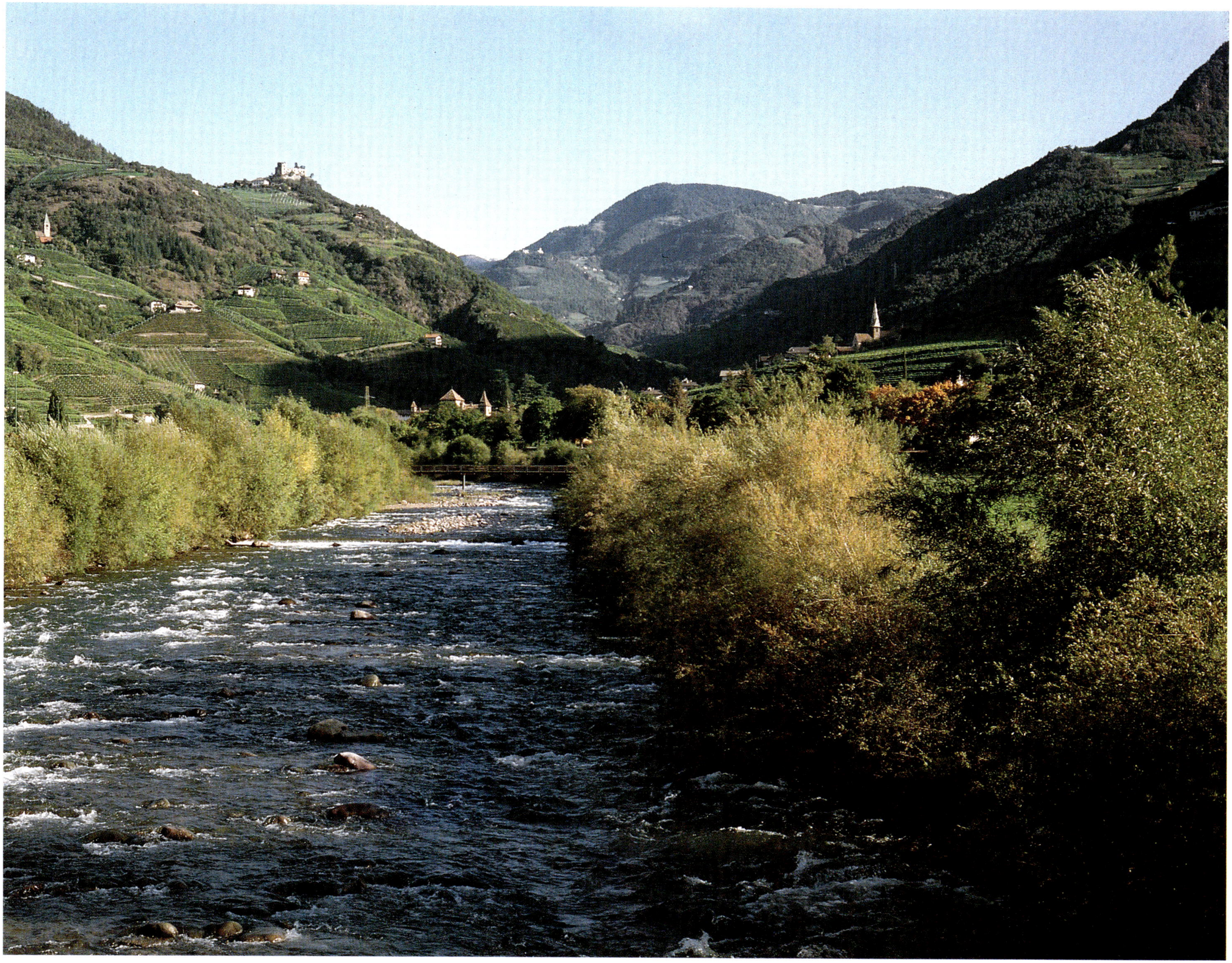

Etschschiffahrt und Flößerei

Schon im 12. und im frühen 13. Jahrhundert ist das Befahren der Etsch mit Schiffen und Flößen urkundlich bezeugt. Als oberstes Ende dieser Schiffahrt galt damals Bozen, im äußersten Falle auch Neuhaus-Terlan. Um 1600 wird die Etsch bei Sigmundskron (Bozen) bzw. bei Branzoll und der Eisack bei Blumau im Eisacktal schiffbar. Schon im 13. Jahrhundert hatten die Schiffer und Flößer auf der Etsch eine eigene Gesellschaft gebildet. Die Schiffe fuhren ab Branzoll-Leifers abwärts dank des fließenden Stromes; aufwärts werden die Schiffe von jeweils zehn bis zwölf Pferden gezogen. Man lieferte flußabwärts auf den Flößen Handelsgüter und Holz, aufwärts hingegen Mais, Weizen und Gewerbeartikel von und zu den Bozner Märkten. Für die Talfahrt benötigte man von Branzoll bis Trient einen halben Tag, von Trient bis Verona zwei Tage; umgekehrt brauchte man zwei bis vier Tage. Lendplätze waren zu Branzoll-Leifers, zu Neumarkt, Salurn, S. Michele, Nave S. Felice und Sacco.

Die Einwohner der Ortschaft Sacco bei Rovereto haben sich seit alters durch besondere Geschicklichkeit bei der Floßfahrt auf der Etsch hervorgetan. Nach und nach verdrängten sie andere Holzhändler bzw. Spediteure und erlangten das ausschließliche Vorrecht der Floßfahrt sowie des Warentransportes auf der Etsch von Branzoll bis Verona. Ab 1744 gab es nur noch die sogenannte „Saccosche Speditionskompanie". Die Flößer aus Sacco waren gute Holzhändler und durch Jahrhunderte die wichtigsten Handelspartner der Deutschnofner (Reggelberg bei Bozen), denen sie das sogenannte Reifholz abnahmen. Man nannte das Reifholz auch Floßholz, weil es von Leifers und Branzoll auf der Etsch nach Süden befördert wurde. Zum Unterschied von Weingart-, Brenn- und Binderholz ging das Reifholz durchwegs außer Landes, in die holzarmen oberitalienischen Städte. Die Etsch bot sich dafür als ausgezeichneter Transportweg an. Durch den Verkauf des Reifholzes floß viel Bargeld in das Gericht Deutschnofen. Schon in Urkunden aus dem 12. und 13. Jahrhundert werden Branzoll und Neumarkt als Holzniederlagen erwähnt, wo sich Händler aus Verona mit Holz eindeckten, um es in Form von Flößen südwärts zu verfrachten. Später waren die privilegierten Etschflößer von Sacco auf der Reif in Leifers die ersten Käufer; außerdem kamen sie mehrmals im Jahr nach Deutschnofen, um sich das beste Holz schon im voraus zu sichern. Außer dem Holz, das sie für ihre Flöße benötigten, kauften sie auch Bauholz und trieben damit in ganz Norditalien einen regen Handel. Sogar der Papst in Rom wurde über die Flößer von Sacco mit Deutschnofner Reifholz versorgt. Im Jahre 1744 erhielten die Flößer von Sacco ihr altes Warentransportprivileg, verbunden mit dem Holzvorverkauf auf der Leiferer Reif, zu rechtem Lehen auf ewige Zeiten. Im Jahre 1806 wurde allerdings das Warentransportprivileg der Händler und Spediteure von Sacco aufgehoben.

Die größten Etschflöße waren bis zu 28 m lang, vorne 5 bzw. hinten 6 m breit und mit 4 bis 7 Steuerrudern besetzt. Sie wurden aus ganzen Baumstämmen, in mehreren Lagen übereinander, gebunden. Im Durchschnitt rechnete man für ein Floß dreißig ganze Stämme und dazu noch kleineres Holz. Die Stämme wurden vorne und hinten quer durchbohrt, so daß man sie mit starken Weidenruten untereinander verbinden konnte. Mit einem kunstgerecht gebundenen Floß konnte man in einem Mal 120 m^3 Fichtenholz befördern.

Im 16. und vor allem im 17. Jahrhundert standen die Bozner Märkte in voller Blüte. Handelsleute aus Italien und Deutschland fanden sich in großer Zahl ein. Besonders im 17. Jahrhundert galt Bozen als Hauptumschlagplatz im Warenverkehr zwischen Italien und Süddeutschland. Dementsprechend rege war damals auch der Warentransport auf der Etsch. Fuhrleute aus St. Jakob und Leifers besorgten die Fracht von Bozen nach Branzoll, und ab Branzoll wurden die Kaufmannsgüter auf Flößen weitertransportiert. Das Holz, aus dem die Flöße gezimmert wurden, stammte zu einem großen Teil aus dem Gericht Deutschnofen. Man belud die Flöße mit Waren aller Art, die für den Süden bestimmt waren: mit Kupfer, Salz, Leder, Wolle, Tuch, Pech und anderem. Es gab für die Etschflößer doppelten Gewinn: Zum einen kassierten sie Frächterlohn von den Kaufleuten, zum anderen konnten sie ihre Flöße, am Bestimmungsort angelangt, auseinandernehmen und das Holz verkaufen. Sie waren also Holzhändler und Spediteure zugleich.

Während die Etschschiffahrt mit der Erbauung der Eisenbahn im Jahre 1858 schlagartig aufhörte, wurde die Etschflößerei noch bis 1913 betrieben. Doch die neue Eggentaler Straße lief dem alten Brantentaler Weg, auf dem das Holz zur Leiferer Reif transportiert wurde, allmählich den Rang ab, und die Lastkraftwagen verdrängten das Ochsenfuhrwerk. Schon vorher hatte der Transport per Eisenbahn die Flößerei auf der Etsch abgelöst.

Sacco bei Rovereto

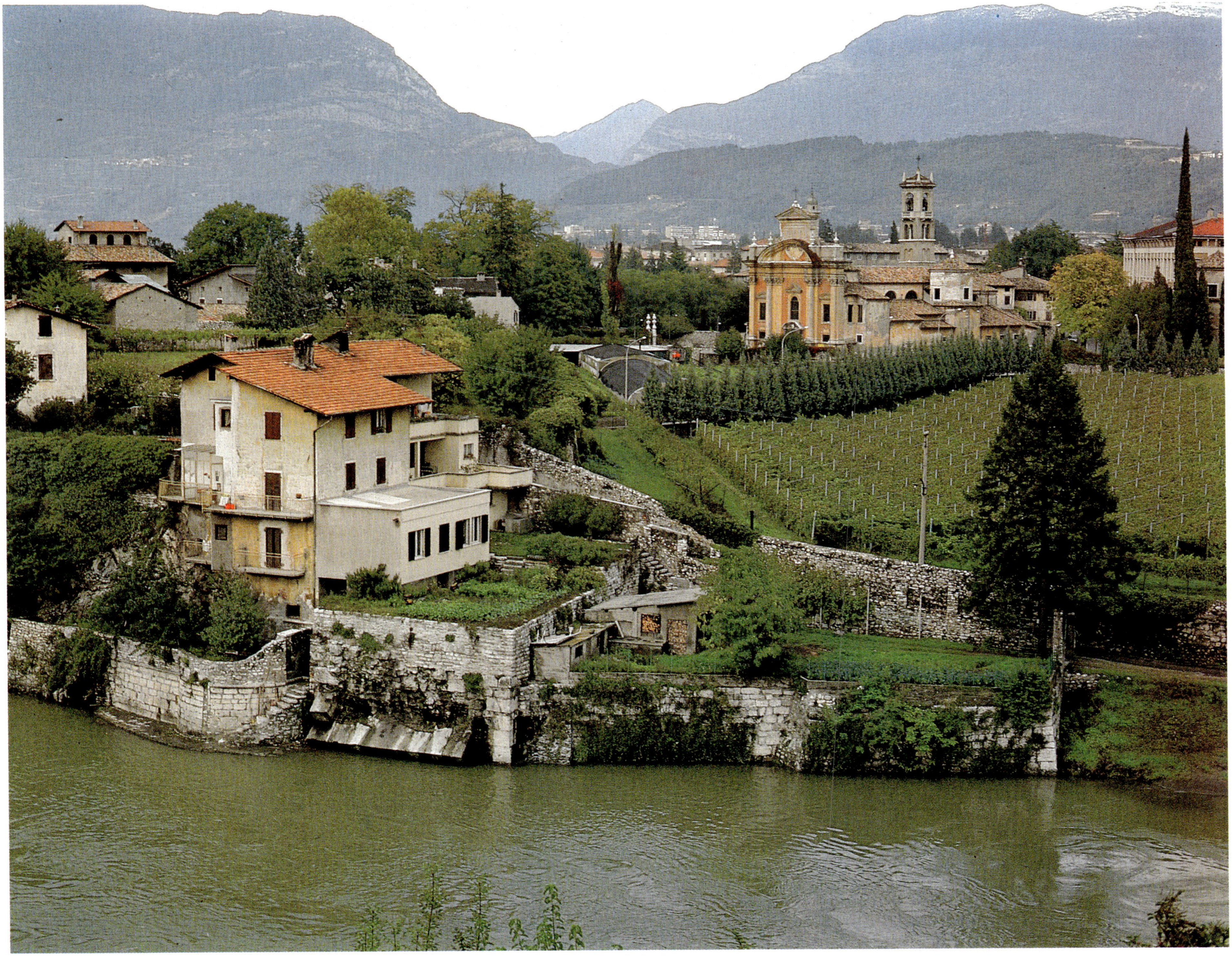

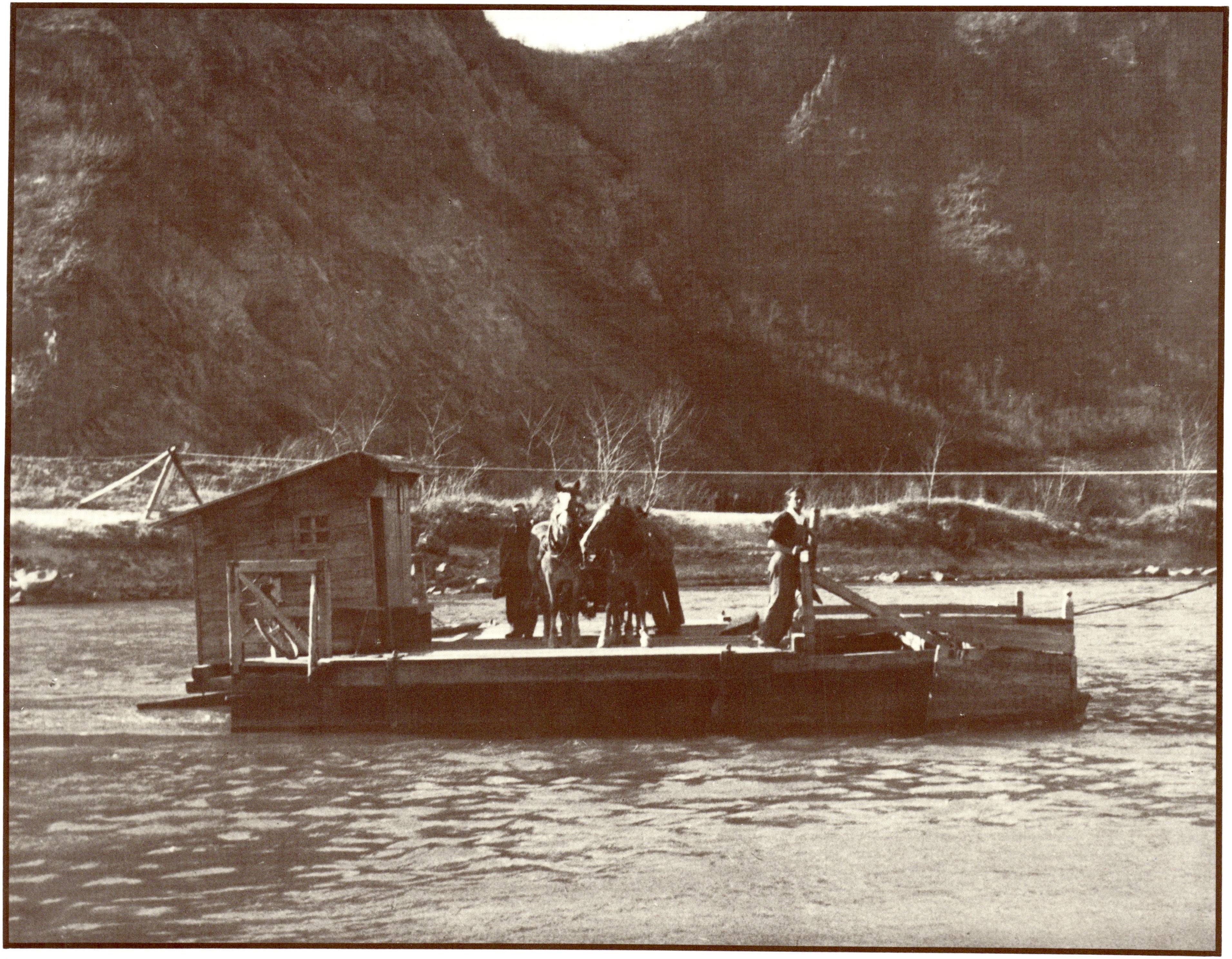

Die Etschmöser und die Folgen der Etschregulierung

Die größten Möser in Tirol gab es zwischen Glurns und Schluderns sowie vor allem zwischen Meran und Salurn. Schon in Urkunden von 1301 und 1328 wird über die Nutzung der Vinschgauer Möser berichtet. Erstmals wird die Au mit dem Namen „Artlung" zwischen Lana, Terlan und Eppan um 1200 genannt, ebenso das Kalterer Moos und das Traminer-Neumarkter Moos im 15. Jahrhundert. Diese Moosgründe und Auen wurden zur Weide benutzt, wie es viele Flurnamen, so Roßlauf, Roßaue, Ochsenwiese, Kuhmoos und Schafstadl, heute noch bezeugen. Weiderechte hatten nicht nur die unmittelbar anrainenden Gemeinden, sondern auch jene in den weiter entfernten Seitentälern. So hatten Bauern von Schnals, Passeier, vom Nonsberg, Sarntal, Fleims- und Fassatal das Recht, vom Herbst bis zum Frühjahr ihre Schafe, die im Sommer auf den Almen dieser Täler weideten, auf den Mösern und Auen der Etsch aufzutreiben. Aus dem Schilf und Riedgras der Niedermoore konnte man in der trockenen Jahreszeit Roßheu und Streu („Streb"-Möser) gewinnen. In den Auwäldern wurde das Holz genutzt. Ergiebig war auch die Fischerei und Jagd in den Feuchtgebieten der Etschniederung, zumal auf Wasservögel und Wildschweine. Das wichtigste Jagdgebiet für Wildschweine waren die Auen bei Bozen und Meran sowie die Überetscher Gebiete mit ihren dichten Eichenwäldern. Die Schweinehatz an der Etsch wurde jährlich im Herbst gehalten; es liegen darüber zahlreiche Berichte vor. Im Jahre 1666 erließ Kaiser Leopold I. den Befehl, das Schwarzwild bis auf den Samen abzuschießen. Um 1700 soll der letzte Eber bei

Fähre über die Etsch im Gebiet von Gmund (Bozner Unterland), die schon im 16. Jahrhundert als „Urfer zu Mundt" aufscheint

Heuarbeit im Gebiet der einstigen Etschmöser bei Nals

Kaltern erlegt worden sein. Um die vierziger Jahre des vergangenen Jahrhunderts lebte der Fischotter noch zahlreich an den Ufern der Etsch und ihrer Seitenflüsse. Enten und andere Wasservogelarten werden in der Landesbeschreibung des Marx Sittich von Wolkenstein (um 1563) besonders zahlreich von den Etschniederungen bei Bozen, Siebeneich, Gargazon und den Seen auf der Malser Haide erwähnt. Besonders auffallend sind die mehrfachen Angaben von Schildkröten, bei denen es sich wohl um die nirgends mehr im Lande aufscheinende Europäische Sumpfschildkröte handelt. Sie soll sich in den Wassergräben von Tramin sowie in den Mösern bei Bozen, Nals und Lana aufgehalten haben. Dieselben Örtlichkeiten gibt Wolkenstein für die Frösche an; außerdem hebt er die Gegend von Siebeneich hervor („selten vil frösch" und Wasservögel). Recht ausführlich sind auch die Notizen über Fische, für die schon früher ein großes Interesse vorhanden war. Aale werden besonders von den Wassergräben bei Tramin, vom Kalterer See und von der Etsch bei Salurn genannt. In der Etsch bei Bozen wurden gelegentlich Forellen von zehn bis fünfzehn Kilogramm Gewicht gefangen. In den Gewässern der Bozner Umgebung kamen Äschen vor. Hechte hielten sich nicht nur in Seen, sondern auch in der Etsch bei Bozen, Nals und Salurn auf. Bei Lana wurden sehr viele Neunaugen gestochen und nach Bozen gebracht. Die Barbe erwähnt Wolkenstein von der Etsch bei Salurn und Bozen, von wo aus sie auch in die Talfer und den Eisack eingedrungen ist. Die Schleien lebten in Wassergräben, Teichen, Seen und in der Etsch zwischen Bozen und Nals. In der Talfer bei Bozen gab es auch Elritzen, Groppen, Grundeln und Barsche.

Vergleicht man die Artenliste der Tiere aus der Zeit um 1600 mit den gegenwärtigen Beständen, so fällt die Abnahme und Verarmung der Fauna infolge Trockenlegung der Feuchtgebiete, Regulierung und Verschmutzung der Gewässer geradezu alarmierend auf. „Mit Krepsen schön besetzte Gräben" werden nicht nur von den Etschniederungen bei Bozen, sondern auch aus der Gegend von Nals, Lana, Branzoll, Neumarkt, Tramin, Kurtatsch und Salurn angegeben. Inzwischen ist der Flußkrebs im Etschtal bis auf kümmerliche Reste verschwunden und vom Aussterben bedroht. Die älteste Nachricht von einer planmäßigen Entsumpfung der Etschmöser bei Sigmundskron bringt Felix Faber in seiner Reisebeschreibung von 1483. Zur Regulierung der Etsch wurde 1747 unter Kaiserin Maria Theresia ein erster Betrag von 150.000 fl. ausgewiesen. In den Jahren 1774 bis 1777 wurde unter der Leitung von Josef von Zallinger durch das Traminer Moos vom Kalterer See bis Mezzocorona ein langer Abzugsgraben gezogen. Wo einst Auen und Möser waren, hat man allmählich Wiesen, Äcker und Maulbeerpflanzungen angelegt. Im Auftrag von Erzherzog Johann wurde im Jahre 1805 ein Projekt erstellt, das u.a. die Trockenlegung von Sümpfen, die Erhöhung der Abflußgeschwindigkeit der Etsch mittels des Durchstiches von Flußschleifen und die Flußlaufverkürzung zum Inhalt hatte. Infolge der damaligen Kriegszeiten konnte man aber erst 1818 an die Durchführung dieses Projektes schreiten. Auf Grund eines Gutachtens von Florian Pasetti, aus dessen Kartenbeilagen sich der damalige Stand der Etschregulierung und der Verbauung der Wildbäche im Abschnitt Algund —Ala entnehmen läßt, wurde die Etschregulierung im Jahre 1847 durch den Tiroler Landtag zur Landessache erhoben. Trotz der beachtlichen technischen Leistungen krankte die Etschregulierung am Mangel eines ganzheitlichen Konzeptes und an ihrer Unterstellung unter die lokalen Verwaltungsbehörden. Daher wurde im Jahre 1879 durch neue Landesgesetze die Regulierung der Etsch von der Passermündung bis Sacco nahe der damaligen italienischen Grenze geregelt. Die Arbeiten gingen mit namhaften Eingriffen und unter großzügiger Bereitstellung von Mitteln bis 1915 weiter und fanden in den dreißiger Jahren im wesentlichen ihren Abschluß.

Die Naturlandschaft der Etschniederung wurde inzwischen völlig umgewandelt und stellt heute Südtirols größtes geschlossenes Obstbaugebiet dar. Unter dem Anreiz der hohen Rentabilität der Apfel- und Birnenkultur wurde fast die ganze verfügbare Fläche bepflanzt, neben den wertvollen grauen Auenböden auch Gleye im Bereich der Grundwasserschwankungen und sogar nasse Niedermoore. Die Umwandlung einer vielfältigen Flußlandschaft in eine einseitige, maschinengerechte Agrarlandschaft erfolgte zu „vollständig".

Die mächtigen Weiden, Pappeln und Erlen der Etschauen zwischen Meran und Salurn, das urwaldartige Gebüsch und Strauchwerk im Unterholz sowie die Ried- und Schilfgebiete der Möser bildeten ein Mosaik an Lebensräumen für Fische, Lurche, Vögel und für zahllose Insekten. Aber die Auen, Kleingewässer und Feuchtbiotope wurden durch Übernutzung bis auf letzte Reste ausgemerzt, alte und junge Bäume entfernt, Sumpfböden trockengelegt und Altwässer mit ihrer üppigen Vegetation reguliert. Die Quelle des Lebens im Bereich der Etschniederung begann allmählich zu versiegen. Bei dem einseitigen Nahrungsangebot in den Obstplantagen und dem Mangel an mannigfaltigen Lebensräumen bzw. Lebensgemeinschaften entwickelten sich Schädlinge, die sich mangels natürlicher Umweltwiderstände immer stärker vermehren konnten. Die Bauern wurden vom massiven Angebot an hochgiftigen und zum Teil nicht abbaubaren Schädlingsbekämpfungsmitteln durch die chemische Industrie regelrecht überrollt. Mit diesen Präparaten vergiftete man das Schädliche mit dem Nützlichen. Durch die Anreicherung von Pestiziden in den Böden und Gewässern wurde das natürliche Gleichgewicht in verstärktem Maße gestört. Die Tatsache, daß der Birnblattsauger gegen alle verfügbaren Insektizide resistent geworden ist, war für die Südtiroler Produzenten eine bittere Erfahrung. Inzwischen ist eine gewisse Neuorientierung bei den Pflanzenschutzmaßnahmen erfolgt. Die Entwicklung im Pflanzenschutz geht dahin, die Schädlingsbekämpfung mit chemischen Mitteln auf biologische Weise und unterstützende Kulturmaßnahmen aufeinander abzustimmen und sinnvoll zu verbinden (Integrierter Pflanzenschutz). Erste Erfolge zeichnen sich bereits ab.

1 Wachtel (Coturnix coturnix)
2 Libelle (Odonata)
3 Gestielte Eier der Florfliege (Chrysopa vulgaris) auf Pfirsichblatt
4 Marienkäfer (Coccinella sp.) auf der Jagd nach Blattläusen

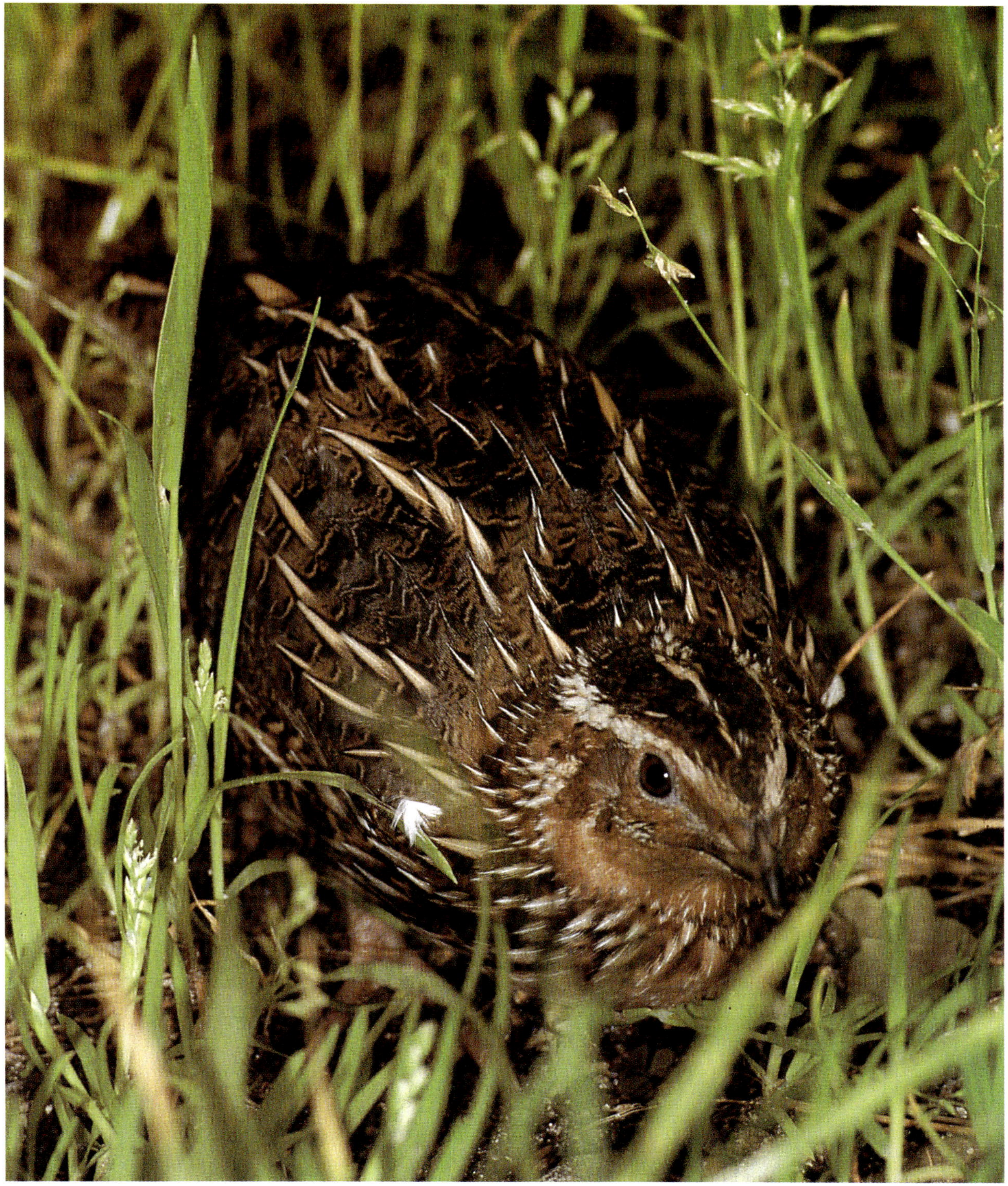
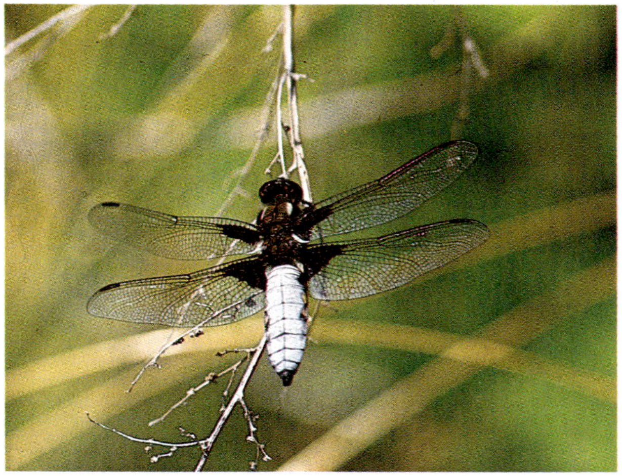
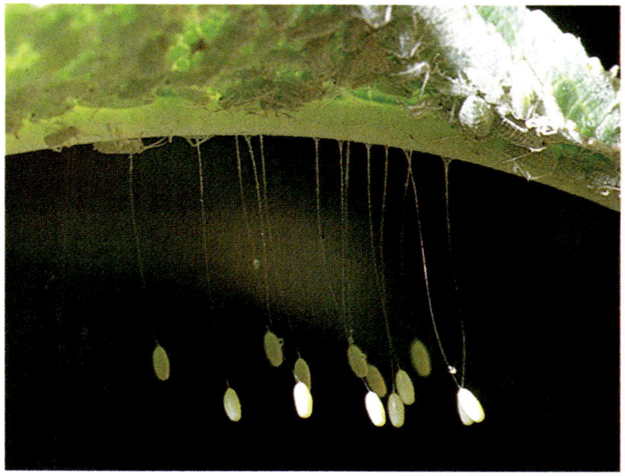
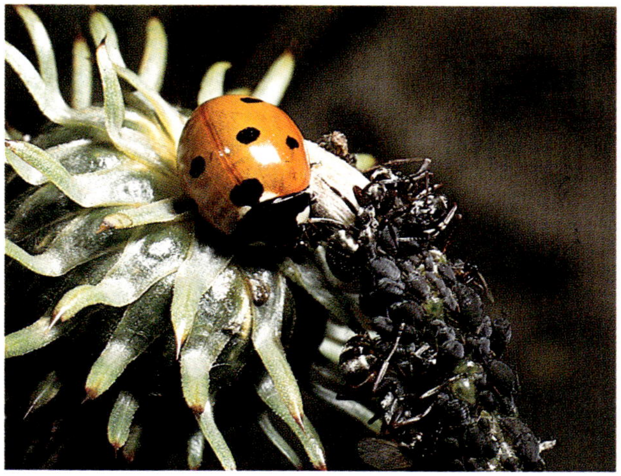

Die vielen negativen Erfahrungen, die man in den vergangenen Jahrzehnten in den Obstbaugebieten des Etschtales gemacht hat, zeigen, wie wesentlich — auch vom wirtschaftlichen Standpunkt aus gesehen — auf lange Sicht eine ökologisch vielfältige Landschaft mit entsprechenden natürlichen Regulationsmechanismen ist. Auch in der intensiv genutzten Agrarlandschaft sollen mindestens zwei bis fünf Prozent der Restflächen den Hecken, Flurgehölzen, Auen, Feuchtgebieten, Kleingewässern und anderen Biotopen vorbehalten bleiben. Hier können sich die Gegenspieler der Schädlinge, darunter Marienkäfer, Kugelkäfer, Raubmilben, Schlupfwespen, Schwebe- und Florfliegen, entwickeln. Auf diesem Gebiet gibt es noch vieles zu tun, denn nur die Artenvielfalt sorgt für mehr Stabilität.

Die Waldvegetation im Bereich der alpinen Etsch und ihrer Seitentäler

Einst durchzogen ausgedehnte Schwarzerlenwälder (Alnus glutinosa) die Talniederungen der Etsch. Als Klimaregulator, Rückstauzone bei Hochwasser und Lebensraum für viele Tier- und Pflanzenarten übten sie eine wichtige ökologische Funktion aus. Durch Flußregulierungen und intensive Bodennutzung wurden diese Auwälder der Etsch bis auf einige Reste in Südtirol beseitigt. An schnell fließenden Bächen in den höher gelegenen Tälern treten an die Stelle der Schwarzerlen die Grauerlen (Alnus incana). Sie bevorzugen einen stark bewegten und sauerstoffreichen Untergrund. In der typischen Artenzusammensetzung der Auwälder herrschen Schwarzerlen, Grauerlen, Pappeln, Eschen und Weiden vor. Auf wasserzügigen, tonreichen Glimmerschiefer- und Phyllitböden entwickeln sich Grauerlen- und Birkenwälder mit einer Reihe eigenständiger Pflanzenelemente. Solche oft von Birken (Betula verrucosa) beherrschte Hangwälder stocken beispiels-

Alte Weide im Auwald von Schluderns (Vinschgau)

Rinde und Samenzapfen der Schwarzkiefer (Pinus nigra) im Gebiet des Tartscher Bühels (Vinschgau); Seite 45

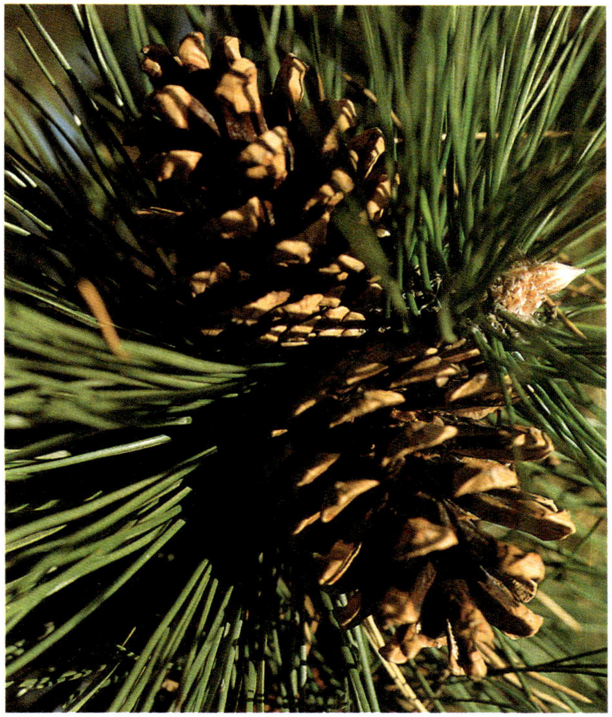
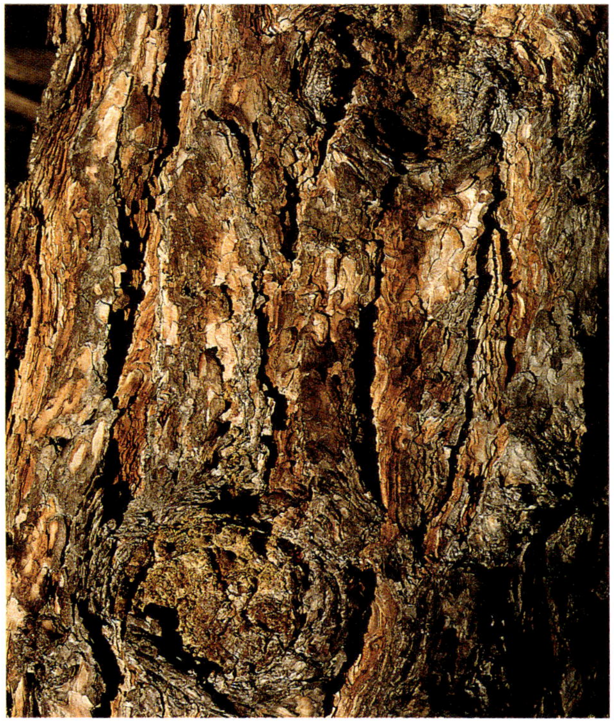
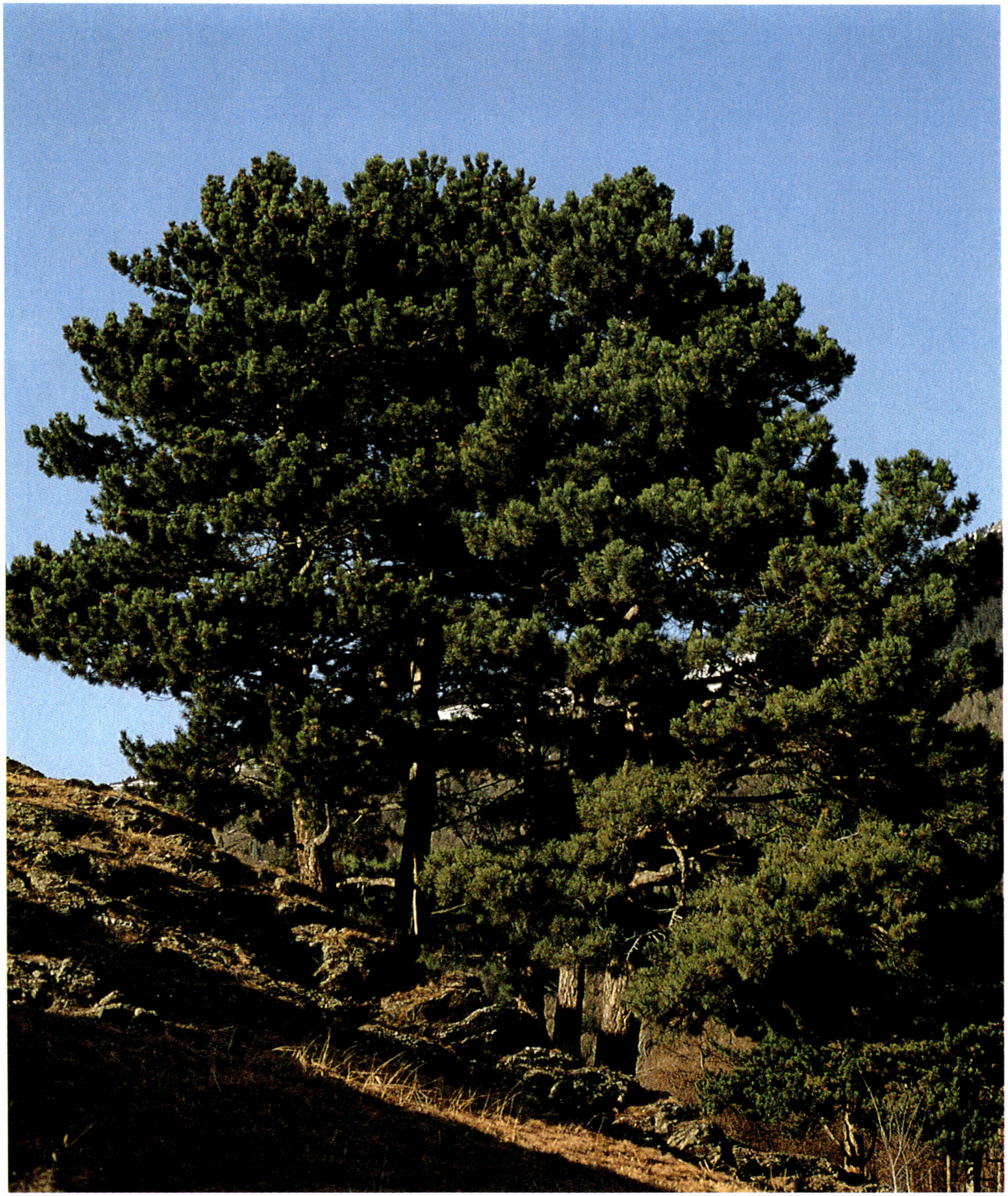

weise im Bereich der Südtiroler Etschniederung am Ausgang des Martelltales, des Zieltales, des Passeier- und Ultentales. Sie tragen wesentlich zur Sicherung des Bodens vor Erosion bei. In Taleinschnitten und in Nordstaulagen mit entsprechend hoher Luftfeuchtigkeit stocken moos- und farnreiche Schluchtwälder. Neben Fichte und Tanne dominieren Esche und Ahorn; dazu kommt eine artenreiche Strauch- und Krautschicht. Bachläufe weisen, sofern sie nicht verbaut wurden, schöne Weidenstadien (z. B. Salix eleagnos, S. purpurea, S. caprea) auf, die im Unterwuchs eine feuchtigkeitsliebende Artengarnitur beherbergen. Innerhalb der subalpinen Wald- und Zwergstrauchstufe treten an Stelle des Grauerlenwaldes großflächige Grünerlenbestände (Alnus viridis) und Hochstauden. Diese in Rinnlagen und Mulden mit hohem Feuchtigkeitsangebot und langer Schneebedeckung gedeihende Pflanzengesellschaft erfüllt als Steilhangsicherung und Uferschutz eine wichtige Funktion.

Klima und Untergrund sind die wesentlichsten Komponenten für die Zusammensetzung der Vegetation. Der unterschiedliche Klimacharakter der verschiedenen Bereiche der Etsch zwischen Verona und dem Reschen findet in der Ausbildung der Waldvegetation und in der Verteilung klimakennzeichnender Arten seinen Niederschlag. Im Etschtal zwischen der Veroneser (Berner) Klause und Ala sowie um den Gardasee kommt als Besonderheit und lokal begrenzt eine fast mediterrane Steineichen-Macchie vor. Sie steht hier offenbar an der Nordgrenze ihres Verbreitungsareals. Die Steineiche (Quercus ilex) überzieht beispielsweise die Felsen von S. Valentino (zwischen S. Margherita und Ala) und die wärmsten Hanglagen im Gebiet von Avio. Nördlichste Steineichenbestände liegen unweit des

1	
2	3

Herbstlich gefärbte Hecken am Vinschgauer Sonnenberg

1 Nachtigall (Luscinia megarhynchos)
2 Smaragdeidechse (Lacerta viridis)
3 Uhu an Porphyrfelsen (Bubo bubo)

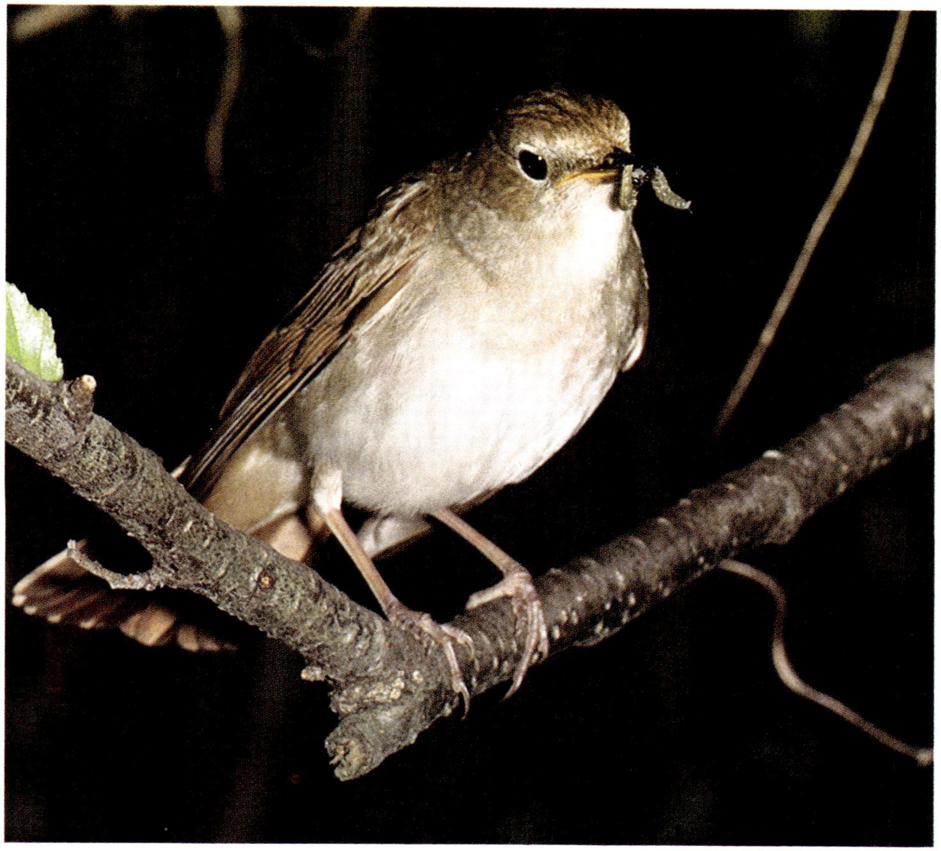

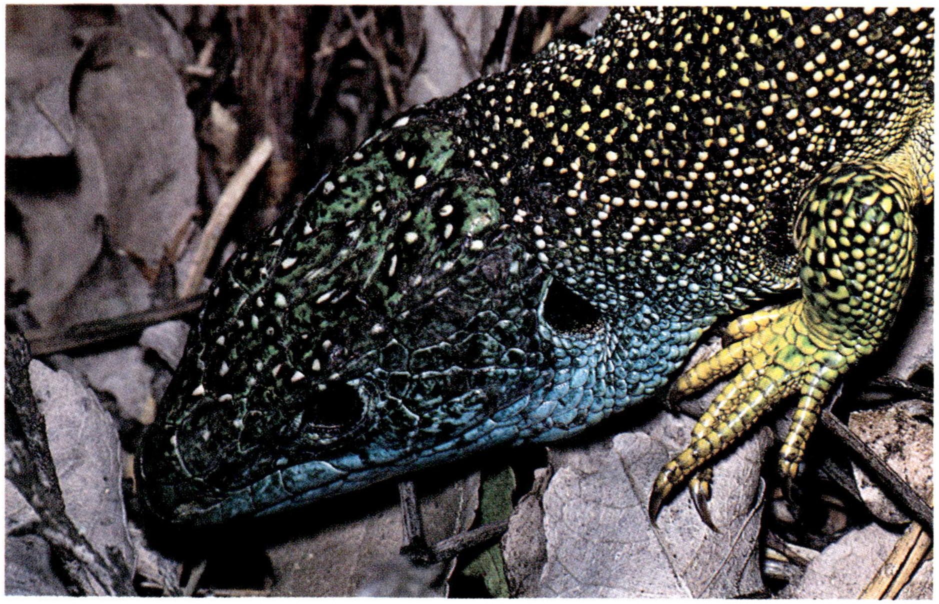

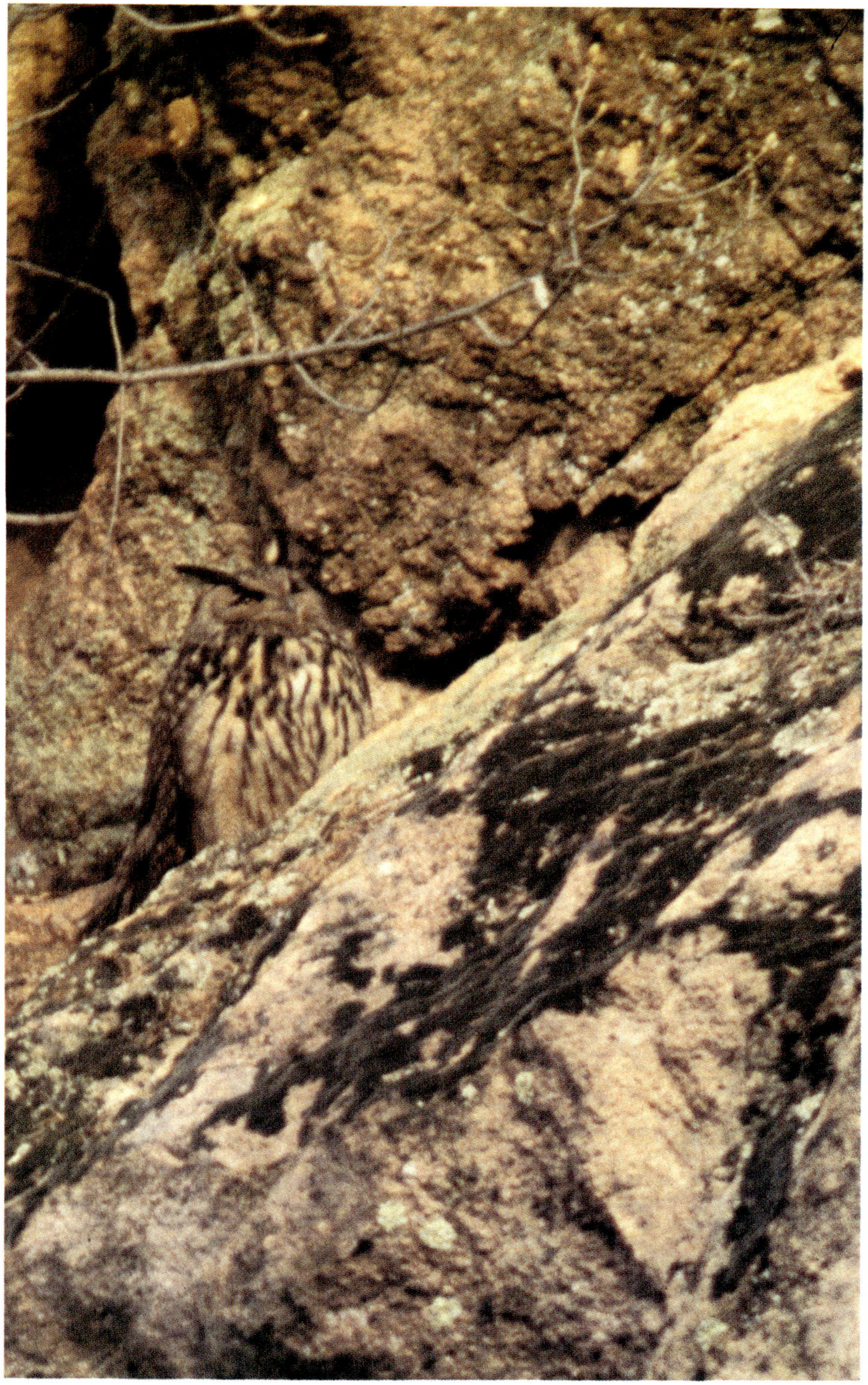

Toblinosees und an den Kalkfelsen zwischen Mori und Loppiosee. Das dunkle Grün dieser typischen Vertreterin der immergrünen mediterranen Gehölzvegetation hebt sich selbst mitten im Winter kontrastvoll von den hellen Felswänden ab. Bei Avio, Lizzana und Isera im Val Lagarina (Lagertal) gedeihen nicht nur hervorragende Weine, sondern auch Oliven auf kleinen Flächen. Der Ölbaum stimmt in seiner Verbreitung gut mit der Steineiche überein. Da und dort wachsen auch Oleander, Judasbaum und Ginster. Zu den mediterranen Arten des Gardaseegebietes und des Val Lagarina gehören auch die Breitblättrige Steinlinde (Phillyrea latifolia), der Lorbeer, der Buchs (Buxus sempervirens) und der Lorbeerseidelbast (Daphne latifolia). Neben den Olivenhainen verleihen der Landschaft besonders die Zypressen ein südliches Aussehen.

Den submediterranen Klimabereich des Etschtales spiegeln die trockenen Flaumeichen-Hopfenbuchen-Buschwälder (200—700 m) wider. In ihrem Unterwuchs sind sie besonders reich an mediterranen und submediterranen Elementen. In der acht bis zwölf Meter hohen Baumschicht wachsen Flaumeiche (Quercus pubescens), Hopfenbuche (Ostrya carpinifolia), Manna-Esche (Fraxinus ornus), Zürgelbaum (Celtis australis) und Pistazie (Pistacia terebinthus). Nur auf Silikat kommt die Edelkastanie vor, hingegen bevorzugen Alpen-Goldregen (Laburnum alpinum), Filzige Zwergmispel (Cotoneaster tomentosus), Felsenbirne (Amelanchier ovalis) und Strahlenginster (Genista radiata) Kalkstandorte. Die nördlichsten Kastanienhaine kann man in der Umgebung von Brixen (Eisacktal) bewundern. Die Eibe (Taxus baccata) gedeiht vorwiegend in Schluchten. Schöne Bestände liegen noch im Passeier- und im Sarntal. Das Stechlaub (Ilex aquifolium) reicht bis zum Salurner Bereich vor. In Form von Einzelbeständen dringt die Flaumeiche weit in die inneralpinen Täler ein, so bis zur Calvenklause nächst der Schweizer Grenze sowie bis Schlanders und Kortsch im Vinschgau. In der

Flaumeichen-Buschwald an den sonnigen Porphyrhängen von Bozen (St.-Oswald-Promenade)

Strauchschicht des trockenen Buschwaldes fallen Weichselkirsche (Prunus mahaleb), Kornelkirsche (Cornus mas), Spindelstrauch (Evonymus europaea), Blasenstrauch (Colutea arborescens), Liguster (Ligustrum vulgare), Schlehdorn (Prunus spinosa), Elsbeere (Sorbus torminalis), Kronwicke (Coronilla emerus), Perückenstrauch (Cotinus coggygria) und Wacholder auf. Untergeordnet sind auch Winterlinde (Tilia cordata) und Feldahorn (Acer campestre) vertreten. Im dichten Buschwerk sind der Mäusedorn (Ruscus aculeatus), die Schmerwurz (Tamus communis), die Dingel-Orchis (Limodorum abortivum), der Diptam (Dictamnus albus) und der Efeu immer wieder anzutreffen. Die ausgezeichnete Stockausschlagfähigkeit von Manna-Esche und Hopfenbuche kommt der Niederwaldbewirtschaftung zugute. Zu den besonderen Funktionen dieses Waldes zählen aber die Schutzwaldeigenschaften. Stellenweise, so bei Bozen, werden die Flaumeichenwälder durch Trockenrasen ersetzt, die sich durch eine Vielfalt an bunt blühenden und duftenden Kräutern auszeichnen. Wegen der langsamen Regeneration der Flaumeiche ist besonders bei Buschbränden die Gefahr der Versteppung groß. Das Zentrum der Steppenentwicklung liegt im Vinschgau, wo sich an den sonnenexponierten Hängen größtenteils nur mehr Wacholder-, Sauerdorn- und Sanddornbüsche durchzusetzen vermögen. Es wurden wiederholt Aufforstungen mit der Schwarzföhre durchgeführt. Natürliche Rotföhrenwälder stocken auf flachgründigen und nährstoffarmen Böden innerhalb der submontanen-montanen Stufe, wobei sie je nach Höhenstufe, Klima und Gesteinstyp eine sehr differenzierte Artenzusammensetzung aufweisen. Sie sind in Südtirol im Vinschgau (Tragant-Föhrenwald), in der Bozner Umgebung (z. B. Überetsch, Ritten), in den inneren Dolomitentälern sowie im Brixner und Brunecker Gebiet vertreten. Die Rotföhre ist ein Pionierbaum, der nach Naturkatastrophen für eine erste Bodenverfestigung und Wiederbesiedlung sorgt.

Steineichen (Quercus ilex) im Gebiet des Loppiosees zwischen Mori und Nago (Prov. Trient)

Olivenkulturen im Val Lagarina

Im eigentlichen Bergwald (montane Stufe, 800 bis 1500 m) ändert sich die Zusammensetzung vom niederschlagsreichen Alpensüdrand gegen das Innere zu, wobei in der gleichen Reihenfolge Buche, Tanne und Fichte jeweils vorherrschen. Ausläufer des südlichen randalpinen Tannen-Buchen-Waldgürtels reichen im Etschtal bis zum Mendelkamm (Gampenpaß bei Lana) vor. In keinem anderen Lebensraum kann der jahreszeitliche Rhythmus in derart eindrucksvoller Weise miterlebt werden wie im Buchenwald. Die darin lebenden Pflanzen, die durchwegs Frühjahrsblüher sind, bedürfen eines humusreichen, biologisch hochaktiven Bodens. Im herbstlichen Laubfall liegt die Gewähr für eine sichere Überwinterung. Besonders stattliche Buchen, von denen die meisten als Baumdenkmäler gewertet werden könnten, stehen in der Umgebung des Cei-Sees bei Rovereto. Zwischen dem Buchenareal der südlichen Randalpen und der Fichtenzone der Inneralpen liegt das Verbreitungsgebiet der Tanne. Sie ist gegenüber der Buche wesentlich frostunempfindlicher und dringt daher weiter in die Inneralpen vor (Münstertal — Jaufenpaß — Pustertal). Die Tanne stellt hohe Ansprüche an die Luftfeuchtigkeit und den Nährstoffgehalt im Boden. Sie wurde durch Fichtenaufforstungen sehr stark zurückgedrängt. Indessen weiß man, daß die Tanne für die Sicherstellung der standörtlichen Ertragsfähigkeit, die Verbesserung des Mikroklimas und die Erhaltung der Artenvielfalt unentbehrlich ist. Sie vermag als Tiefwurzler den Boden gut aufzuschließen, damit den Nährstoffkreislauf zu aktivieren und der Standortdegradierung vorzubeugen. All diese Gründe rechtfertigen eine forstliche Pflege des Tannenwaldes.

Die montane Fichten-Tannen-Waldstufe setzt in den inneralpinen Tälern bereits am Hangfuß ein und geht allmählich in die montane Fichtenwaldstufe über. Die Fichte hat den größten Anteil an den Wäldern Südtirols. Als konkurrenzstarker, relativ anspruchsloser Baum besitzt sie in den Inneralpen ihr Klimaoptimum. Die bodenversauernde Wirkung ihrer Nadeln fördert vor allem säureliebende Arten (z. B. Heidelbeere, Sauerklee). Im Gegensatz zur artenarmen Fichtenmonokultur ist der subalpine Fichtenwald (zwischen 1400 und 1700 m) reich an Moosen und hochwüchsigen Zwergsträuchern (Alpenrose, Heidel- und Rauschbeere). In allen Fichtenwäldern ist die Lärche mehr oder weniger stark verbreitet. Als Lichtkeimer und Pionierbaum besiedelt sie vor allem Schlagflächen. Durch waldbauliche Förderung entstanden an vielen Stellen Lärchenwälder und Lärchenwiesen, die besonders in der Herbstfärbung ein eindrucksvolles Bild vermitteln. Diese Wiesen stellen ein besonderes Charakteristikum der Südtiroler Landschaft (z. B. Vinschgau, Tschögglberg, oberes Pustertal) dar. Den Höhenrekord unter den Bäumen des Bergwaldes erreicht die Zirbe, die am besten an die frostreichen kontinentalen Inneralpen angepaßt ist. Ihre Nadeln vermögen Temperaturen von −40°C unbeschadet zu ertragen. Wegen der kurzen Vegetationszeit wachsen Zirben allerdings nur sehr langsam. Zirbenwälder sind in fast ganz Südtirol zwischen 1700 und 2300 m anzutreffen; sie werden auch als Lawinenschutz aufgeforstet.

Der gegenwärtige Waldanteil Südtirols ist, auch im Vergleich zu anderen alpinen Gebieten, hoch und beträgt, bei alleiniger Berücksichtigung der Nutzfläche, ca. 47,5 %. An der Zusammensetzung der Wälder beteiligen sich die Fichte mit 60 %, die Lärche mit 14 %, die Schwarz- und Rotföhre mit 12 %, die Tanne mit 5 %, die Zirbe mit 3 % und verschiedene Laubhölzer mit 6 %. Jahrhundertelange Eingriffe des Menschen hatten u. a. eine Abnahme der hochwertigen Laubhölzer in tieferen Lagen und eine Zunahme der Fichte zuungunsten der Tanne in höheren Lagen zur Folge. In der zweiten Hälfte des vorigen Jahrhunderts erfolgte allmählich eine den Erfordernissen entsprechende Forstgesetzgebung und Organisation der Forstbehörden. Ihnen ist es zu verdanken, daß die bis dahin stark reduzierte Waldfläche seither keine wesentlichen Einbußen erlitten hat. In zunehmendem Maße wurde die Öffentlichkeit auf die Zusammenhänge zwischen Hydrologie und Wasserbau einerseits und geregelter Waldwirtschaft andererseits aufmerksam gemacht. Auf das Einzugsgebiet von Wildbächen üben die Wälder insofern einen wichtigen Einfluß aus, als sie den Wasserabfluß verzögern und die Schuttlieferung vermindern. Die Bemühungen der Forstbehörden gehen unter anderem dahin, standortgemäße, nach Mischung und Altersstruktur günstige Bestände zu pflegen und zu fördern. Der Schutz und die Pflege der Wälder im Alpenraum gehören zu den Aufgaben von größter ökologischer und ökonomischer Tragweite.

Die Waldgrenze liegt in Südtirol durchwegs bei 1950 m, kann stellenweise aber auch 2250 m erreichen. Einzelne Lärchen und Zirben dringen bis an die Baumgrenze vor. Zwischen der Wald- und der Baumgrenze dominieren Krummholzbestände mit Legföhren auf basischen Böden und Grünerlen auf saurer Unterlage, zu denen sich gelegentlich Alpenrosen und Weidengewächse gesellen. Krummhölzer und Zwergsträucher ziehen in Lawinenbahnen und Murstrichen auch tiefer in den Waldgürtel hinab. Die alpine Stufe mit Zwergstrauchgesellschaften im unteren Bereich und Rasengesellschaften im oberen reicht von über 2100 m bis 2800 m Höhe. Der Chemismus des Ausgangsgesteins prägt sich immer deutlicher im Pflanzenbestand (Kalk- und Silikatrasen) aus. Zwischen die auskeilende Rasendecke und die Schneegrenze (2700—3100 m) schiebt sich die subnivale Vegetationsstufe mit niedrigen Polsterpflanzen, Schuttpionier- und Felsspaltengesellschaften. Die Nivalstufe beinhaltet schließlich vorwiegend Sporenpflanzen, aber auch noch einige Blütenpflanzen wie den Gletscher-Hahnenfuß (Ranunculus glacialis).

Der Latemarforst (Karerseegebiet) gilt als einer der schönsten subalpinen Fichtenwälder Südtirols.

Zirben (Pinus cembra) im Bereich der Baumgrenze, Pfitschtal

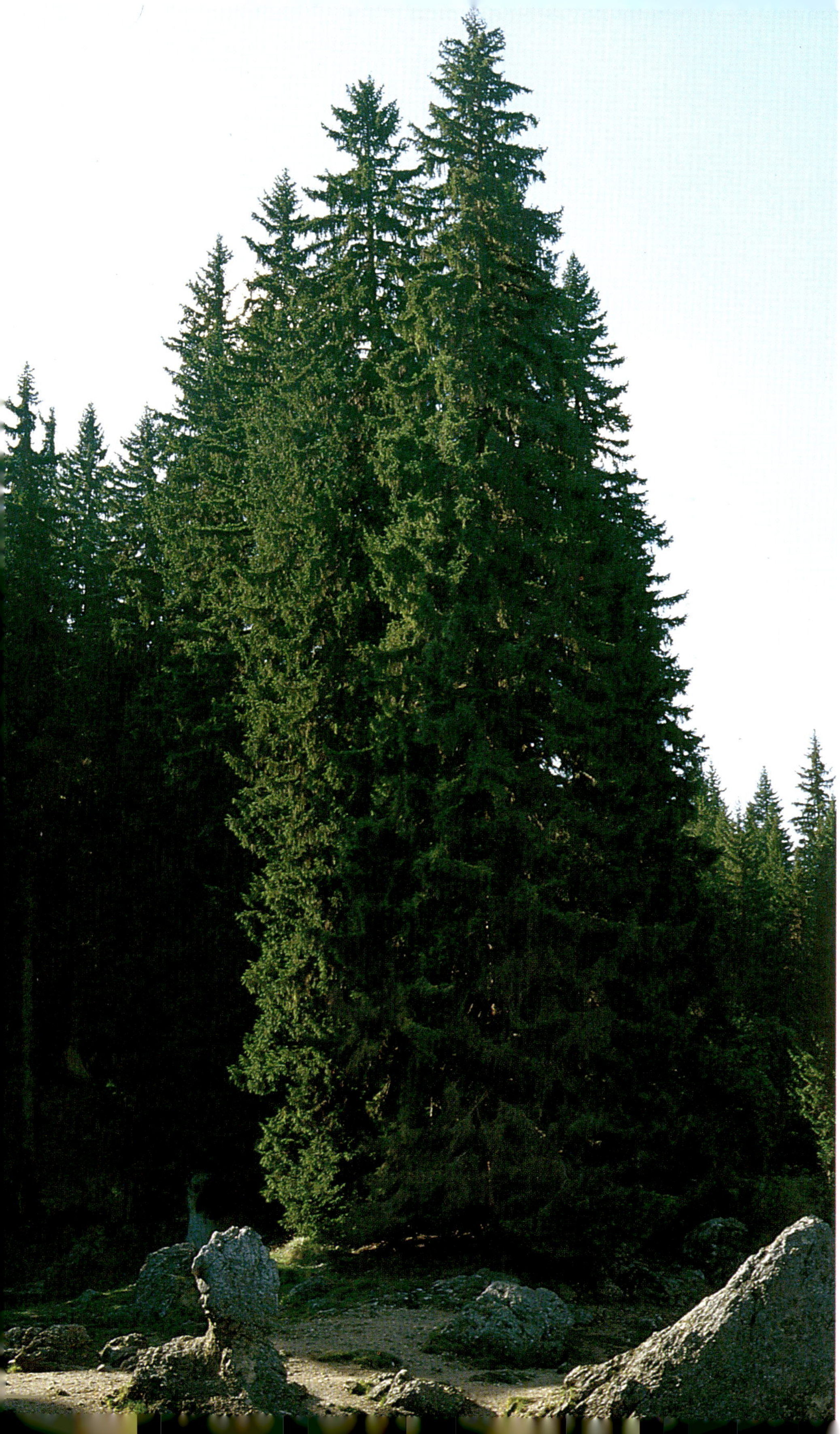

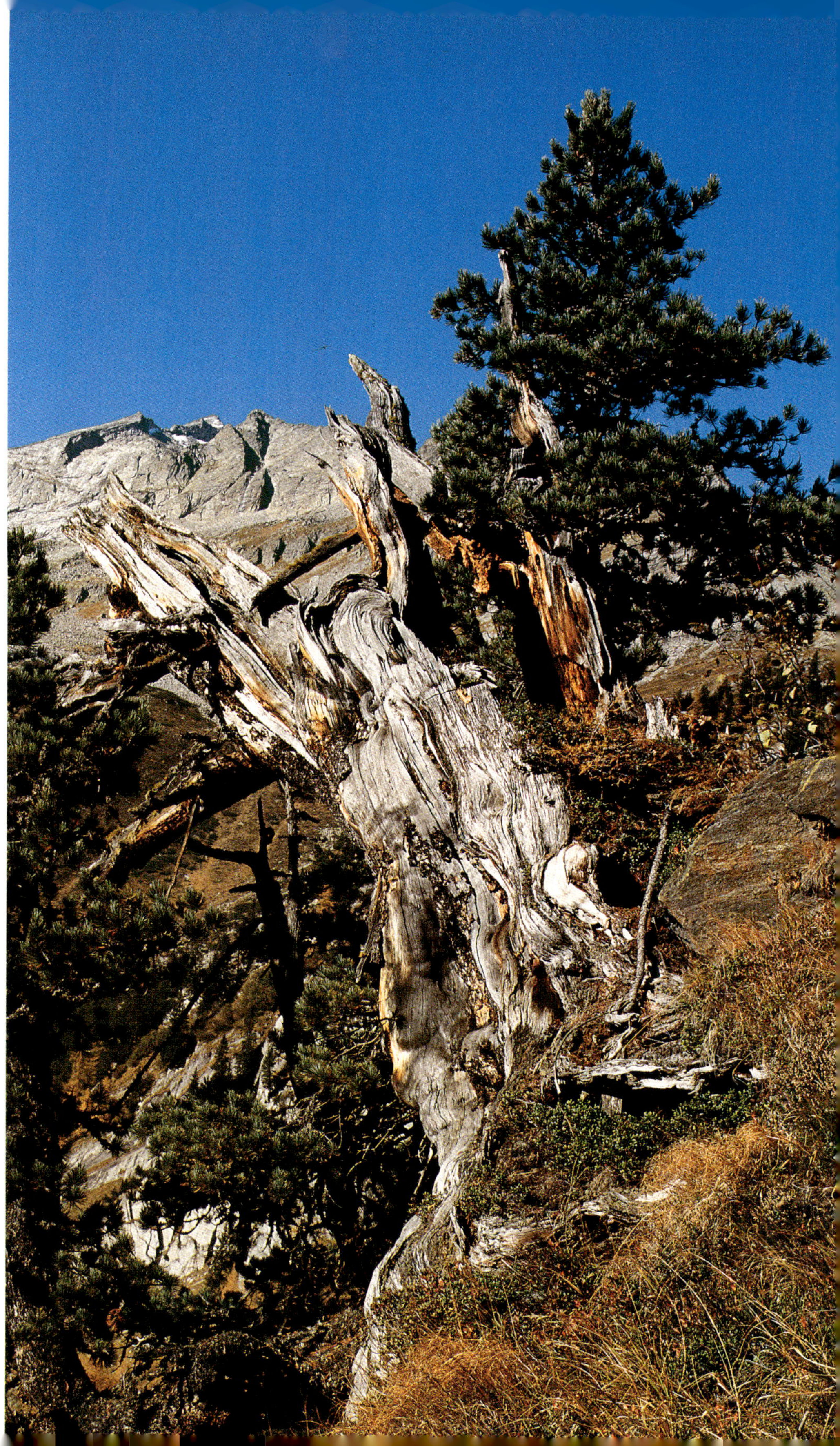

Die Fischfauna der alpinen Etsch und ihres Einzugsgebietes

Der wertvollste Edelfisch der alpinen Etsch und ihrer Nebenflüsse ist die Marmorierte Forelle mit dem wissenschaftlichen Namen „Salmo marmoratus". Sie gehört ebenso wie die Ochrida-Forelle im Süden Jugoslawiens und die weitmäuligen Forellen der Gattung Salmotinus zu den sogenannten relikten Tieren des adriatischen Refugialgebietes, die noch vor Beginn der Eiszeit diese Gewässer besiedelten. Die Marmorierte Forelle, auch Adria-Forelle und in Slowenien Soča-Forelle (Soča = Isonzo) genannt, war durch die geologischen Einflüsse von den verwandten Salmoniden lebensraummäßig völlig isoliert. Infolge dieser langen Isolierung haben sich viele morphologische Eigenschaften entwickelt, welche die Marmorierte Forelle wesentlich von anderen Forellenarten unterscheiden. An erster Stelle ist hier die eigenartige marmorierte Pigmentation hervorzuheben, die bei keiner anderen Art vorkommt, weiters die spezifische Bildung des Kopfes (Gestalt, Länge), des Pflugscharbeines, der Rückenwirbel und der Zungenknochen. Auf Grund der Kopfgestaltung hat die Marmorierte Forelle in Jugoslawien auch den Namen „Großköpfige" (glabatiza). Sie war so lange ökologisch isoliert, daß sie sich als Rasse von den verwandten Forellenarten deutlich unterschieden hat. In der zweiten Hälfte des 19. Jahrhunderts, als die künstliche Befruchtung der Bachforelleneier schon sehr verbreitet war, wurde die Bachforellenbrut auch in den adriatischen Flüssen, in denen bisher nur die Marmorierte Forelle lebte, ausgesetzt. Es kam zu Kreuzungen zwischen beiden Rassen und zur Entwicklung von fruchtbaren Hybriden.

Die Marmorierte Forelle benötigt sauerstoffreiches, kühles und sauberes Wasser. Sie hat sich selbst in wilden Gebirgsbächen mit häufigen Hochwassern und Murgängen anderen Gattungen gegenüber zu behaupten vermocht, da sie schnell heranwächst und überaus anpassungsfähig ist. In den Hauptgewässern kann sie bis zu über 15 kg schwer werden. Die Eiablage erfolgt zwischen Mitte November und Mitte Dezember. Der Fisch kann viele Kilometer bis zum geeigneten Laichplatz wandern. Die Schonzeit erstreckt sich in Südtirol vom 1. Oktober bis zum 1. Sonntag im Februar; das Schonmaß beträgt 27 cm. Am leichtesten fängt man die Marmorierte Forelle in den Monaten Februar bis Mai und im September. Sie ernährt sich vor allem von Mollusken, kleinen Fischen, Fliegen und Insektenlarven.

Dieser einzigartige Edelfisch war ursprünglich in den Zuflüssen der jugoslawischen Adria sowie in den Fließgewässern aus dem Raume der Karnischen und Südtiroler Alpen beheimatet. Durch Abwässer, Stauwerke und vor allem durch zu starke, unsachgemäße Befischung ist die Marmorierte Forelle innerhalb des altitalienischen Staatsbereiches in sämtlichen Adria-Zuflüssen ausgerottet worden. Heute kommt sie nur mehr in den Adria-Zuflüssen der Julischen und Dinarischen Alpen sowie in allen größeren Fließgewässern Südtirols (Etsch, Eisack, Rienz), zum Teil auch des Trentino (Noce, Avisio, Etsch) vor. Wenn sich die angeblich reine Marmorierte Forelle bis in unsere Zeit noch einigermaßen erhalten hat, so ist dies den Fischereiorganisationen in Jugoslawien und in Südtirol zu verdanken. Der Fischereiverein Bozen unterhält in Birchabruck (Eggental) eine eigene Brutanstalt. Eine künstliche Aufzucht der Brütlinge ist äußerst schwierig. Deshalb bemüht man sich seit Jahren, die Brütlinge in eigenen Aufzuchtgräben im Etschtal bzw. in anderen geeigneten Gewässern einzusetzen. Nach einem Jahr werden die Setzlinge in die verschiedenen Fischwässer verpflanzt. Bei der künstlichen Vermehrung werden die reinsten Mutterfische, das heißt jene, die typisch marmoriert sowie kürzer von Gestalt sind und möglichst keine roten Tupfen aufweisen, ausgewählt. Man versucht auch zu vermeiden, daß Marmorierte Forellen und Bachforellen in denselben Gewässern zusammenleben, da es sonst zu Kreuzungen kommt. Die Erhaltung eines so schönen, großwüchsigen und ökologisch eng begrenzten Salmoniden ist jede Mühe wert.

In den langsam fließenden Abschnitten der Etsch (z. B. zwischen Meran und Salurn, Val Lagarina) und seltener in den größeren Zuflüssen kommt vereinzelt die Seeforelle (Salmo trutta forma lacustris) vor. Diese schnellwüchsige Art ist gegenüber Wasserverschmutzung sehr empfindlich. Im Gardasee sind Exemplare bis zu einem Gewicht von 25 kg gefangen worden. Die Regenbogenforelle (Salmo gairdneri) ist ein Zuchtfisch aus zwei nordamerikanischen Arten; sie wurde in fast allen Fließgewässern eingesetzt. Man findet sie auch in höher gelegenen Seen, insbesondere in Stauseen. Gegenüber Verschmutzung und höheren Wassertemperaturen ist sie unempfindlicher als die Bachforelle. Die Bachforelle (Salmo trutta forma fario) hält sich überall im Einzugsgebiet der alpinen Etsch außer in warmen Seen und in stark belasteten Gräben der Talsohle auf. In einzelnen Gebirgsbächen steigt sie gelegentlich bis in Meereshöhen von 2500 m. Zu den wichtigsten Hegemaßnahmen zählt die Erhaltung naturbelassener Gewässer, die von den Forellen zur Laichzeit mit Erfolg aufgesucht werden können.

In den kalten, nahrungsarmen Hochgebirgsbächen tummelt sich der farbenprächtige Bachsaibling (Salvelinus fontinalis). Im Gegensatz zur Regenbogenforelle bildet diese ebenfalls aus Nordamerika eingeführte Salmonidenart sich selbständig erhaltende Bestände. Der Bachsaibling eignet sich vor allem zum Besatz der Quellregion unserer Gebirgsbäche. Für den Seesaibling (Salvelinus alpinus) hingegen kommen als Lebensraum die Hochgebirgsseen von 1000 bis 2500 m Meereshöhe in Frage. Er zählt zu den begehrtesten Süßwasserfischen. Die Renke (Coregonus sp.), im Bodenseegebiet Felchen genannt, lebt in Südtirol beispielsweise im Haider See, Reschensee und Montiggler See, in diesem sind sehr schöne und große Exemplare gefangen worden. Bei der Bewirtschaftung der norditalienischen Seen spielen die Renken eine wichtige Rolle, und man ist durchwegs dazu übergegangen, sie künstlich zu befruchten. Die Brütlinge werden bis zu einer bestimmten Größe in Becken gehalten. Die ebenfalls zu den Salmoniden gehörende Äsche (Thymallus thymallus) bewohnt reine Fließgewässer. Ihr eigentlicher Lebensraum sind tiefere und breitere Wasserläufe (Äschenregion), doch ist sie aus diesen infolge zunehmender Wasserverschmutzung größtenteils verdrängt worden. Deshalb kommt sie im Trentino (Etsch, Noce), aber auch in der Etsch unterhalb von Meran nur mehr vereinzelt vor. Um den Äschenbestand in der Ahr (Einzugsgebiet der Rienz) zu erhalten und zu verbessern, wurde der Pursteinbach sowie der Unterlauf der Mühlener Wiere von der Südtiroler Landesregierung zur Schonstrecke erklärt; jede Art von Fischfang ist verboten. Diese Gewässer bieten mit ihrem kiesigen Grund und der Qualität des Wassers ideale Voraussetzungen für die Laichablage (Kieslaicher) und die Entwicklung der jungen Brut. Die Äsche hält sich auch in der Etsch zwischen Glurns und Meran, in der Passer, im Eisack ab Brixen, in der Rienz ab Toblach und im Antholzer Bach ab Niedertal auf. Ein Schutz dieser edlen Salmonidengattung, die durch die Schönheit ihres Hochzeitskleides und des großen Rückensegels jeden Naturfreund begeistert, erscheint besonders wünschenswert.

Während Karpfen (Cyprinus carpio) und Schleien (Tinca tinca) in vielen warmen Seen und Teichen, die Schleien auch in langsam fließenden Gräben des Etschtales leben, ist die Flußbarbe (Barbus barbus) auf die Mittel- und Unterläufe der Flüsse (Barbenregion) beschränkt, die sich durch eine geringere Strömungsgeschwindigkeit des Wassers, durch Schlammablagerung in geschützten Buchten und durch eine hohe Wassertemperatur auszeichnen. Daraus geht hervor, daß die Barbe in den Südtiroler Fließgewässern nur vereinzelt auftritt, da sie sich am Rande ihres natürlichen Verbreitungsareals befindet. Das Einzugsgebiet der Etsch auf Südtiroler Boden ist der Forellen- und Äschenregion zuzuordnen. Die Barbe verweilt in der Etsch ab Meran und im Unterlauf des Eisacks. Sie ist ein Sommerlaicher und wandert während dieser Zeit auf der Suche nach geeigneten Plätzen oft Dutzende von Kilometern. Die den Uferbereich von Flachlandseen, Tümpeln und den Unterlauf von Flüssen bewohnende Brachse (= Blei, Abramis brama) kommt in Südtirol nur in den Montiggler Seen (Überetsch) vor. Der Aitel (Leuciscus cephalus) belebt die Gewässer von der Forellen- bis zur Barbenregion. Er frißt alles, was eßbar ist, darunter auch Fischeier und Jungfische; deshalb kann er in Salmonidengewäs-

Marmorierte Forelle (Salmo trutta marmoratus), früher „Etschforelle" genannt

Regenbogenforelle (Salmo gairdneri)

sern auch zu einem Schadfisch werden. Dieser ausgesprochene Raubfisch, der in der Jugend in Schwärmen und im Alter als Einzelgänger auftritt, hält sich in der Etsch ab Meran und im Unterlauf des Eisacks auf. Vor dem Bau der zahlreichen Staustufen war der Aitel im Eisack bis in die Gegend von Brixen vorhanden. Wie die Brachse ist auch die Nase (Chondrostoma nasus) in Südtirol nur in den Überetscher Seen vertreten. Die einzige in der Forellenregion beheimatete Cyprinidenart ist die Elritze (= Pfrille, Phoxinus phoxinus). Sie liebt klare und sauerstoffreiche Gewässer, insbesondere auch Bergseen. Der Angler schätzt sie vor allem als Köderfisch für Forellen und Saiblinge.

Wärmere Seen und Teiche bis in 1400m Höhe besiedeln die Rotfeder (Scardinius erythrophthalmus) und das Südeuropäische Rotauge (Rutilus rubilio). Rotaugen sind relativ unempfindlich gegenüber Wasserverschmutzung und Sauerstoffarmut, so daß sie selbst in Baggerseen mit Erfolg eingesetzt werden können. Angler schätzen sie als Futter für Raubfische. Die Laube (Alburnus alburnus) ist in Südtirols Stehgewässern nur spärlich, in jenen des Trentino aber weit häufiger vorhanden. Einzelne Fischer sind der Auffassung, daß es sich bei der auf Italien beschränkten Alborella (Alburnus a. alborella) um eine eigene Art handelt, die sich von der in West-, Mittel- und Osteuropa beheimateten Laube unterscheidet. Dieser kleinwüchsige Weißfisch lebt gesellig im Uferbereich von Seen (z. B. Kalterer See, Wolfsgrubener See, Montiggler Seen) und Weihern (z. B. Völser Weiher). Wo Lauben in großer Anzahl vorkommen, bilden sie die Hauptnahrung für Forellen und Hechte. In den wärmeren Seen (z. B. Kalterer See, Montiggler See) und langsam fließenden Gräben (z. B. Kalterer Graben) hält sich der überaus gefräßige Barsch (Perca fluviatilis) auf. Er ernährt sich hauptsächlich von Würmern, Fischlaich und Fischen. In der Jugend leben die Barsche gesellig, im Alter hingegen werden sie durchwegs Einzelgänger. Im Winter ziehen sie

Elritze oder Pfrille (Phoxinus phoxinus)
Äsche (Thymallus thymallus)

sich gerne in die tieferen und somit wärmeren Wasserschichten zurück. Der Hecht (Esox lucius) ist in der Etsch äußerst selten und fehlt in den übrigen Fließgewässern ganz. Dagegen kommt dieser größte und bedeutendste Raubfisch unserer Gewässer in warmen Seen (z. B. Kalterer See, Gardasee) häufig vor. Der nachtaktive Aal (Anguilla anguilla) ist in Südtirol infolge von Besatzmaßnahmen in den Überetscher Seen, in den Kalterer Gräben und im Völser Weiher vorhanden. Er kommt auch in der Etsch und in mehreren Seen des Trentino vor. Wegen der verschiedenen im Unterlauf der Etsch errichteten Staustufen ist ein natürlicher Zuzug aus dem Meer nicht mehr möglich. Die Laichplätze liegen bekanntlich in der Sargassosee im Westatlantik. Die Larven werden nach dem Schlüpfen vom Golfstrom erfaßt und an die Küsten Europas transportiert. Allmählich zieht ein Teil der Jungaale flußaufwärts ins Süßwasser und hält sich dort bis zu zehn Jahren auf; es ist dies die Zeit des Wachstums. Die Weibchen erreichen mit einem Meter und mehr die doppelte Körperlänge der Männchen. Sie ernähren sich von Würmern, Schnecken, kleinen Fischen, Fröschen und anderen Wassertieren. Die Koppe (Cottus gobio) ist in Flüssen und Bächen sowie in Salmonidenseen bis auf 2500 m Höhe vorhanden. Wegen der immer stärker zunehmenden Wasserverunreinigung geht dieser typische Grund- und Dämmerungsfisch immer mehr zurück. Angler verwenden ihn vielfach als Köder für Forellen. Der Steinbeißer (Cobitis taenia) ist nur mehr auf wenige klare Stehgewässer und langsam fließende Bäche (z. B. Thinnebach bei Klausen) beschränkt. Größere Bestände gibt es im Gardasee. Tagsüber gräbt sich dieser nachtaktive Zwergfisch in den Sand ein. Seine Nahrung bilden Fischeier, Insektenlarven und andere Bodentiere. Den Anglern dient er auch als Köderfisch für Barsche, Hechte und Forellen.

Das zu den Rundmäulern zählende Bachneunauge (Lampetra planeri) lebt in den sauberen Gräben bis auf eine Meereshöhe von ca. 1000 m. Dem

Hecht (Esox lucius)
Karpfen (Cyprinus carpio)

aalartigen Tier fehlen die Brust- und Bauchflossen sowie die Schwimmblase. Aus den Eiern, die in Sand- und Kiesgruben abgelegt werden, schlüpfen nach wenigen Tagen die Larven. Bis zur Umwandlung der Larve zum fertigen Tier vergehen Jahre. Die Elterntiere sterben nach dem Laichen ab. Verschiedene Fischarten sind erst in den vergangenen Jahrzehnten über die steigende Besatzwirtschaft und den Fischhandel zu uns gekommen. So wird die aus Osteuropa stammende Karausche (Carassius carassius) von den Fischern gerne als Köder für den Hecht verwendet. Sie ist so zählebig, daß sie auch in sauerstoffarmen und stark verschmutzten Kanälen überleben kann. Bei der Goldkarausche handelt es sich um eine orangerote Zuchtform. Als Köder für den Hecht ist auch die Silberkarausche (= Giebel) begehrt. Weit bekannter als der Giebel ist jedoch seine ursprünglich aus China eingeführte Zuchtform, der Goldfisch, der mit Vorliebe in Zierteichen gehalten wird. Die Grasfische (Ctenopharyngodon idella) sowie die mit ihnen aus China eingeführten Silber- und Marmorfische sind unter dem Namen „Ostasiatische Pflanzenfresser" bekannt geworden. Mit ihrem Besatz (z. B. ab 1970 im Kalterer See) hoffte man, der drohenden Verunkrautung von stehenden Gewässern entgegenwirken zu können. Tatsache ist, daß diese „Exoten" die ihnen zugemutete Funktion nicht erfüllen und daß sie in einen Konkurrenzkampf mit den heimischen Karpfen und Schleien treten. Außerdem besteht immer die Gefahr, daß mit der Einbürgerung von Fischen bisher unbekannte Krankheiten eingeschleppt werden. Erst im letzten Jahrzehnt wurde in einigen Gewässern Südtirols (z. B. Kalterer See, Fennberger See) der dem Hecht ähnliche Zander (Stizostedion lucioperca) eingesetzt. Er ist genauso gefräßig wie der Barsch. Der aus Nordamerika stammende Forellenbarsch (Micropterus salmoides) ist einer der wenigen Süßwasserfische, der Brutpflege betreibt. Die im Frühjahr in Mulden von Stehgewässern abgelegten Eier werden von beiden Eltern bewacht. Er ist wie alle Barschartigen sehr gefräßig und wurde in Südtirol in den Überetscher Seen sowie im Völser Weiher eingesetzt. Aus Nordamerika stammt der zur Laichzeit besonders bunt gefärbte Sonnenbarsch (Lepomis gibbosus), der verkrautete Seeufer (z. B. Kalterer See) bewohnt.

Grundsätzlich sollte nur ein Besatz mit Fischarten erfolgen, die der charakteristischen Fauna des jeweiligen Gewässers entsprechen. Vor allem muß der Bestand von heimischen Arten erhalten und nach Möglichkeit gefördert werden. Wenn auch die derzeitigen Fischbestände der alpinen Etsch und ihres Einzugsgebietes durch die vielen negativen Eingriffe von seiten des Menschen bei weitem nicht den natürlichen Möglichkeiten entsprechen, so könnten durch Erhaltung und Pflege der Biotope, durch Reinhaltung der Gewässer sowie durch gezielte Hegemaßnahmen wiederum gute Erfolge erzielt werden.

Geographisch-ökologische Gliederung des Einzugsgebietes der Etsch

Entlang eines Flusses, von der Quelle im Gebirge bis zur Mündung ins Meer, lassen sich drei Abschnitte unterscheiden: Oberlauf, Mittel- und Unterlauf. Es handelt sich dabei um Lebensräume, die sich sowohl im Wasser wie am Ufer voneinander sehr unterscheiden.

Der Oberlauf eines Fließgewässers weist das größte Gefälle auf. Das Wasser rinnt sehr rasch und frißt sich tief in den Untergrund ein (Tiefenerosion). Allmählich bilden sich enge Schluchten in harten Gesteinen, während in weichen Gesteinen durch Nachrutschen der unterspülten Hänge V-förmig eingeschnittene Bachläufe entstehen. Im Bachbett sind vielerlei Gesteinsbrocken vorhanden. Kies und Sand werden als leichtes Material ständig fortgeschwemmt und sammeln sich höchstens in stillen Seitenbuchten. Rasch fließende Bergbäche, deren Wasser kalt ist, machen mit der starken Strömung (oft über 3 m/Sek.), dem rollenden Kies und dem steinigen Boden den Eindruck eines unwirtlichen Lebensraumes. Die Tier- und Pflanzenwelt dieser Fließgewässer ist aber weit reicher, als man beim oberflächlichen Betrachten annehmen könnte. Drehen wir im Wasser Steine um, so fallen zahlreiche Tiere auf, die an den dunklen und vor der starken Strömung etwas geschützten Stellen ein verborgenes Dasein führen. Es sind dies verschiedenartige Würmer, Schnecken, Muschelkrebse, Wasserkäfer, Wassermilben und insbesondere Larven bzw. Puppen von Fluginsekten, so von Mücken, Steinfliegen, Köcher- und Eintagsfliegen. An den Ufern, auf untergetauchten oder herausragenden Steinen gedeihen Algen und Moose. Mitunter bilden Moose auch dicht flutende Unterwasserbestände. An schnell fließenden Bächen mit schattenspendender Ufervegetation versammeln sich viele Pflanzenfresser, die ihrerseits wiederum räuberische Arten, darunter Libellenlarven, anziehen. Als besonders interessante Lebensräume erwei-

Der wilde Punibach im Talgrund von Planeil (Vinschgauer Oberland)

Stattliche Moospolster auf Tuffgestein (Felsrieselfluren); Seite 59

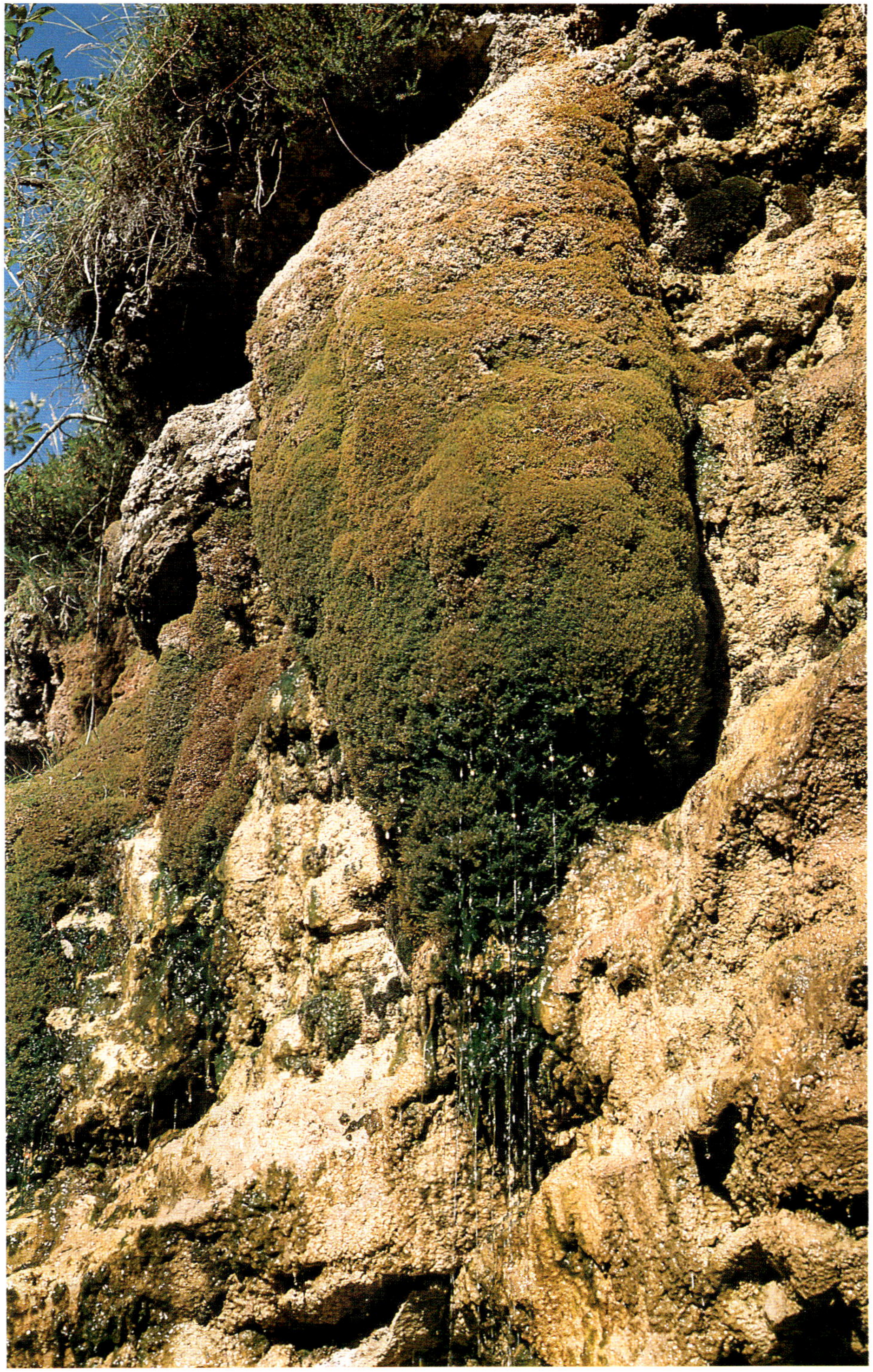

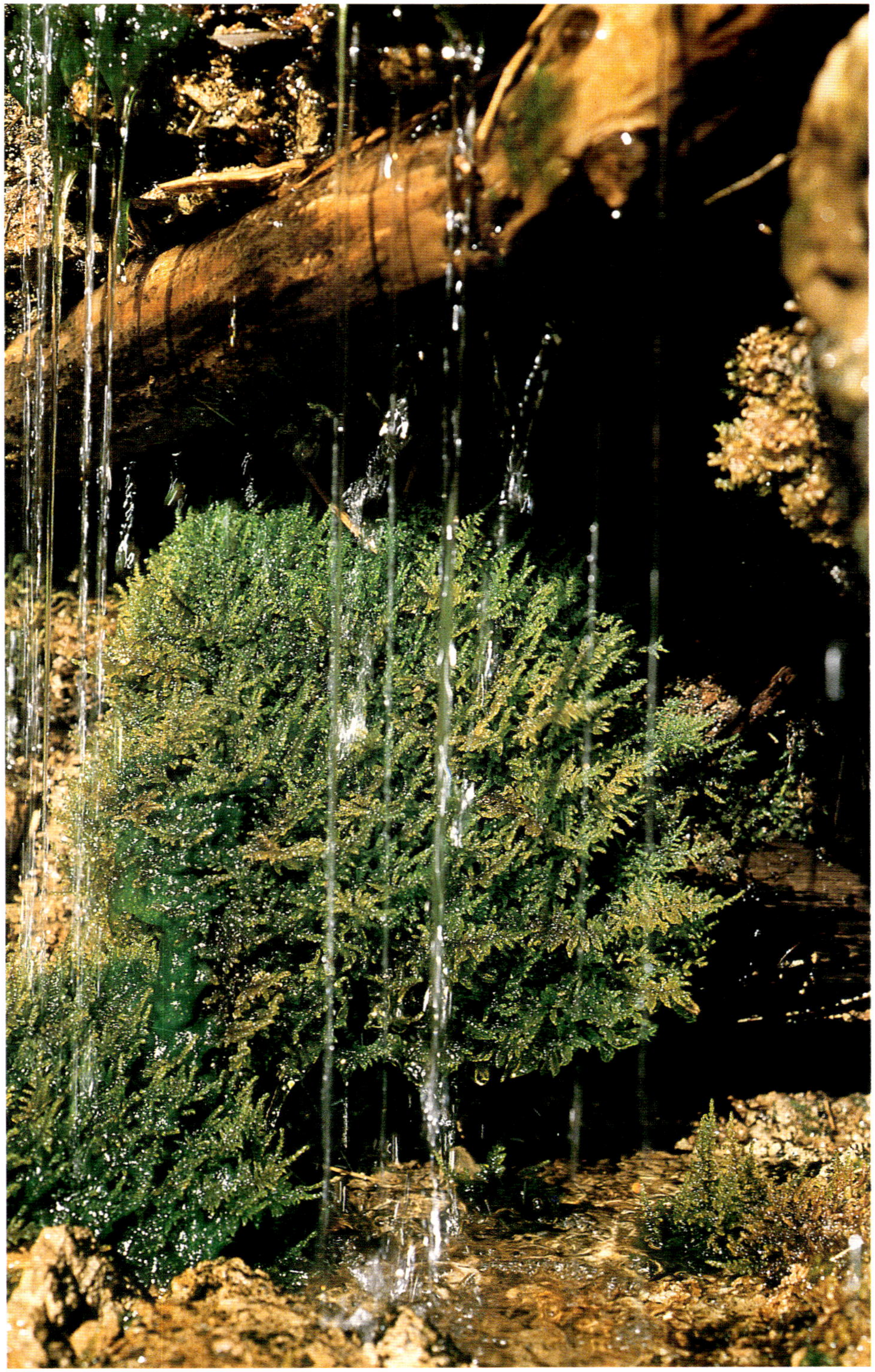

sen sich auch die Wasserfälle und Felsrieselfluren. Im Bereich dieser Spritzzone siedeln sich Algen, Flechten, Farne sowie polsterbildende Laub- und Lebermoose an. Später gesellen sich höhere Blütenpflanzen (z. B. Alpen-Fettkraut) dazu. An den von dünnen Wasserfäden überrieselten Felsen leben auch kleine Wassertiere wie die Larven von Tastermücken, Zuckmücken, Waffen- und Köcherfliegen. Diese Faunenelemente sind an hohen Sauerstoffgehalt, starke Temperaturschwankungen und große Nährstoffarmut angepaßt. Ist das über die Felsen herabrinnende Wasser reich an gelöstem doppelkohlensaurem Kalk, so kommt es durch die Assimilation der grünen Moose zu Tuffsteinbildungen. Diese Tuffablagerung wächst allmählich zu eigentlichen Bänken an, auf denen mehrere Pflanzen- und Tierarten leben. Von den an die Bergbäche gebundenen Vogelarten seien lediglich die Wasseramsel, der Eisvogel, die Berg- und Bachstelze hervorgehoben. Von den Amphibien bewohnt der Feuersalamander nicht selten waldige Bachtobel. Da die Bachforelle tief eingeschnittene Bergbäche liebt, in denen das Wasser durch Gesteinsbrokken, Stürze und Wirbel aufgeschäumt wird, bezeichnet man den Oberlauf eines Flusses auch als Forellenregion. Als Begleitfische kommen die kleinere Elritze und die mit ihrem Krötengesicht eigenartig aussehende Groppe in Frage; beide Arten steigen noch höher als die Forelle.

Unterhalb der Forellenregion beim Übergang zum Mittellauf, wo stellenweise bereits höhere Wasserpflanzen wachsen, das Fließgewässer aber noch sauerstoffreich ist, wird die Äsche zum Leitfisch. Diese nicht über die montane Stufe hinaussteigende Art hält sich gerne unter überhängenden Ufern oder über tiefen Wasserlöchern auf. Die zum Typ des Mittellaufes zählenden Flüsse und Bäche weisen meist einen abwechslungsreichen Verlauf und eine entsprechend variable Strömungsgeschwindigkeit auf, die zudem jahreszeitlichen Schwankungen unterliegt. Schlamm, Sand und Kies folgen einander am Boden, mitunter in kurzen Abständen. Auf feinem Untergrund gesellen sich zu den flutenden Büscheln von Brunnenmoosen, Ast- und Schlauchalgen auch verschiedene Arten von Laichkräutern, die aus Nordamerika stammende Wasserpest, der Flutende und Haarblättrige Hahnenfuß. Während die weißen Blüten des Froschbisses selten in Steh- und langsamen Fließgewässern beobachtet werden können, ist der insektenfressende Wasserschlauch mit seinen gelben Blüten recht häufig verbreitet. In Gräben, Bächen und zeitweise überfluteten Schwammböden kommt der Gauchheil-Ehrenpreis vor, dessen lilarötliche kleine Blüten in lockeren Trauben angeordnet sind. Verschiedene Sumpfgewächse, so die Igelkolben-Arten, können untergetaucht lebende Wasserformen ausbilden. Solche Standorttypen weisen in den Fließgewässern eine einheitliche Umgestaltung ihrer Blätter in eine länglich-lanzettliche Form auf; sie ersetzen die geschlechtliche Vermehrung durch eine vegetative mit Ausläufern. Auch das tierische Leben ist in den Flachlandflüssen und -bächen artenreicher als in den Bergbächen. Höhere sommerliche Wassertemperaturen, reichere pflanzliche Nahrung und geringere Strömung verlangen keine spezialisierten Anpassungen. Im und auf dem Schlammboden eines Flusses können auf einem Quadratmeter Fläche mitunter mehrere tausend Tiere leben. Auch die für die Stehgewässer charakteristischen Bewohner der Wasseroberfläche (Stoßwasserläufer, Taumelkäfer) kommen im Mittellauf vor. Dank der ruhigeren Strömung halten sich freischwimmende wirbellose Tiere vermehrt auf, so Egel, Wasserkäfer und Wasserwanzen. Ein typischer Bewohner von Fließgewässern mit kiesigem Grund ist die Barbe.

Am Mittel- und Unterlauf der Flüsse breiteten sich einst kilometerbreite Auwälder aus, die alljährlich oder zumindest alle paar Jahre vom Wasser überflutet worden sind. Solche Situationen gibt es seit geraumer Zeit nicht mehr, da alle größeren Alpenflüsse begradigt bzw. eingedämmt und die begleitenden Flußauen vom Überschwemmungsbereich ausgeschlossen worden sind. Letzte Reste von den Etschauen der Niederung sind im Vinschgau und im Burggrafenamt als Biotope ausgewiesen worden.

Während der Ober- und Mittellauf der Etsch im Bereich der Alpen liegt, ist der Unterlauf auf die Poebene und das Mündungsgebiet südlich von Chioggia beschränkt. Der Fluß zieht an Verona und Legnago vorbei, bildet die Nordgrenze des Polesine und verläuft dann parallel zum Po bis zur Mündung in die Adria. Im Unterlauf ist die Etsch etwa 170 km lang schiffbar. Für den Etschabschnitt in der Ebene besteht die Gefahr bei längeren Regenperioden und bei Hochwasser nicht nur in einem etwaigen Überlaufen des Wassers über die Ufer, sondern auch in der ungeheuren Wasserbelastung der anliegenden Fluren, wodurch die Schutzbauten gefährdet sind. Das an den Unterlauf der Etsch grenzende Land liegt über zehn Meter unter dem Wasserspiegel und besteht aus einem lockeren, sandig-schotterigen Boden, durch den das nachdrückende Wasser leicht wieder emporquellen kann. Zumal wenn dem Hochwasser lang anhaltende Niederschlagsperioden vorausgehen, werden die Etschdämme dadurch aufgelockert und bedroht. Im Unterlauf ist die Etsch ein typischer Strom der Ebene. Im Etschdelta liegen mehrere Inseln, die eine artenreiche Sumpfvegetation beherbergen. Hier halten sich, ebenso wie im anschließenden Podelta, besonders zur Zugzeit im Frühjahr und Herbst zahlreiche Sumpf- und Wasservögel wie Reiher, Enten, Gänse, Taucher, Möwen, Wasserhühner und Limikolen auf. Beachtlich sind die Wasservogelbestände auch im Winterhalbjahr.

1 Wasserschlauch (Utricularia sp.)
2 Fangschläuche des Wasserschlauches
3 Wasser-Knöterich (Polygonum amphibium)
4 Wollgras (Eriophorum sp.)
5 Weiße Seerose (Nymphaea alba)
6 Gelbe Teichrose (Nuphar luteum)

61

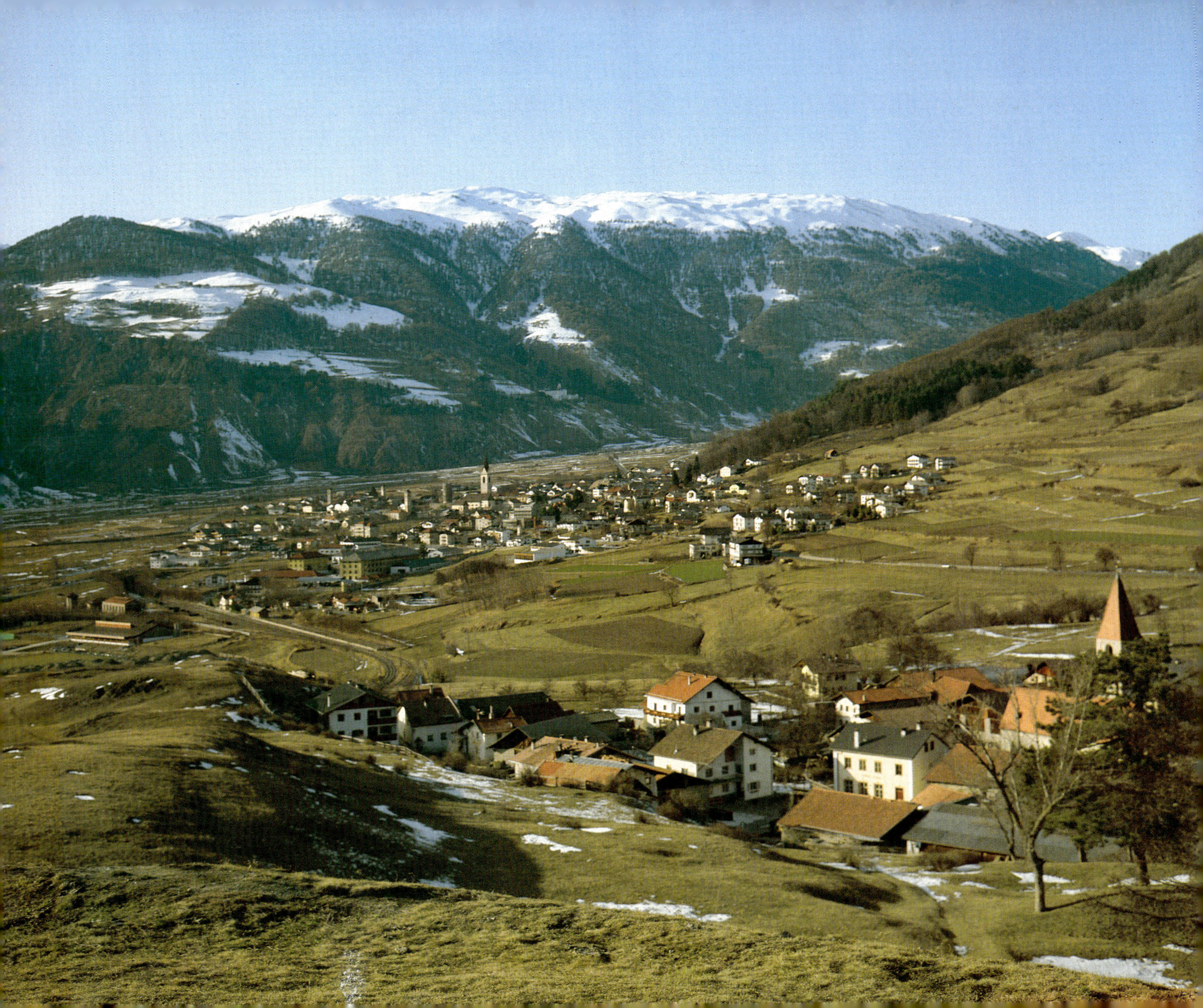

Der Vinschgau, das Tal der jungen Etsch

Der Vinschgau ist ein breitsohliges, von zahlreichen Schuttkegeln gegliedertes Tal, das sich — auf eine Entfernung von rund 60 km — von der Innschlucht bei Finstermünz bis zur Töll bei Meran erstreckt. Älter als die Straße über den Brenner erweist sich der Weg, der durch das Tal der jungen Etsch über den Reschenpaß das Land südlich und nördlich des Alpenhauptkammes verbindet. Die Bedeutung dieser Straße hat eine Fülle bedeutender Kunst- und Kulturdenkmäler im Vinschgau entstehen lassen, deren älteste Zeugen bis in die merowingische und karolingische Zeit zurückreichen. Immer noch ist das oberste alpine Etschtal eine wichtige kulturelle Klammer zwischen der Schweiz, dem Bundesland Tirol, Südwestdeutschland und Südtirol.

Der Vinschgau wird im Norden und Südwesten von den vergletscherten Ötztaler und Ortler-Alpen begrenzt, deren Gipfel 3000 m Höhe (Ortler, 3902 m) übersteigen. Die Höhen der Münstertaler Berge (Sesvennagruppe) im Westen und des Ultener Kammes im Südosten sinken hingegen unter die Schneegrenze (Gletschergrenze) ab. Die Geschlossenheit des morphologischen Erscheinungsbildes ist darauf zurückzuführen, daß der Vinschgau mit seinen Nebentälern zur Gänze im Bereich der Zentralalpen liegt und daher ähnlichen Bau bzw. Gesteinsbestand besitzt. Den nördlichen Teil bauen die Gneise und Glimmerschiefer der Ötztaler Alpen auf. Die Haupttalfurche zwischen Schluderns und der Töll ist in die Vinschgauer Schieferzone eingesenkt, die Marmorzüge (z. B. bei Laas) und granitische Gesteine (z. B. im Münster- und Martelltal, in der Texelgruppe) enthält. Südwärts schließt der Marteller Phyllit an, dem die Kalk- und Dolomitgesteine der Ortlergruppe auflagern. Vom Reschen bis Mals fließt die junge Etsch in Nord-Süd-Richtung und durchschneidet Gesteine, die zum Ötztaler Kristallin gehören. Von Spondinig bis zur Töll jedoch hat sie ihr Bett mehr oder weniger parallel zum Streichen der Schieferzone (West-Ost-Richtung) gegraben.

Der Vinschgau zeichnet sich durch drei Hauptmerkmale aus, die gemeinsam in keinem anderen Tal der Alpen anzutreffen sind. Es ist erstens der zwischen Naturns und Mals gut sichtbare Gegen-

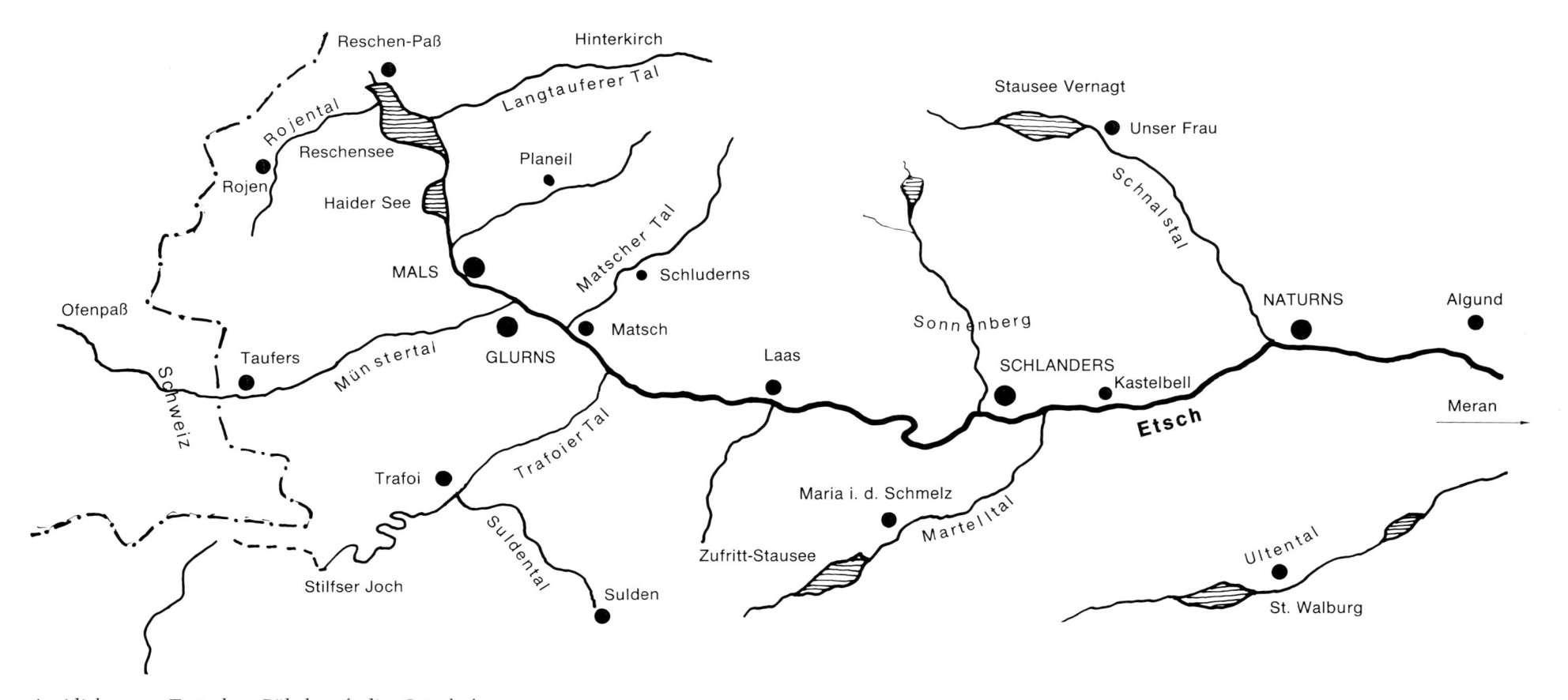

Ausblick vom Tartscher Bühel auf die Ortschaften Tartsch und Mals im Vinschgau

satz vom schattseitigen, mit dunklen Fichtenwäldern bestandenen Nörderberg und den nach Süden exponierten, kahlen Sonnenleiten mit der bekannten Steppenflora. Zum zweiten sind es gewaltige Murkegel, die aus relativ kleinen Einzugsgebieten in das Haupttal geschüttet worden sind und dieses in geographische Abschnitte gliedern; damit wirken sie lokal auch auf Klima und Wirtschaft ein. Diese Murkegel füllen meist das Tal in seiner ganzen Breite aus und engen die Alluvialböden der Etsch größtenteils ein. Drittens bildet das weitverzweigte System von Bewässerungskanälen (Waalen) auf den Sonnenleiten und den Murkegeln ein weiteres typisches Merkmal. Der Vinschgau gehört zu den inneralpinen Trockengebieten. In seiner Niederschlagsarmut (ca. 500 mm/Jahr) ist er nur noch mit dem Aostatal zu vergleichen. Die weite Verbreitung von Lockergesteinen, von Moränenmaterial und gelegentliche Starkregen im Sommer bei ausgesprochen kontinentalem Klimacharakter stellen die Voraussetzungen für die örtlichen Murschübe und Hochwasser dar. Bei Hochwasserkatastrophen erweisen sich die Zuflüsse meist gefährlicher als die Etsch selbst.

Für den Vinschgau ist die durch die Einschüttung der großen Murkegel bedingte Folge von Talstufen charakteristisch. Als Obervinschgau bezeichnet man den Süd-Nord-gerichteten Talabschnitt von der Malser Haide über den Reschen bis nach Nauders. Die Malser Haide gilt als der größte Murkegel der Alpen. In dieser höchsten Talstufe ist das Klima ziemlich rauh; einem langen Winter steht ein kurzer Sommer gegenüber. Der über das ganze Jahr vorherrschende Reschen- oder Oberwind verstärkt noch den rauhen Klimacharakter. Deshalb gedeihen am südlichen Kegelabschnitt der Malser Haide innerhalb der Gärten die letzten Obstbäume. Das Schwergewicht der Bergbauernwirtschaft liegt hier auf der Viehzucht. Auch die Seen des oberen Vinschgaus (Reschensee, Haider See) verdanken ihre natürliche Entstehung der Einschüttung von Murkegeln. Unterhalb der Mal-

Distelgewächse an den Steppenleiten des Vinschgauer Sonnenberges

ser Haide dehnt sich zwischen Glurns und Laas ein flacher Talboden aus, der durch die Stauwirkung der gewaltigen Gadriamure hervorgerufen wird. Hier könnte in früheren Zeiten ein großer See bestanden haben. Der Abschnitt zwischen dem Kegel der Gadria und Glurns umfaßt den mittleren Vinschgau. Am Rande der Gadria kommen an den Sonnenleiten bei Kortsch neben den letzten Reben auch die obersten Edelkastanien (850 m) vor. Im unteren Vinschgau, der sich von der Gadriamure bis an die Töll erstreckt, erlangen die Gegensätze zwischen den beiden Flanken des Etschtales ihre schärfste Ausprägung. Der Murkegel des Töllgrabens am östlichen Ende des Vinschgaus trägt sozusagen die Höhengrenze des wirtschaftlich bedeutenden Weinbaues. Obstkulturen breiten sich bis zur Talstufe der Gadriamure aus und schicken sich an, auch diesen Murkegel zu überschreiten. Die Gadriamure stellt eine wichtige klimatische Grenze dar. Während zwischen der Töll und Schlanders das Jahresmittel der kältesten Monate null Grad nicht unterschreitet und einem langen Sommer ein kurzer Winter gegenübersteht, haben im Abschnitt Laas—Glurns drei Wintermonate im langjährigen Mittel Temperaturen unter null Grad; der Winter ist etwas länger und der Sommer dementsprechend kürzer. Das Talstück oberhalb der Töll ist zu allen Jahreszeiten kühler als die Umgebung von Meran. Deshalb setzt die Obstbaumblüte im unteren Vinschgau fünf bis zehn Tage später ein als im Burggrafenamt.

Die Murkegel sind neben den Verflachungen an den untersten Talhängen die ältesten Siedlungsplätze des Vinschgaus. Abgesehen von Plaus und Glurns liegen alle geschlossenen Siedlungen auf ihnen. Die Murkegel erweisen sich auch als die ältesten Standorte landwirtschaftlicher Nutzung im Tale. So ist der Kortscher Roggen, der hauptsächlich im Bereich der Gadriamure angebaut wird, seit alter Zeit wegen der besonderen Güte über die Grenzen Tirols hinaus bekannt.

Kastanienhaine und Rebleiten bei Staben (Vinschgauer Sonnenberg)

Das Vinschgauer Oberland

Der obere Vinschgau umfaßt den in Nord-Süd-Richtung verlaufenden Talabschnitt der jungen Etsch zwischen dem Reschenpaß und Glurns. Er ist eine in sich geschlossene, weiträumige Landschaft, die durch den Silberspiegel hoher Bergseen, die gewaltigen Firngipfel der Ortlergruppe und das flache Wiesengelände der Malser Haide gekennzeichnet ist. Die Malser Haide war früher, wie der Name sagt, ein dürftiges Weidegelände; heute hingegen stellt sie wegen der zahlreichen Waale und Beregner die größte und am besten bewässerte Wiesenfläche dar. Der riesige Murkegel verhüllt eine Geländestufe von ca. 500 m Höhe und verbaut das Etschtal auf einer Strecke von acht Kilometern. Die Paßtalfurche des Reschens stellt ein bedeutendes Tor im großen Bogen der Alpen dar. Seit 1919 bildet sie die Staatsgrenze zwischen Österreich und Italien. Die heute mit „Reschen" bezeichnete Gegend bildete allerdings durch Jahrhunderte eine Einheit mit dem Gericht Naudersberg.

Die Etschquelle (1586 m)

Vom Ort Reschen kann man auf einem markierten Fußweg in einer knapp halbstündigen Wanderung die höhenmäßig mit 1586 m kotierte „Etschquelle" erreichen. Es handelt sich dabei um ein paar nahe oberhalb des Waldrandes gelegene Quellen, die durch einen Marmorstein gekennzeichnet sind. Bald entsteht daraus ein rasch dahinfließendes Wiesenbächlein, das unter der Straße durch zum Reschensee hinabführt. Man könnte fast zweifeln, ob es nicht nur ein „Waalwasserle" ist. Seit Marx Sittich von Wolkenstein

Die Etschquelle bei der Ortschaft Reschen im Vinschgau

ist die Etschquelle eindeutig festgelegt. Er schreibt darüber um 1600:

„Die Etsch entspringt zuoberst auf Malser Hayd am Reschen neben der gemainen Landstraßen in ainer Wiesen, ist ein ziemlich groß und lichtes Brünnlein, rinnt allda durch drei große Seen..."

Dort, wo wasserundurchlässige Gesteinsschichten an die Erdoberfläche treten, dringt das Grundwasser als Quelle an die Außenwelt und beginnt den Abfluß zum Meer. Das Quellwasser bildet einen Lebensraum eigener Art. Es unterliegt im Jahreslauf nur geringen Temperaturschwankungen; im Sommer ist es relativ kühl, im Winter gefriert es in der Regel nicht zu. Zeitiger als anderswo kann man deshalb im Frühjahr über Quellgewässern Steinfliegen, Zuckmücken und andere Insekten antreffen. Dank der größeren Wärme können sich ihre im Wasser lebenden Larven im Winter weiterentwickeln, und die erwachsenen Formen vermögen schon in den ersten Frühlingstagen auszuschlüpfen. Da das Quellwasser einen niedrigen Sauerstoffgehalt und wenig Nährstoffe aufweist, kommen relativ wenige und durchwegs kleine Tiere vor, die sich von Wasserpflanzen bzw. von ins Wasser gefallenem Pflanzenmaterial ernähren. Da das Wasser in den Quellgebieten, abgesehen von extremen Sturzquellen, langsam fließt, sind die darin lebenden Tiere nur mangelhaft an starke Strömungen angepaßt. In der Nähe des Quellaustrittes und im Grundwasser kommen Wasserasseln, Strudelwürmer und Ruderfußkrebse vor. Im lichtlosen Grundwasser halten sich mitunter auch kleine Höhlenflohkrebse von weißlicher oder gar durchsichtiger Färbung mit verkümmerten Augen auf. Sie werden vom Quellwasser an die Außenwelt getragen. Wir suchen die Quellen vorwiegend in den Bergen, obwohl sie in Form von tümpel- oder moosartigen Wasseraufstößen auch im Flachland zu beobachten sind. Entsprechend der Art des Wasseraustrittes gibt es Sicker-, Tümpel- und Sturzquellen.

Die junge Etsch bei Reschen

Der Karlin- und Pitzbach, Quellbäche der Etsch

Ältere Autoren bezeichnen den aus dem Langtauferer Tal kommenden Karlinbach, der in den früheren Mittersee (= Grauner See) mündete, als Etschursprung. Darauf könnte allerdings auch der aus dem Rojental stammende Pitzbach Anspruch erheben.

Der erste größere Bach, der die Etsch speist, ist der Karlinbach. Er durchfließt das bei Graun abzweigende Langtauferer Tal, das von der Weißkugel (3739 m), dem zweithöchsten Gipfel der Ötztaler Alpen, kommt. Langtaufers ist ein herrliches Trogtal mit mehreren hochgelegenen Weilern (Melag, 1915 m). Die Schattenhänge sind mit schönen Lärchen-Zirben-Wäldern bestockt. An den zahlreichen Seitengräben gehen immer wieder Muren ab. Auf den Trogschultern liegen blumenreiche Almen und stille Bergseen. Unvergleichlich schön ist der Ausblick von Melag auf die Eisriesen des Talschlusses. Im Hochsommer wird die Stille nur vom Rauschen der Gletscherwasser unterbrochen. Der Karlinbach war von alters her wegen der reichlichen Führung von Feststoffen, die er von den vielen Murgängen bezog, gefürchtet. Ausgedehntere bauliche Eingriffe an den Seitengräben und an der durch Errichtung des Kraftwerkspeichers höher gelegenen Mündungsstrecke erfolgten nach dem Zweiten Weltkrieg. Der Karlinbach tritt bei der Ortschaft Graun ins Paßtal heraus und hat hier einen breiten Schuttkegel aufgeschüttet, der von Reschen bis gegen St. Valentin hinausreicht. Er mündet schließlich in den Reschensee.

Der erste Bach, der nach Süden zur Etsch fließt, kommt aus dem abgelegenen Hochtal von Rojen. Der Weiler Rojen auf einer Höhenlage von fast 2000 m gilt als die höchste Siedlung der Ostalpen diesseits der Schweizer Grenze. Die ehrwürdige St.-Nikolaus-Kirche ist der Bezugspunkt für die

Mäandrierender Karlinbach im Talschluß von Langtaufers; Ausblick von Melag auf die Eisriesen der Weißkugel

Sauerstoffreicher Gletscherbach mit grobem Geröll; Seite 69

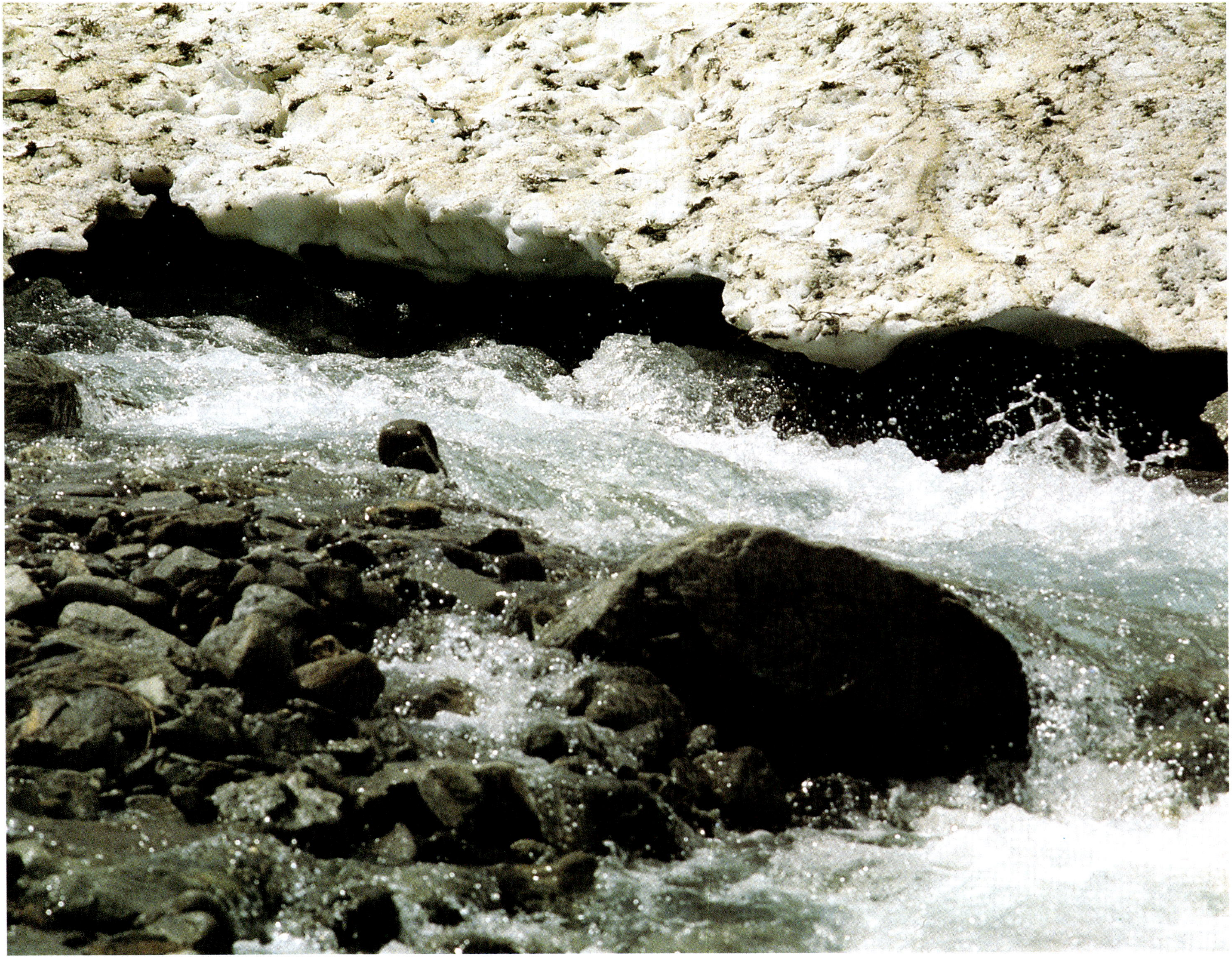

Bergsonnenuhr von Zehner-, Elfer- und Zwölferkopf in der zwischen Rojen-Fallungtal und den Reschenseen liegenden Untergruppe der Münstertaler Alpen. Der Talgrund, der sich in das Fallung- und Griantal gabelt, beherbergt vor allem in den sogenannten Seeböden eine artenreiche Flora.

Im Talgrund von Rojen kann man immer wieder schäumende Almbäche und kleine Rinnsale beobachten, die aus steinigen Hängen hervorquellen. Die am Rande und im Wasser liegenden Steine sind von dichten Moospolstern (Quellmoose, Starknervmoose) überzogen. Am Ufer der Quellbäche und in den begleitenden moosreichen Fluren wachsen verschiedene Blütenpflanzen, so die Sumpfdotterblume, der Sternblütige und der Bewimperte Steinbrech. Das Mierenblättrige Weidenröschen ist eine Charakterpflanze dieses Lebensraumes. Auf sumpfigen Stellen gedeihen Moose, Seggen und Wollgräser. In den Bachabschnitten mit dichter Moosvegetation entfaltet sich ein reiches Tierleben. Die Bergbachbewohner sind an das Leben in starker Strömung vielfältig angepaßt. So ist der Körper der Eintagsfliegenlarven stark abgeflacht, um der Strömung standzuhalten. Einen deutlich abgeflachten Körper weisen auch die Steinfliegenlarven und die Strudelwürmer (z. B. Alpenplattwurm, Planaria alpina) auf. Köcherfliegenlarven spinnen zwischen Steinen trichter- oder sackförmige Fangnetze aus elastischen Fäden. Manche Tiere befestigen sich an der Unterlage durch Absondern eines klebrigen Schleims oder mit Hilfe von Krallen, Haken und Saugnäpfen. Den Rekord halten die Larven der Kriebel- und Lidmücken, denn sie vermögen sich in Strömungen von über 3 m pro Sekunde festzuhalten. An schnell fließenden Bächen mit schattenspendender Ufervegetation halten sich auch räuberische Libellenlarven auf.

	1	
2	3	

1 Steinfliege (Plecoptera)
2 Alpen-Plattwurm (Planaria alpina)
3 Gehäuse der Köcherfliegen-Larven (Trichoptera)

Je nach Art und Temperatur des Wohngewässers erfolgt die Umwandlung in ein geflügeltes Insekt erst nach ein oder zwei, gelegentlich sogar nach fünf Jahren.

Selbst dem ungeschulten Beobachter fällt auf, daß das Rojental seiner Lage und Einfassung nach in Richtung Norden orientiert ist. Es entwässerte früher mit dem Stillebach nach Nauders zum Inn; heute aber biegt der Bach aus Rojen für seine letzten eineinhalb Kilometer scharf nach Osten zum Reschensee ab. Er hat im See den kleinen Schuttkegel aufgeschüttet, auf dem der Weiler Pitz liegt, und heißt danach Pitzbach.

Mit Wollgräsern bestandene Verlandungszone im Gebiet der Pfaffenseen (2222 m)

In natürlichen Stufen abfallender Bergbach mit einer vielfältigen Moosvegetation (Weißkugelgebiet, Vinschgau). Der Wildbach sprudelt über die Steine und sättigt sich dabei mit Sauerstoff. Eine artenreiche Kleintierwelt findet man unter Steinen, in der Grasnarbe des Ufers und in ruhigen Wasserstellen, wo sie vor der starken Strömung geschützt ist. Diese vielfältige Mikrofauna und -flora verleiht dem Gewässer ein hohes Maß an Selbstreinigungskraft.

Eine Auswahl von verschiedenen Berg- und Wiesenbächen im Vinschgauer Oberland (Rojen, Langtaufers)

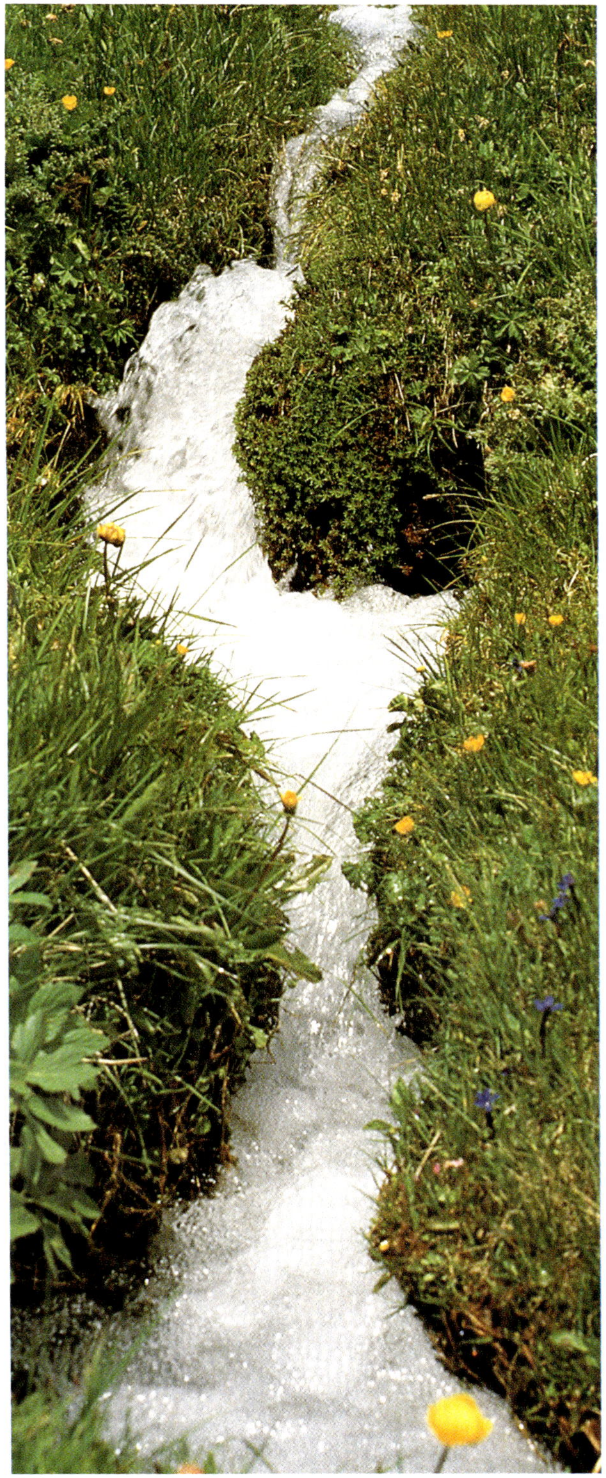
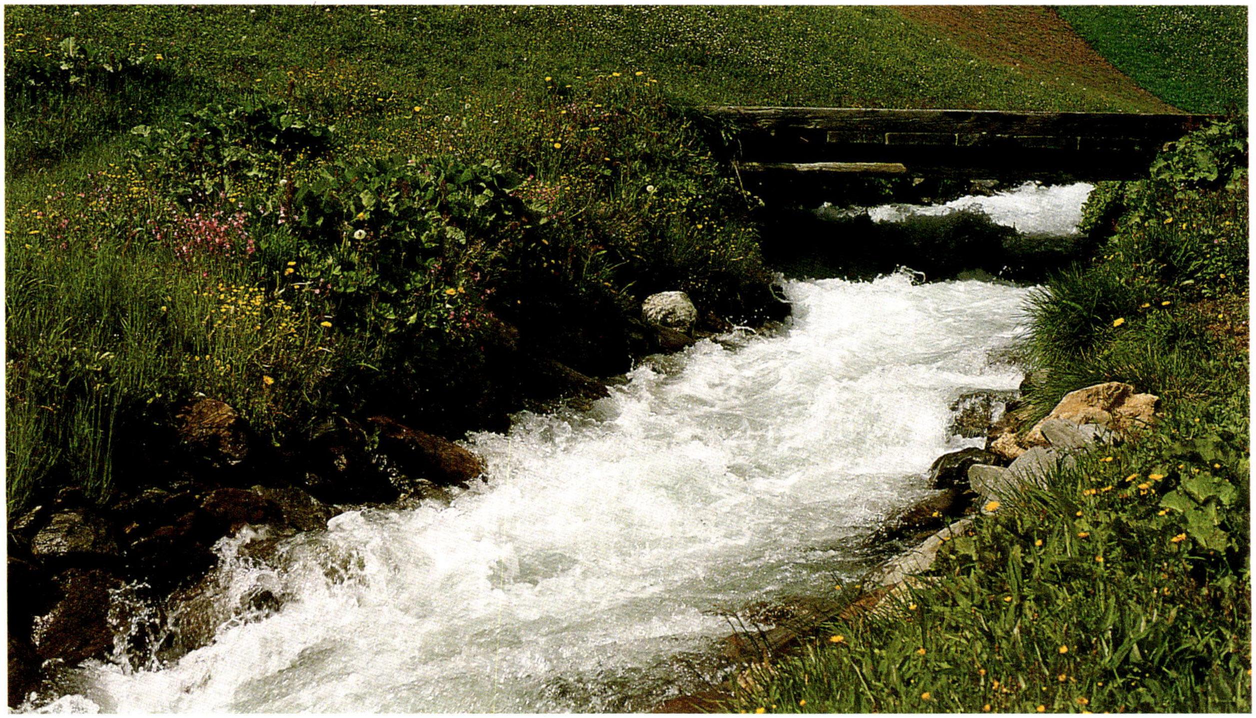
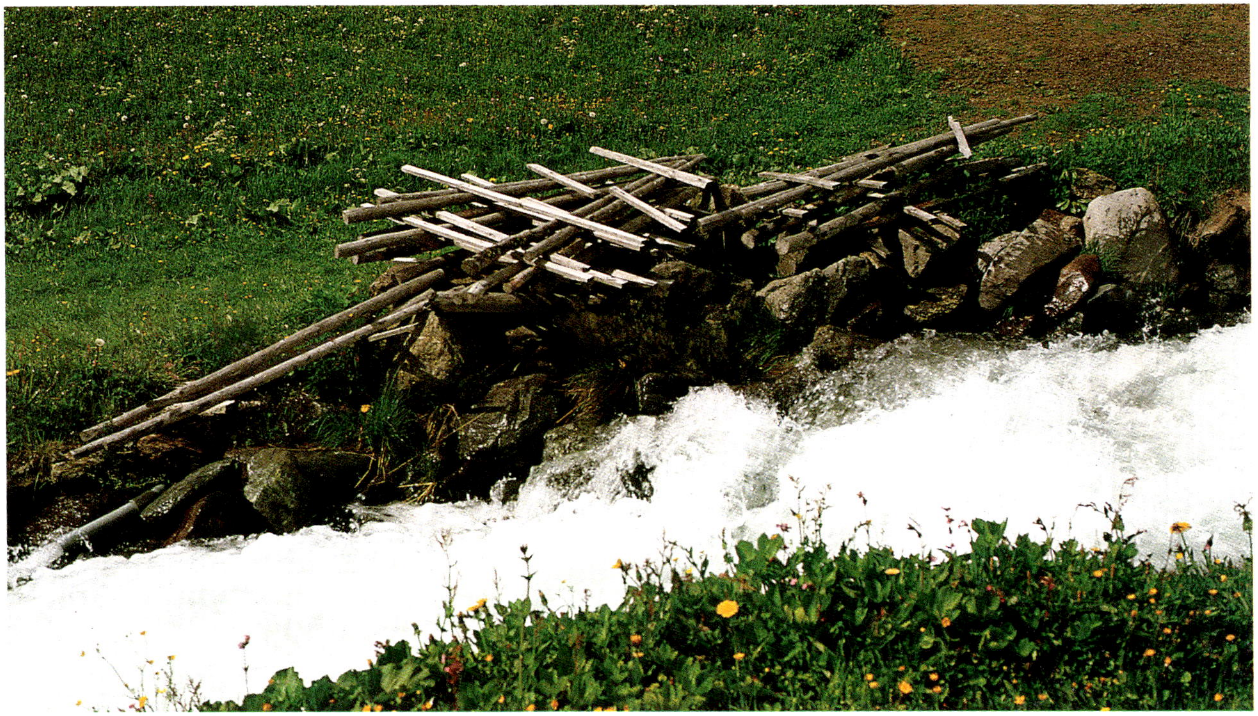

Das Seenplateau

Über dem Schuttkegel der Malser Haide liegt ein richtiges Wasserscheidetal mit Flachstrecken, das größtenteils noch von Seen eingenommen wird. Dabei sind drei Generationen von Seen zu unterscheiden: ein ältester, größter, gemeinsamer See reichte von Reschen bis an die Malser Haide vor; von ihm wurde vorne durch die Mure vom Großhorn herab der kleine Haider See abgetrennt. Den großen dahinter noch verbliebenen Restsee gliederte das flache Schwemmfeld des Karlinbaches in den Mitter- (= Grauner See) und Obersee (= Reschensee). Beide sind jetzt durch den großen Damm von St. Valentin zu einem einzigen Stausee (= Reschensee) von 6,5 km Länge und 1,5 km Breite zusammengeschlossen. Der Reschenstausee umfaßt eine Oberfläche von 6,8 km². Das Dorf Reschen wurde dabei teilweise, das Dorf Graun ganz überflutet. Von der Tragik, die sich hier abgespielt hat und von der viele alteingesessene Bauernfamilien betroffen waren, kündet heute nur noch der inmitten der Wasserfläche aufragende Kirchturm von Altgraun. Ein neues Graun ist an der Mündung des Langtauferer Tales errichtet worden. Das Wasser des großen Stausees wird in einem zwölf Kilometer langen Stollen zum Kraftwerk von Schluderns geführt. Die sechs Großkraftwerke des Vinschgaus, nämlich jene von Langtaufers, Glurns, Laas, Kastelbell, Schnals und Naturns, produzieren zusammen 988,4 Mill. Kilowattstunden. Vier Kraftwerke verfügen über größere Speicher: Langtaufers mit 90.000 m³, der Reschensee für das E-Werk Glurns mit 116 Mill. m³, der Zuftrittspeicher im Martelltal für das E-Werk Laas mit 19,6 Mill. m³ und der Vernagt-Speicher in Schnals für das E-Werk Naturns mit 15 Mill. m³. Die vier letztgenannten Kraftwerke liefern Spitzenstrom; die Zentralen von Kastelbell und Schnals sind Lauf-

Das Seenplateau (Reschensee, Haider See) im Vinschgauer Oberland mit den vergletscherten Ortlerbergen im Hintergrund

Der Reschensee mit dem Kirchturm des versunkenen Dorfes Graun; Seite 75

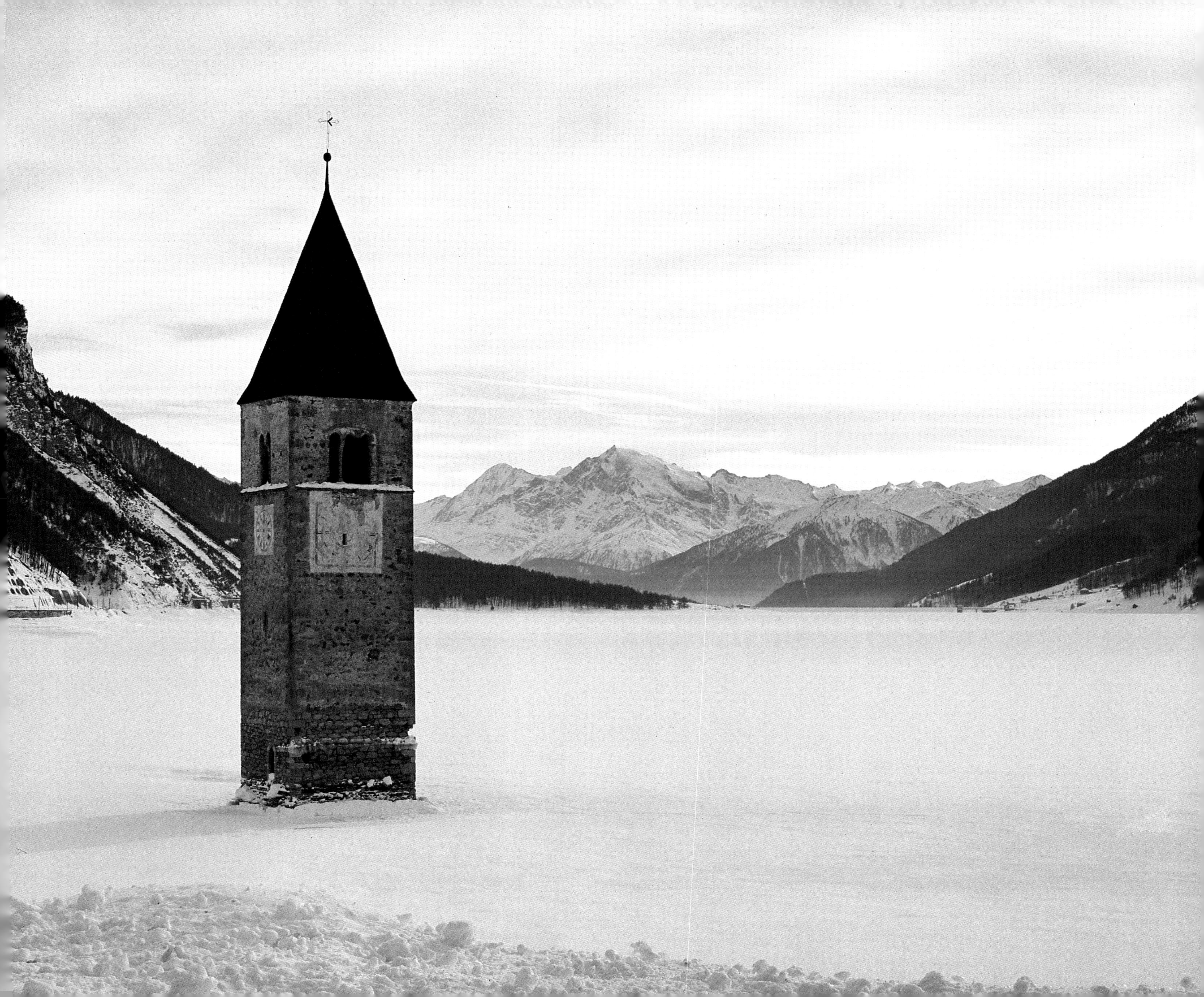

Der Haider See gilt als zweitgrößter natürlicher See Südtirols

werke. Während die Etschwerke den Strom an einheimische Abnehmer verteilen, wird die Produktion des Montecatini-Edison-Konzerns den firmeneigenen Industriebetrieben in der Poebene zugeleitet. So ist die Energieerzeugung der wichtigste Industriezweig des Vinschgaus. Zu den dadurch verursachten Umweltschäden gehören u. a. zeitweise trockenliegende Seeufer und „Flußleichen", die besonders im Winter ohne Restwasser sind und in denen alles Leben immer wieder verkümmert. Unverändert großartig jedoch ist der Blick vom Reschensee auf die vergletscherte Bergumrahmung mit dem Ortler und der Königsspitze im Hintergrund.

Der Haider See ist nach dem Kalterer See der größte natürliche See Südtirols (0,89 km^2). Er wird von der jungen Etsch und vom Zerzerbach gespeist, der aus dem einsamen Hochtal von Zerz kommt. Am Haider See liegt Sankt Valentin (1470 m). Bereits um 1140 wurde das Hospital zu St. Valentin gestiftet, das in engem Zusammenhang mit dem vor allem im Winter bei Schneesturm gefürchteten Weg über die Malser Haide steht. Aber auch der Haider See begegnet uns schon in der frühen Landesgeschichte. Im Ortsteil Fischerhäuser erkennt man die Niederlassung jener Fischer, die laut Stiftung des Tiroler Landesfürsten König Heinrich vor Böhmen vom Jahre 1326 die Mönche der von ihm gegründeten Kartäusersiedlung Allerengelberg im Schnalstal mit Hechten, Äschen, Renken, Seesaiblingen und Forellen des reichen Haider Sees zu versorgen hatten. Hechte und Renken gibt es heute noch im Haider See, wenngleich er stark verkrautet und verschmutzt ist. Die Vinschgauer Staatsstraße führt fast unmittelbar am Ostufer entlang.

Von Burgeis bis Schleis

Das Material des riesigen, vom Fuß bis zur Spitze etwa 800 m hohen Murkegels der Malser Haide entstammt dem unscheinbaren Alpgraben. Murschübe aus diesem von kahlen, zerrissenen Hängen eingefaßten Graben haben bereits mehrmals den Weiler Plawenn verschüttet und richteten bis hinab gegen Mals und Burgeis große Schäden an den Kulturflächen an. — Die weite Malser Haide ist im Herbst besonders stimmungsvoll, wenn das Vieh weidet und die Lärchenwälder am Rande goldgelb leuchten. Die nach Süden gebogenen Ebereschen an der serpentinenreichen Staatsstraße lassen die Kraft des „Reschenwindes" erahnen. Die Siedlungen (z. B. Alsack, Ulten) liegen an den geschützten Randgebieten des Murkegels. An der linken Flanke der Malser Haide fließt der aus dem Planeiltal kommende Punibach ab. Er nimmt den Alpgrabenbach und im Unterlauf den Saldurbach auf, bevor er bei Spondinig in die Etsch mündet. Die Siedlung Planeil ist ein typisches römisches Haufendorf auf steiler Lage. Im Talgrund wird der Punibach zum Teil von schönen Auen begleitet. Von hier aus kann man viele interessante Übergänge machen und Gipfel von größtenteils über 3000 m Höhe besteigen.

Am Fuße der Malser Haide liegt der alte Markt Mals (1050 m), der Hauptort des oberen Vinschgaus. Bis hierher führt die im Jahre 1906 erbaute Vinschgauer Eisenbahn. Wer von der Malser Haide kommt, wird im Blickfeld fünf Türme zählen. Schlicht erscheinen die Linien der drei

Die Malser Haide mit der Fürstenburg und dem Stift Marienberg am waldigen Berghang

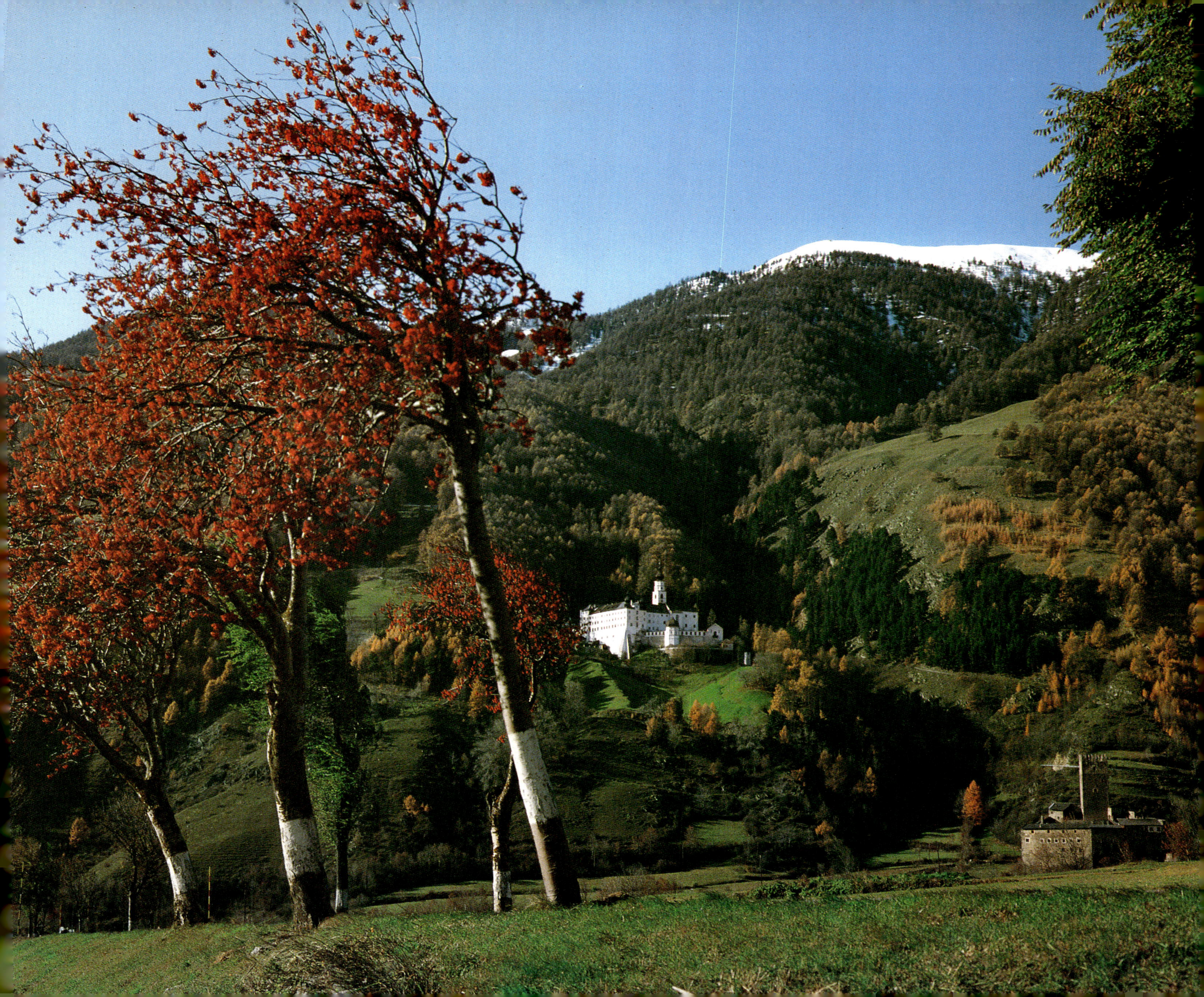

Diese „Gottesburg" hat ihre heutige Gestalt im wesentlichen zur Barockzeit erhalten. Weitum bekannt sind die romanischen Wandmalereien in der Krypta. Gerade unterhalb des Stiftes Marienberg steht auf einem mächtigen Felsblock, der sich knapp am Ufer der Etsch erhebt, die Fürstenburg. Ihr Name geht zurück auf die Fürstbischöfe von Chur (heutiges Graubünden), die schon seit dem 8. Jahrhundert neben der geistlichen auch die weltliche Regierungsgewalt ausübten. Es kam immer wieder zu schweren Auseinandersetzungen mit den Vögten von Matsch, die als ein besonders kampflustiges Geschlecht in die Geschichte eingegangen sind. Die dem Kloster Marienberg gehörende Fürstenburg dient heute besonders der Berufsausbildung des bäuerlichen Nachwuchses. Nach Durchführung von aufwendigen Sanierungsmaßnahmen zählt der Bau zu den seltenen, unberührt erhaltenen Burganlagen. Von Burgeis/Marienberg kann man einen erholsamen Ausflug in das Schlinigtal unternehmen, das wegen der Nähe zum Schweizer Nationalpark besonders wildreich (Steinwild, Rotwild) ist. Die Geschichte dieses einsamen Bergtales hängt eng mit der von Marienberg zusammen. — Der Metzbach führt die Gewässer des Schlinig- und Arundatales ab. Er suchte in der Vergangenheit mehrfach Schleis heim, das am unteren westlichen Rande der Malser Haide liegt. Schleis ist ein idealer Ausgangspunkt für Wanderungen die Etsch entlang bis nach Burgeis oder talabwärts bis Laatsch.

Der Weiler Plawenn an der Spitze des gewaltigen Schuttkegels der Malser Haide

Viereckstürme von Sankt Benedikt, Sankt Martin und Sankt Johann. Dazu kommen der gewaltige runde „Fröhlichsturm" und der mit einem spitzen Achteckhelm versehene Pfarrturm. Wie eine Bastion erhebt sich aus der Etschtalsohle der vom Eis überformte Tartscher Bühel (Gemeinde Mals), auf dem sich bereits eine vorgeschichtliche Kultstätte befand. Das frühe Christentum errichtete an derselben Stelle eine St. Veit gewidmete Kapelle. Der Tartscher Bühel beherrscht das Becken von Mals, Glurns und Prad. Die Etsch fließt nun aus dem Haider See, die Orte Burgeis, Schleis, Laatsch und Glurns berührend. Burgeis ist ein besonders harmonisch in die Landschaft gefügtes altes Tiroler Dorf. Das Dorfbild gehört größtenteils noch dem 16. und 17. Jahrhundert an. Von der Straße über die Malser Haide aus ist die St.-Nikolaus-Kirche nächst Burgeis sichtbar. Über Burgeis fällt am waldigen Berghang die weiße Fassade des Benediktinerstiftes Marienberg auf.

Von Alpenrosen und Lärchen begleiteter Bergbach im Münstertal (Schweiz)

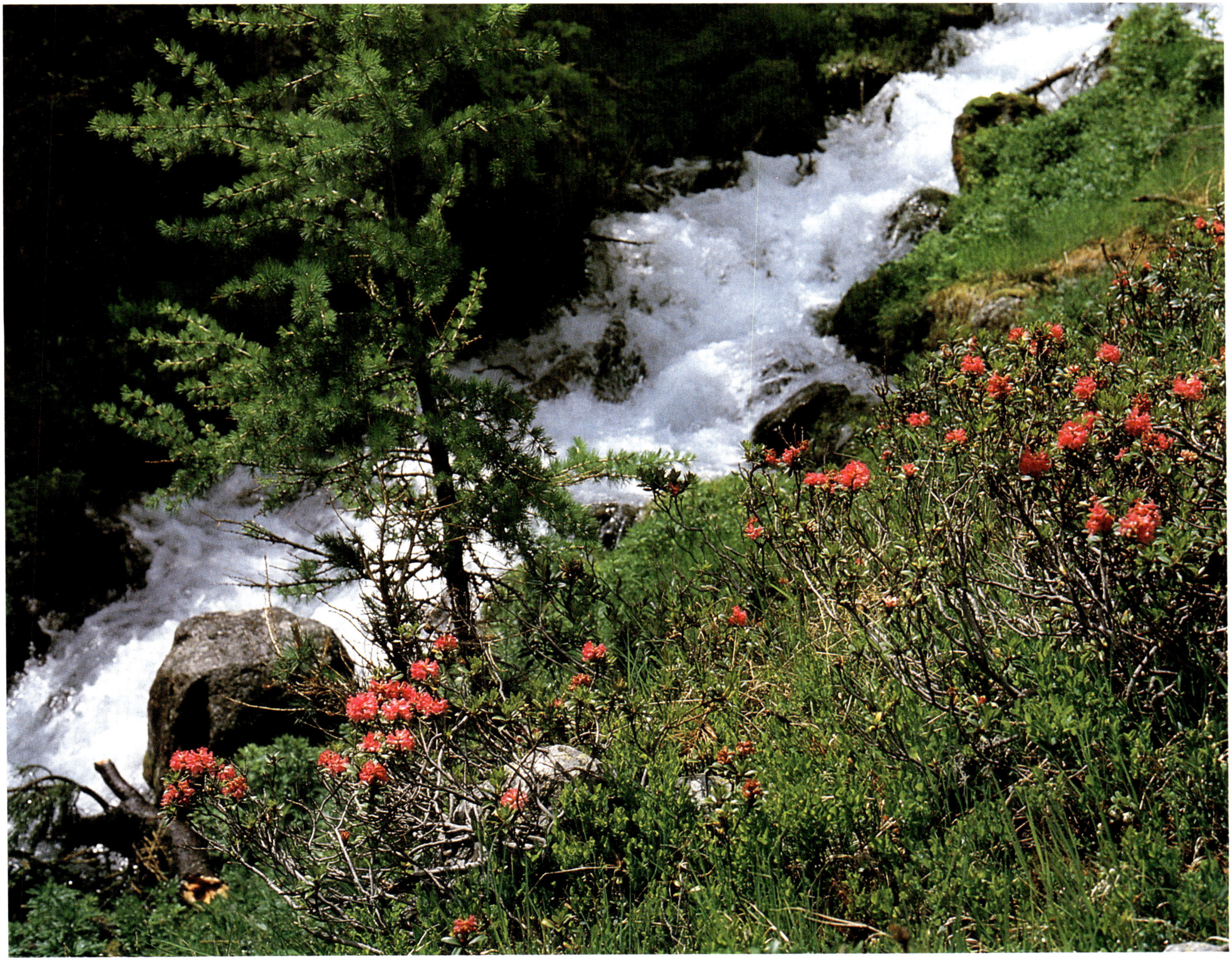

Wasserfall des Pischbaches im Münstertal (Schweiz)

Schäumender Bergbach im Münstertal (Schweiz)

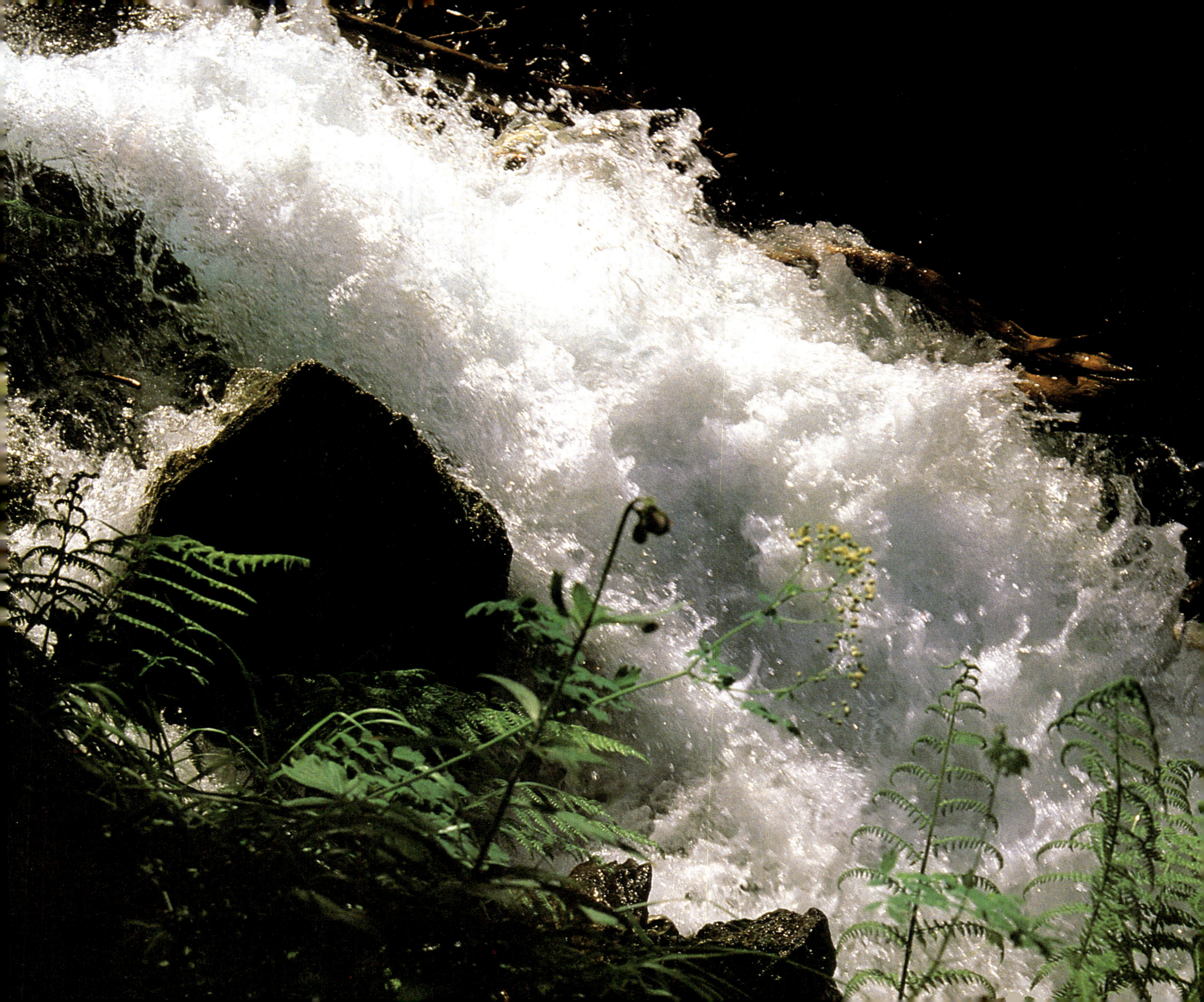

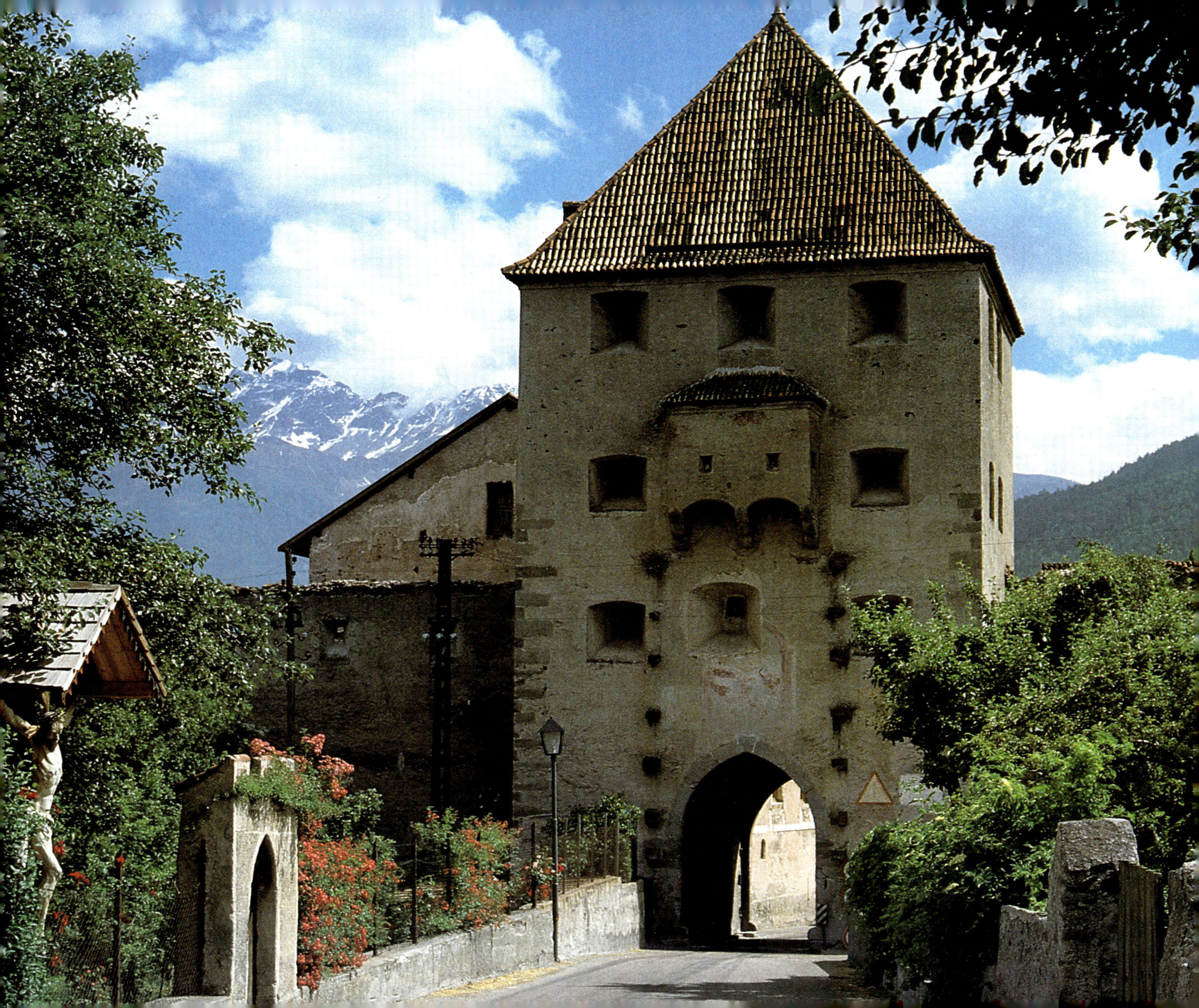

Der mittlere Vinschgau

Dem mittleren Vinschgau wird der flache Talabschnitt zwischen Glurns und dem gewaltigen Murkegel der Gadria zugezählt. Der Lauf der Etsch biegt aus der Nord-Süd- in die West-Ost-Richtung um.

Wie ein weiter Trichter öffnet sich am Fuße der Malser Haide gegen Westen das Mündungsgebiet des Rambaches, der dem Münstertal entströmt. Die Straße durch das Münstertal und über den 2155 m hohen Ofenpaß stellt die wichtigste Klammer mit Churrätien und die kürzeste Verbindung des Vinschgaus zum Bischofssitz in Chur dar. Die politische und strategische Bedeutung dieser Route hatte bereits Karl der Große erkannt. Nur so ist die karolingische Gründung des Benediktinerklosters Münster - Müstair (Schweiz) zu verstehen. Das mit romanischen Fresken geschmückte Pilgerhospiz von Sankt Johann in Taufers war eine Zufluchtsstätte vor dem Aufstieg auf unwirtliche Pässe. Unweit von Münster beginnt in Sta. Maria der Anstieg zum Umbrail, dem Wormser Joch, das nach der kleinen Stadt Bormio (= Worms) im obersten Veltlin benannt wurde. Dieser 2512 m hohe Übergang übertraf im Mittelalter und bis in die neue Zeit an Verkehrsbedeutung das Stilfser Joch bei weitem. Das Wormser Joch führte in das Veltliner Weinland. Am rechten Rambachufer befinden wir uns bereits im Gebiet des Stilfser-Joch-Nationalparkes. Sowohl die Etsch als auch der Rambach brachten für die etwa sieben Kilometer von Taufers im Münstertal entfernte Siedlung Laatsch verheerende Überschwemmungen. Angesichts dieser Schicksalsschläge kann man nur darüber staunen, daß diese alte Ortschaft dennoch eine

Schwarzkiefer-Aufforstungen im Gebiet der Laaser Leiten mit dem Kirchlein St. Maria bei Allitz

Glurns mit der Laubengasse

Glurns, eine typische mittelalterliche Stadt

Ohne Kenntnis der früheren politischen Machtverhältnisse und Verkehrswege ist die Lage und Gründung der landesfürstlichen Stadt Glurns vom Jahre 1304 unverständlich. Es handelte sich dabei um einen wichtigen strategischen und wirtschaftlichen Stützpunkt. Die Stadt Glurns wurde auf dem linken Etschufer angelegt; am Rande eines fruchtbaren Schuttkegels war schon das Dorf Glurns gelegen. Aus Gründen der Verteidigung nahm man die Gefahr von Überschwemmungen in Kauf. Die Etsch und der Rambach haben dem Ort immer wieder schwer zugesetzt. Noch heute sieht man am Malser Tor die Wassermarke vom 16. Juni 1855 (Ausbruch des Haider Sees). So ist es verständlich, daß die alten Stadtgräben zum Großteil längst verschüttet sind und daß auch die Lauben durch Aufschüttung von Material niedrig wurden. Glurns ist eine typische mittelalterliche Stadt, von Wehrmauern, Tortürmen und Gräben umgeben. Dazu kommen die vielen malerischen Winkel der Laubengasse. Die stattliche Dorfkirche und der Friedhof blieben außerhalb der Stadtmauern und halten die Erinnerungen an das frühere Dorf fest. Mit der Verlagerung der Verkehrswege trat der Markt Mals das Erbe von Glurns an. In den letzten Jahren wurde mit Erfolg eine Sanierung dieser einmaligen und

Art Schatzkammer der Gotik geblieben ist. — Mittlerweile ist der Unterlauf des Rambaches mit Schutzbauten versehen worden.

einzigartigen mittelalterlichen Stadtgründung durchgeführt. Bis auf den heutigen Tag ist Glurns eine lebendige Miniaturstadt geblieben.

Schluderns und das Matscher Tal

Das von der vergletscherten Weißkugel (3739 m) im Ötztaler Hauptkamm absinkende Matscher Tal wird vom Saldurbach durchflossen. Es zeugt mit den zahlreichen mühselig aufgeschichteten Ackerterrassen und den endlosen Wasserwaalen vom Behauptungswillen der Bergbauern. Die Glieshöfe (1807 m) und der Hof Thanai (1824 m) gehören zu den höchsten Dauersiedlungen von ganz Tirol. Das Dorf Matsch ist eine Hangsiedlung hoch über dem Talbach. Auf einer von Wasserläufen umspülten Waldkuppe stehen die Ruinen der Schlösser Ober- und Untermatsch; am besten erhalten ist die Burgkapelle. Die Geschichte des langgestreckten Tales ist mit jener der mächtigen und einflußreichen Vögte von Matsch verbunden. — Der Saldurbach hat einen ausgedehnten Schuttkegel aufgeschüttet, auf dem der Ort Schluderns (921 m) liegt. Es kam immer wieder zu verheerenden Überschwemmungen und Übermurungen. Am Ausgang der felsigen Mündungsschlucht des Matscher Tales ragt die Churburg empor, die zu den bedeutendsten Sehenswürdigkeiten des Vinschgaus zählt. Die übergroße Mehrzahl der Burgen längs des Oberlaufes der Etsch ist nur noch in Form von Ruinen erhalten. Um so größere Anerkennung gebührt den Grafen Trapp, die keine Kosten gescheut haben, um die Churburg zu erhalten und sie mit Kunstschätzen zu füllen. Höhepunkt eines jeden Besuches ist die Besichtigung der Rüstkammer. Die Churburg über Schluderns hält die Erinnerung an die Zugehörigkeit dieser Gegend zu dem Churer Bischofsstaat fest. Zur Gemeinde Schluderns gehören Spondinig und die Ortsbestandteile Gschneir am Schludernser Berg.

Das Kirchlein St. Veit auf dem Tartscher Bühel; im Hintergrund erscheint das langgestreckte Tal von Matsch. Seite 85

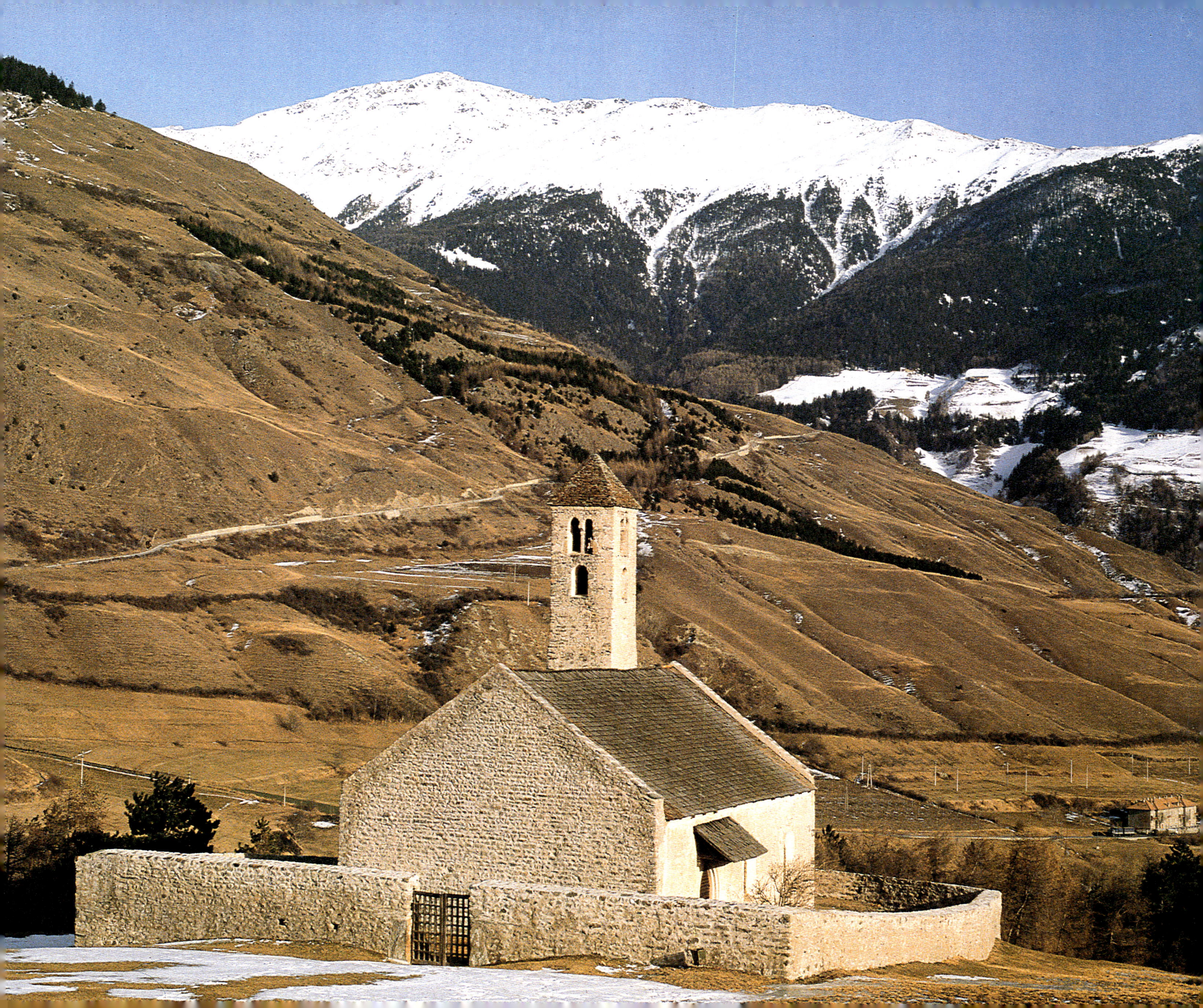

Der Auwald von Schluderns als Biotop

Einst durchzogen ausgedehnte Schwarzerlenwälder die Talniederung der Etsch. Als Rückstauzone bei Hochwasser, Klimaregulator und Lebensraum für viele Pflanzen- und Tierarten übten sie eine wichtige ökologische Funktion aus. Heute haben Flußregulierung und intensive landwirtschaftliche Nutzung die Auwälder auf wenige Reste bei Schluderns, Tschengls, Eyrs und Burgstall zusammengedrängt. Die Auen von Schluderns (über 100 Hektar) wurden von der Südtiroler Landesregierung im Jahre 1976 als Biotop unter besonderen Schutz gestellt.

Die Schludernser Auen stellen einen nahezu reinen Schwarzerlenwald (Alnus glutinosa) dar, der von wenigen Grauerlen durchsetzt ist. Die Gewinnung von Holz hatte einen stufenförmigen Waldaufbau zur Folge; in der Zone mit Jungwuchs sind die Erlen buschartig verästelt, dazwischen wuchern verschiedene Sträucher. In der Zone mit mittelhohen Bäumen ist das Unterholz schwach entwickelt, die Erlen erscheinen erst ab der Stammitte verästelt. Wo die Bäume hochstämmig sind und ein dichtes Kronendach tragen, fällt nur mehr wenig Licht durch, so daß die Strauchschicht fast zur Gänze fehlt. Durch die seit Jahrhunderten ausgeübte Beweidung im Randbereich der Auen sind typische Pflanzen stark zurückgetreten. Im jetzigen Bestand fallen verschiedene Weidenarten, Gemeiner Schneeball, Schwarzer Holunder und Roter Hartriegel auf. Die Vegetation ist aufgrund der guten Nährstoffversorgung äußerst reichhaltig. Im Unterwuchs gedeihen verschiedene Seggen, Binsen, Moose, Farne, Akeleien, Ochsenzungen, Sumpfdotterblumen und weidebedingte Ruderalpflanzen. Am Rande der Sumpfwiesen und Tümpel wachsen Schilf und Rohrkolben. Herrliche alte Silberweiden (Salix alba) umsäumen den Ost- und Südrand des Auwaldes. Der stufenförmige Waldaufbau, die alten Weiden

Zwergohreule (Otus scops)

Die Schludernser Auen mit der Churburg am Ausgang des Matscher Tales

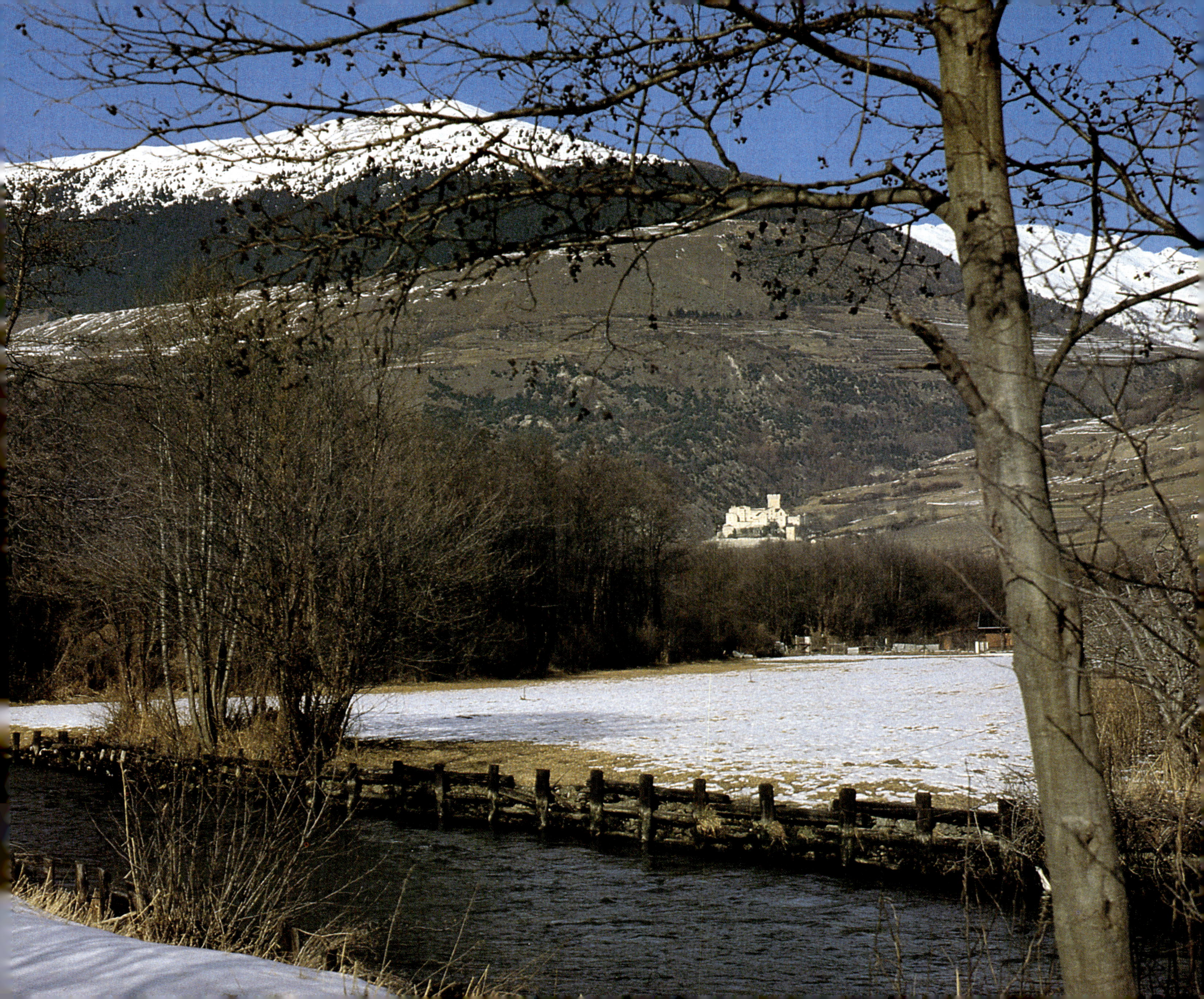

und Pappeln, die Schilf- und Rohrkolbenbestände, die Bachgräben, die Schlamm- und Kiesbänke des Punibaches stellen ideale Biotope für viele Tierarten dar. Neben den vielen baum- und buschbewohnenden Vogelarten sind es vor allem die feuchtigkeitsliebenden Rohrsänger, Wasserrallen, Wasserläufer, Wachtelkönig, Kiebitz, Enten, Teich- und Sumpfhühner, die der Au eine besondere Note verleihen. Ruhige, ungestörte Flußstellen mit angrenzenden nassen Wiesen und Schilfflecken stellen für viele Zugvögel lebensnotwendige Rastplätze dar. In den ausgefaulten Astlöchern der Weiden und Pappeln finden Spechte, Wiedehopfe, Eulen (z. B. Zwergohreule), Fledermäuse und Bilche (Siebenschläfer) Unterschlupf. Über der Au und den Sumpfwiesen kreisen das ganze Jahr hindurch Greifvögel, so Bussarde, Falken, Habicht und Sperber. Sie üben eine unentbehrliche ökologische Kontrollfunktion über Kleinsäuger-, Vögel- und Insektenbestände aus. Im Winter fallen Scharen von Zeisigen über die Erlenzapfen her, aus denen sie die winzigen Samen picken. Gelegentlich erscheint ein Trupp von Seidenschwänzen, welche die Hecken des Schneeballs plündern. Die vielen Kleingewässer und sumpfigen Stellen werden von Molchen, Salamandern und Fröschen als Laichplätze aufgesucht. In den Sommermonaten wimmelt es von Kaulquappen. Unter den Säugetieren bietet der Auwald vor allem dem Rot- und Rehwild einen willkommenen Unterschlupf.

Zwei Wanderwege (ein bis zwei Stunden Gehzeit) führen durch die Schludernser Auen; sie beginnen in der Nähe des Sportplatzes. Man gelangt zu Wassergräben, in denen Kresse und Ehrenpreis gedeihen. In den Tümpeln entwickeln sich ganze Teppiche aus Grün- und Jochalgen. Man beobachtet zahlreiche Sickerwasser aus den anliegenden Flußläufen (Etsch, Puni- und Saldurbach) und Rinnsale, die in einem ungeordneten Netz die Auen durchziehen. Hier wachsen herrliche Moos-

Schwarzerle (Alnus glutinosa)

Die Schludernser Auen mit schlanken Erlen und alten Weiden; Seite 89

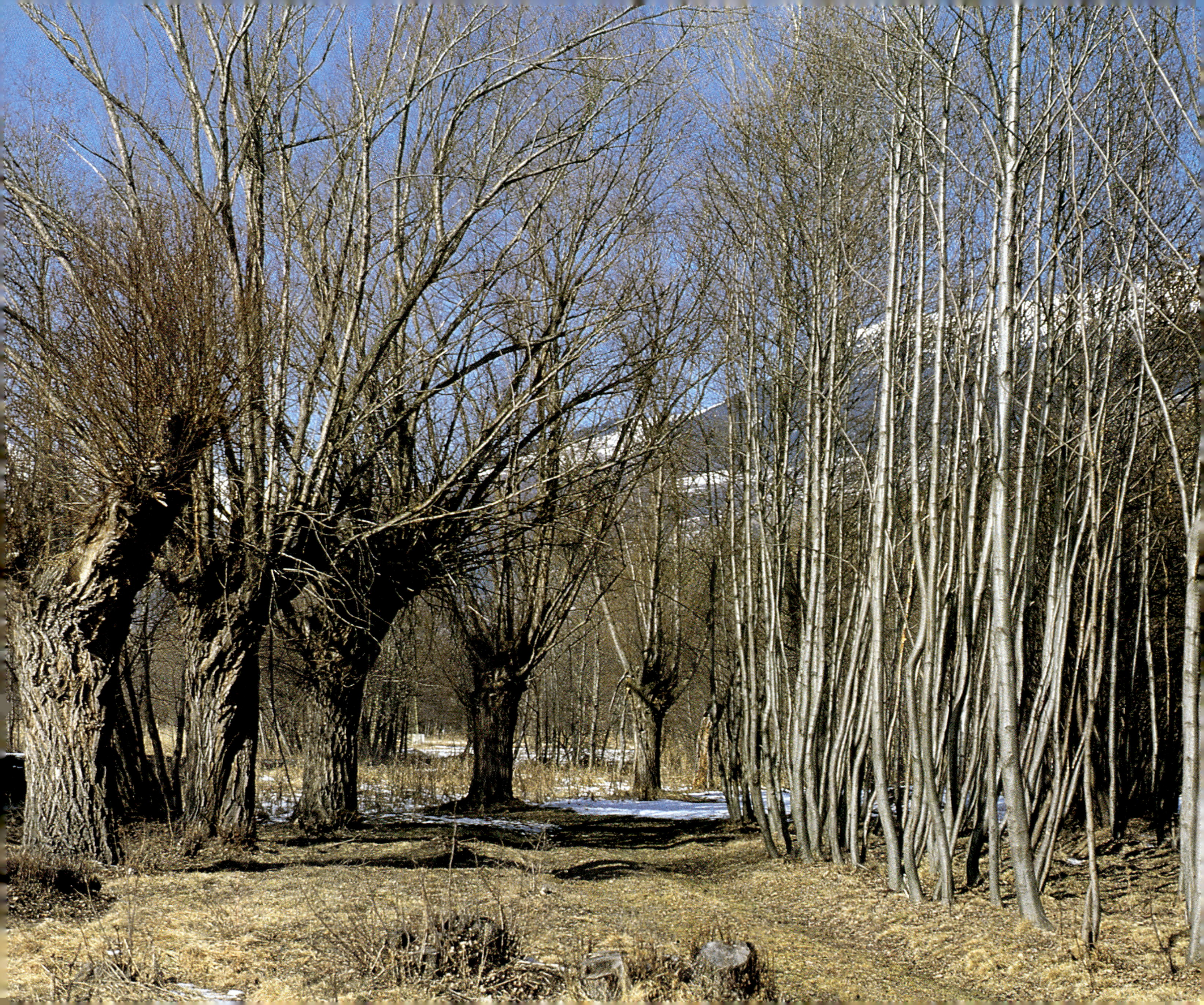

Von Schilf eingesäumte Feuchtwiese am Rande der Schludernser Auen

polster und goldgelb leuchtende Sumpfdotterblumen. Der Rohrkolben-Bestand wird vor allem von Blaumeisen, Rohrammern, Schilf- und Sumpfrohrsängern aufgesucht. Auf dem schlammigen Boden huscht das Blaukehlchen umher. Im Erlengebüsch vernimmt man die Lieder der Nachtigall, der Gartengrasmücke und des Gelbspötters. Die Höhlen von Weiden und Pappeln werden von Meisen, Kleibern, Staren und Rotschwänzchen aufgesucht. An der Mündungsstelle des Saldurbaches entwickeln sich mitunter so viele Eisenbakterien, daß man den Eindruck bekommt, es handle sich dabei um eine Lehmschicht. Bei der Wanderung durch die Schludernser Auen tun sich dem aufmerksamen Betrachter immer wieder Ausblicke auf die versteppten Sonnenhänge und die schneebedeckten Gipfel des Ortlermassivs auf. Auf den Sumpfwiesen fallen das wollige Honiggras, der Wiesenknopf, die Trollblume und die gelbe Wiesenplatterbse auf. Da und dort steht auch eine stattliche alte Weide. Reich ist das Kleintierleben dieser Naßwiesen. Verschiedene Vogelarten, so Schwalben, Braunkehlchen, Fliegenschnäpper, Feldlerchen, Drosseln und Pieper, machen Jagd auf Insekten. Sobald das Gras reift, erscheinen Buchfinken, Stieglitze, Grünlinge und Girlitze. Im Gegensatz zum Saldurbach, der sich im Auengebiet frei verzweigt, wurde der Punibach landschaftsfreundlich verbaut. Im Spiel der Wellen wiegen sich ganze Rasen von Wasserhahnenfuß. In der Ufervegetation herrschen verschiedene Weiden vor, die wasserliebenden Vogelarten vielfältige Brutmöglichkeiten bieten. Hier halten sich der seltene Flußuferläufer, die Wasseramsel, der Zaunkönig, die Bach- und Gebirgsstelze auf. Zur Zugzeit im Frühjahr und Herbst kann man auf den Kies- und Schlammbänken Wasserläufer, Regenpfeifer, Trauerseeschwalben und Zwergtaucher beobachten. Gleich einem lebenden Edelstein fliegt der Eisvogel über die Wasserfläche. An der Etschbrücke, wo Etsch und Punibach nebeneinander fließen, endet der Auenspaziergang.

Im Bereich der Auen von Schluderns befinden sich nicht nur Feuchtgebiete, sondern auch Standorte mit einer typischen Trockenvegetation. Zur Zeit der Schneeschmelze hat der Saldurbach früher enorme Massen an Gesteinsschutt in das flache Etschtal befördert. Die lockere Schotterauflage dieser Flußaufschüttung ist stark wasserdurchlässig und daher von Trockenpflanzen besiedelt. Sanddorn, Berberitze, Wacholder, Hagebutte und Purpurweide stehen verstreut zwischen Polsterpflanzen (Mauerpfeffer, Seifenkraut), dem derben Feldwermut und der zarten Felsennelke. Trockenwarmes Gelände mit dichtem Gebüsch bevorzugen der Neuntöter, das Schwarzkehlchen, die Sperber- und Dorngrasmücke. Hier hält sich auch die blaugrün schillernde Smaragdeidechse auf. Im trocken-warmen Gelände kann man auch zahlreiche Grillen, Heuschrecken, Käfer und Schmetterlinge feststellen. Die markierten Wege durch die Schludernser Auen bieten die Möglichkeit, in kurzer Zeit alle charakteristischen Merkmale eines Auwaldes zu beobachten. Daß man sich dabei ruhig verhält und die Wege nicht verläßt, ist für einen Naturfreund eigentlich selbstverständlich. Die Pflanzen und Tiere sowie deren Lebensräume sind im Biotop völlig geschützt.

Der Weichholz-Auwald bei Schluderns mit den vergletscherten Bergen der Ortlergruppe im Hintergrund
Seite 91

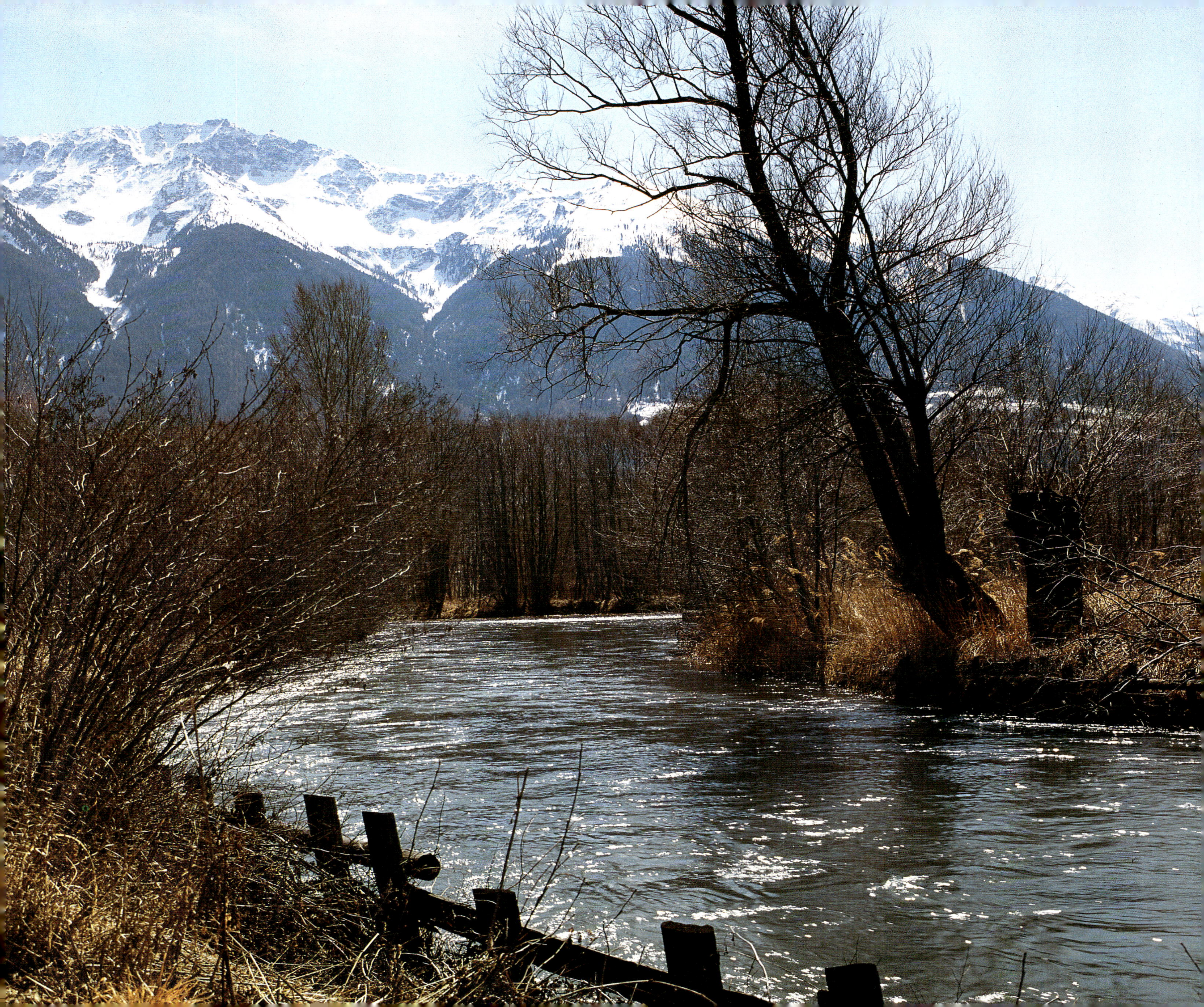

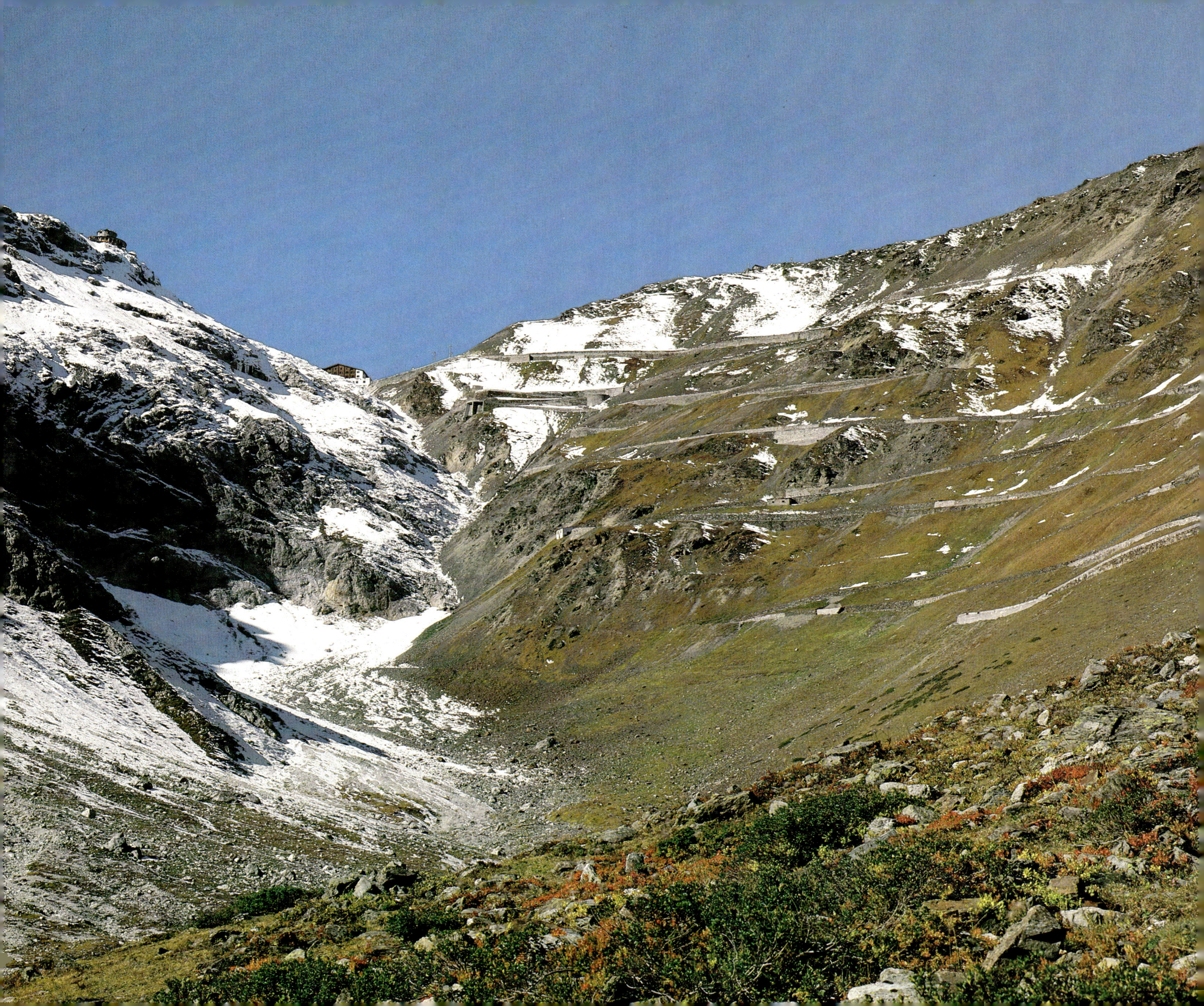

Von Spondinig in das Sulden- und Trafoier Tal (Stilfser-Joch-Nationalpark)

Der Ort Spondinig an der schon im Jahre 1258 als pons de Spaninga erwähnten Etschbrücke (heutiger Bau 1893) ist ein wichtiger Verkehrsknotenpunkt an der Abzweigung der Stilfser-Joch-Straße mit der Haltestelle der Vinschgaubahn. In nächster Umgebung befindet sich die Gemeinde Prad mit den Fraktionen Agums und Lichtenberg. Schönste Zeugen der alten Geschichte dieser Gegend sind die Kirchen St. Johann und St. Georg sowie die Burgruine Lichtenberg über der gleichnamigen Siedlung. Die Burg war seit der Mitte des 13. Jahrhunderts Stammsitz der Lichtenberger und Trutzfeste der Tiroler Grafen gegen den Bischof von Chur. — In Prad beginnt die Alpenstraße über das Stilfser Joch, und es eröffnet sich damit für den Alpinisten, Skifahrer und Wanderer der Eingang in die Gletscherwelt der Ortlerberge. Einige Kilometer nach Prad erreicht man den Weiler Stilfser Brücke, von wo ein alter Fußweg steil nach Stilfs hinaufführt. Dieser sonnseitig gelegene Ort ist Sitz der Gemeinde, die das zentrale Ortlergebiet bis zur Schweizer Grenze bzw. zur Provinzgrenze Sondrio umfaßt, und zwar mit den Fraktionen Gomagoi, Trafoi, Sulden und Stilfser Joch. In der Geschichte von Stilfs hat der Bergbau (Kupfer, Blei, Silber) eine wichtige Rolle gespielt. Heute hat es seiner alpinen Lage wegen einen guten Namen im Fremdenverkehr. Unweit der Stilfser Brücke liegt die Ortschaft Gomagoi in der alten Weggabel zwischen Sulden und Trafoi. Von hier zweigt die Straße nach Stilfs und die Suldener Straße ab.

Sulden war vor rund 150 Jahren ein unbekanntes Hochtal. Die Bewohner der wenigen Einzelhöfe fristeten als Hirtenvolk ein kümmerliches Dasein. Die hoch gelegenen Gampenhöfe (1906 m) mußten im Jahre 1818 geräumt werden, weil der gewaltige Suldenferner sehr nahe herangerückt

Die Stilfser-Joch-Straße führt ab Trafoi in vielen Kurven zum Scheitelpunkt (2757 m) hinauf. Seite 92

Blühende Weidenröschen am Suldenbach

war. Das Sulden von heute hingegen bietet Tausenden von Gästen Unterkunft, ist Ausgangspunkt für viele Fels- und Gletschertouren und ist überdies ein Wintersportzentrum ersten Ranges. Höhepunkt eines jeden Aufenthaltes in Sulden wird für alle Zeiten eine Besteigung des Ortlers (3902 m) über den Tabaretta-Grat bleiben. Großartig erscheint auch der Talschluß mit dem Blick auf das Dreigestirn Ortler, Zebrú und Königsspitze. Allenthalben haben die Gletscher ihre Spuren hinterlassen. Eine Gletscherseilbahn führt auf die Schaubachhütte (2581 m), von der aus man viele Touren und Übergänge machen kann. Wer im Juli die Umgebung dieses Stützpunktes besucht, ist überrascht von der Blütenpracht der Alpenpflanzen. Da der Schnee in dieser Höhenlage erst sehr spät schmilzt, ist der Boden lange Zeit von Schneewasser überstaut oder durchtränkt. Man spricht deshalb von der Schneetälchen-Flora, auch wenn die Vegetation nicht immer am Grunde eines Tälchens zu liegen braucht. Es fallen verschiedene Moose, Seggen, Krautweiden, Soldanellen und Enziane auf. Typisch ist auch das Niedrige Ruhrkraut, die Sibbaldie, das Alpenschaumkraut und der Fünfblättrige Frauenmantel. Auf den überrieselten alpinen Steinhalden beobachtet man die gelben Blüten des Bewimperten Steinbrechs. Felsen, die durch Tropfwasser ständig angefeuchtet werden, bilden einen interessanten Lebensraum für Pionierpflanzen (Flechten, Moose, Farne, Gräser, Fettblatt). Bei stiebenden Wasserfällen finden wir den von einigen Spezialisten besiedelten Lebensraum der Spritzzone. Die Talflanken von Sulden sind von vielen Mur- und Lawinenrinnen gekennzeichnet. Schneeabgänge verursachen immer wieder Straßenunterbrechungen.

An Stellen, wo im Gebirge der Boden lange von Schneewässer überstaut ist, gedeiht die Schneetälchen-Flora. Dazu gehören u. a. die glockenförmigen Blüten der Soldanellen und die tiefblauen (selten weißen, siehe Bild) Enziane.

Gletschertor im großartigen Talschluß von Sulden; Seite 95

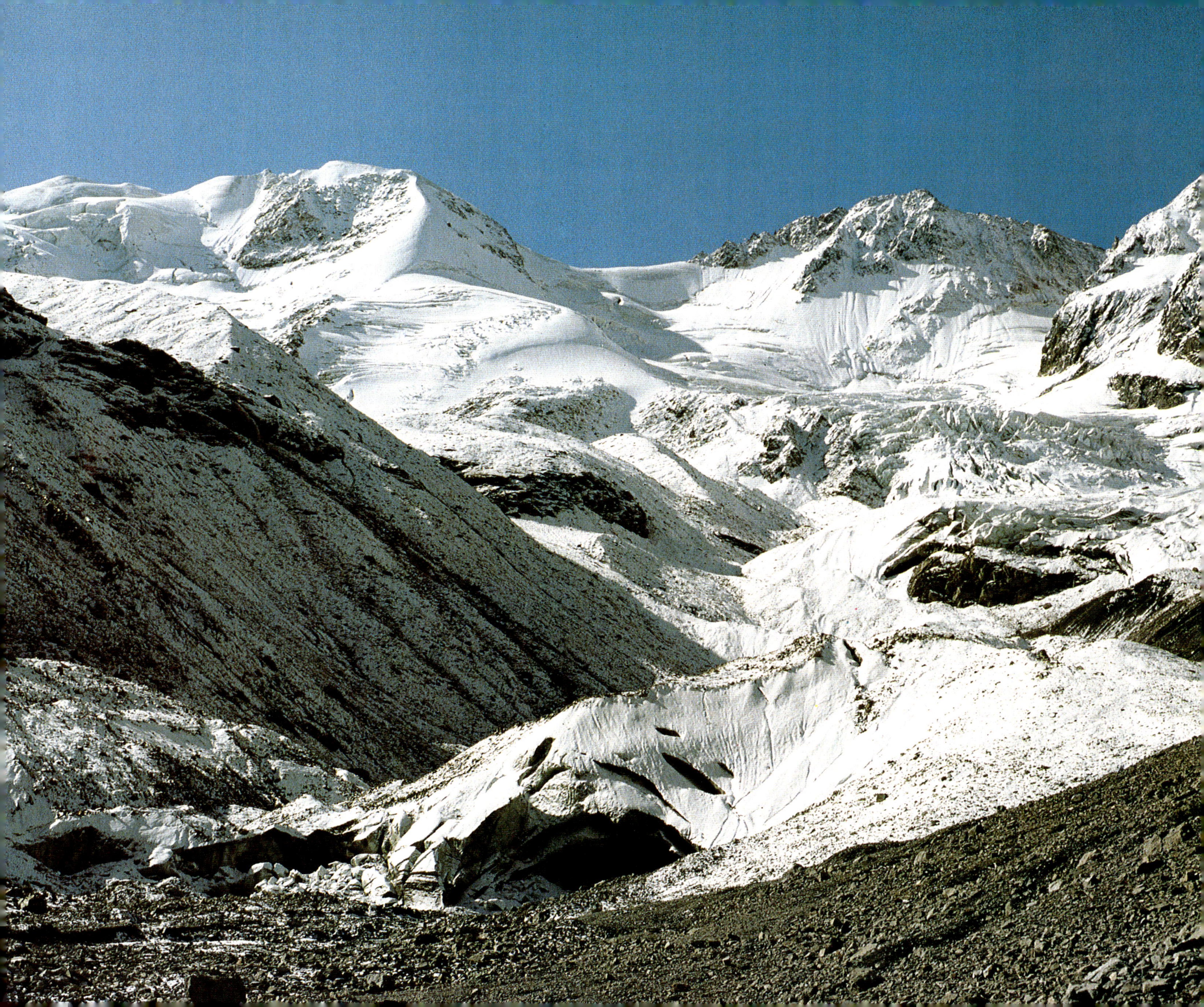

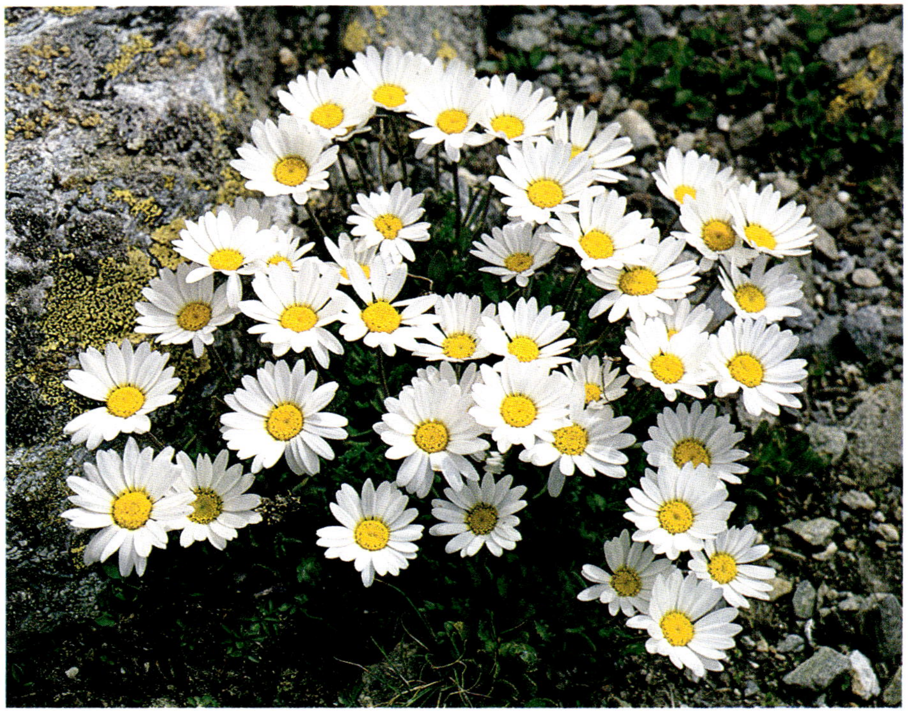
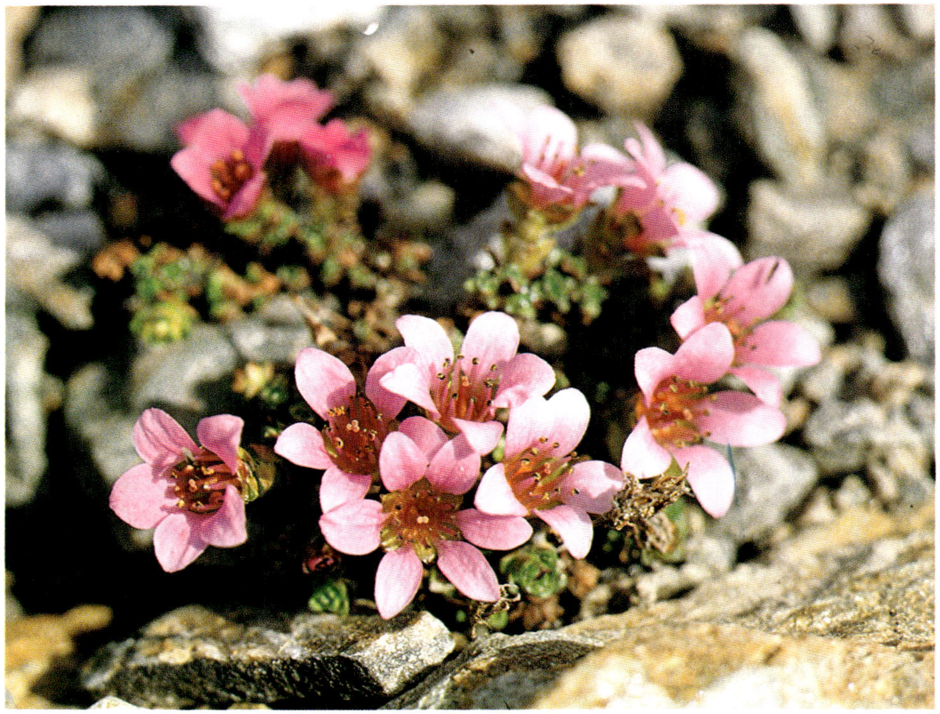
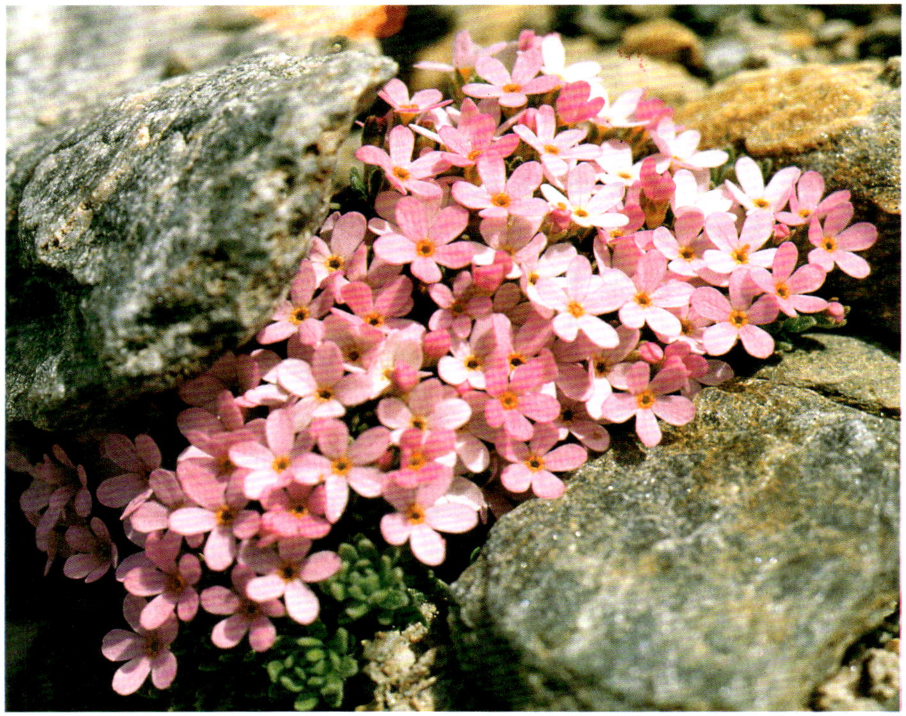
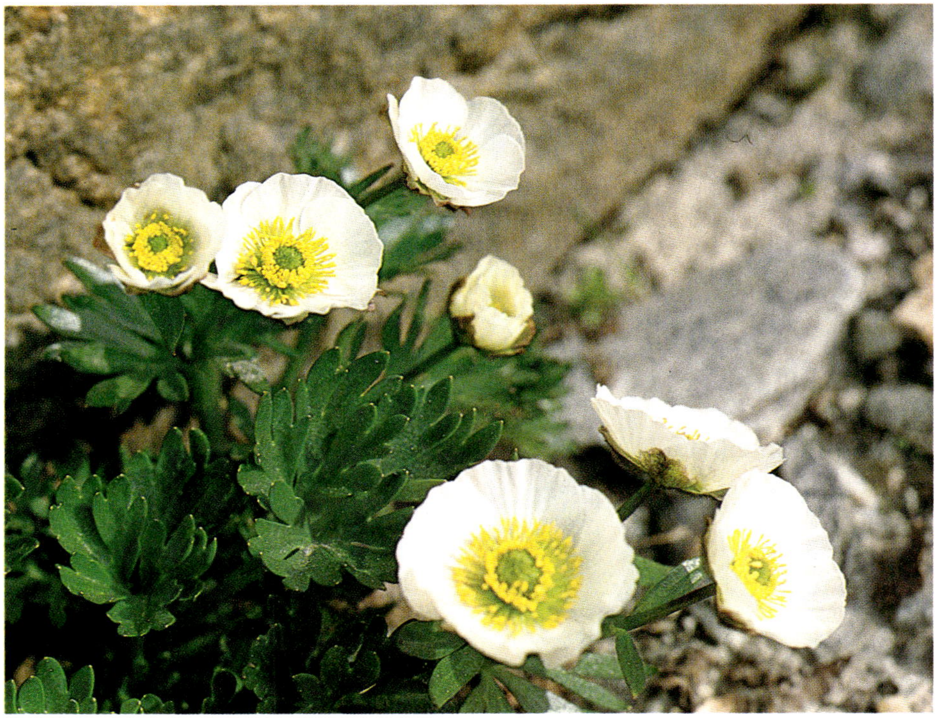

1	3
2	4

1 Alpen-Wucherblume (Leucanthemopsis alpina)
2 Alpen-Mannsschild (Androsace alpina)
3 Gegenblättriger Steinbrech (Saxifraga oppositifolia)
4 Gletscher-Hahnenfuß (Ranunculus glacialis)

Stiebender Wasserfall unterhalb der Schaubachhütte in Sulden; im Hintergrund erhebt sich die Königsspitze.

Trafoi (1543 m) ist ein hochwertiger Höhenkurort an der Stilfser-Joch-Straße. Großartig ist der Blick in den von Fels- und Eisriesen umstandenen Talgrund mit der beherrschenden Trafoier Eiswand (3563 m). Abgesehen von vielen hochtouristischen Exkursionen kann man im Gebiet von Trafoi auch einige Spaziergänge machen, so zum beliebten Wallfahrtsort „Heilig Drei Brunnen". Von allen Seiten fallen im Hochsommer Gletscherbäche in kühnen Sprüngen zu Tal. Über ein von vielen Rinnsalen durchfurchtes Schottermeer führt eine lange Holzbrücke zu einem Rasenplatz, wo die drei Quellen entspringen. Hier steht u. a. auch die Wallfahrtskirche und eine Holzbaracke mit den drei Brunnen. Man nimmt an, daß es sich dabei um ein vorchristliches Quellheiligtum handelt. Dieser Platz ist eine Stätte phantastischer Sage und pietätvoller Legende. Das Wasser der Drei Heiligen Brunnen ist wundertätig, und kein Pilger versäumt es, davon zu trinken. Das Gnadenbild der Muttergottes wird alljährlich in feierlicher Prozession über Winter nach Trafoi gebracht, wo es bis Pfingsten in der Kirche aufgestellt bleibt. — Man kann den Ausflug vom Wallfahrtsort noch etwa rund 100 Höhenmeter weiter ausdehnen, um drei von einer Felswand herabstürzende Wasserfälle zu bewundern. In Trafoi beginnt die eigentliche Stilfser-Joch-Straße, die von Ende Mai bis Anfang November befahrbar ist. Wegen der Südlage ist die Auffahrt von Bormio (Provinz Sondrio) und Sta. Maria/Umbrailpaß (Schweiz) im allgemeinen zuerst möglich. Die Länge der in den Jahren 1820 bis 1825 erbauten Fahrstraße beträgt von Spondinig bis Bormio 49 km; sie führt in vielen Haarnadelkurven zum Scheitelpunkt (2757 m) hinauf.

Über die Ortlergruppe mit ihren rund 103 Gletschern, 110 Seen und den höchsten Gipfeln der Ostalpen erstreckt sich der größte italienische Nationalpark. Der Stilfser-Joch-Nationalpark wurde mit Gesetz Nr. 740 am 24. April 1935 errichtet. Von der über 95.000 ha großen Gesamt-

Von Moosen eingefaßter Quellbach im Tal von Trafoi (Stilfser-Joch-Nationalpark)

fläche entfallen auf die Autonomen Provinzen Bozen und Trient 53.500 ha bzw. 19.000 ha, auf Sondrio (Region Lombardei) 22.500 ha. Die Nordgrenze dieses Schutzgebietes wird vom rechten Etschufer zwischen Glurns und Latsch gebildet. Von Südtirol aus erreicht man das zentrale Parkgebiet vom Münster-, Sulden- und Ultental aus, vom Laaser und Martelltal oder über die Stilfser-Joch-Straße. Die Höhenstufen der Vegetation reichen vom submediterranen Flaumeichen-Mannaeschen-Buschwald am südexponierten Talhang von Martell bis zur Nivalzone der Gipfelfluren. Vielfältig ist auch die im Park lebende Fauna, wobei Rothirsch, Steinadler, Uhu, Auer- und Birkwild besonders hervorzuheben sind. Das Land Südtirol schlägt eine Neuordnung des Stilfser-Joch-Nationalparkes vor. Von den elf betroffenen Parkgemeinden liegen Martell, Stilfs und Prad ganz innerhalb des Schutzgebietes. Man fordert die Ausklammerung aller dauernd bewohnten Siedlungen und intensiv bewirtschafteten Landwirtschaftsflächen. Der Park soll in unterschiedlich geschützte Zonen aufgegliedert werden, und zwar in Vollschutzgebiete (= eigentlicher Nationalpark) und Teilschutzgebiete (= Naturpark). Die einheitliche Verwaltung dieses Nationalparkes soll durch die Schaffung eines eigenen Konsortiums zwischen dem Staat und den Autonomen Provinzen gewährleistet sein. Man sollte für die längst fällige Neuordnung des Stilfser-Joch-Nationalparkes keine Zeit mehr verlieren.

Die vor allem von den Gletschern der Ortlergruppe gespeisten Bäche des Sulden- und Trafoier Tales vereinigen sich bei Gomagoi und münden bei Prad in das Etschtal aus. Eine Vorstellung der gewaltigen Materiallieferung dieser Fließgewässer gibt der ausgedehnte, flache Schuttkegel, der sich von der Schmelz oberhalb Prad bis an die Etsch bei Spondinig erstreckt.

Die „Heilig Drei Brunnen" in Trafoi. Die drei Statuen stellen Christus, Maria und Johannes dar. Das Wasser gilt als heilkräftig, wirkt aber nur dann, wenn man aus jedem der drei Rohre trinkt. Seite 99

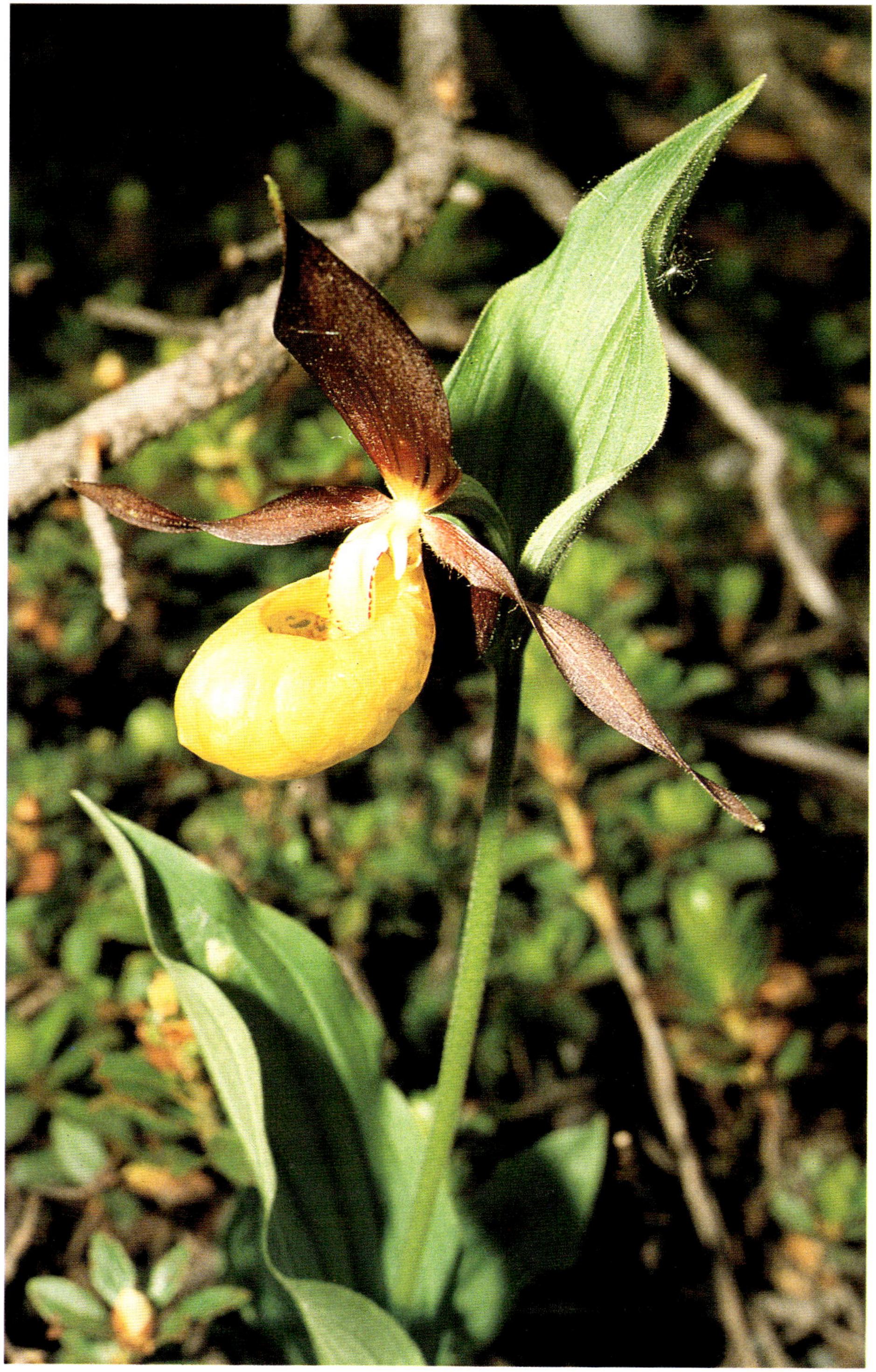

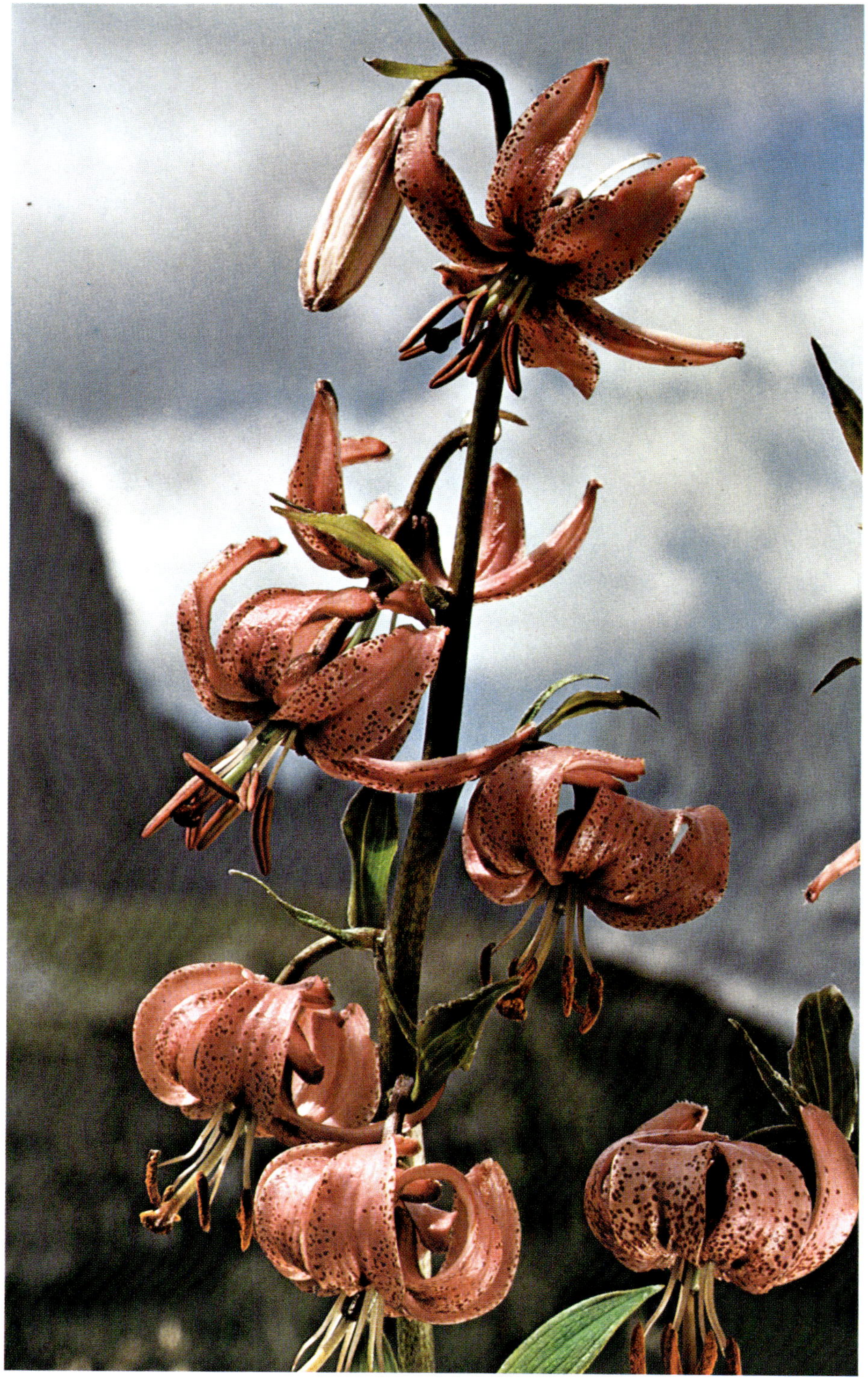

Frauenschuh (Cypripedium calceolus)
Türkenbund (Lilium martagon)

Milchig-weißer, kalter Gletscherbach im Talgrund von Trafoi

Die Etschauen von Eyrs und Tschengls (Gemeinde Laas)

Zur Gemeinde Laas zählen die Fraktionen Eyrs, Tschengls und Tannas. Der Name wird mit einem zu lacus (See) gehörenden Wort gedeutet. Tatsächlich lassen sich Spuren eines durch die Gadriamure gestauten Sees, der bis Glurns reichte, nachweisen. Schäden im Tal haben der Laaser Bach und der Tschenglser Bach öfters angerichtet. Eine Gefährdung von Laas war auch immer wieder durch den Gadriabach gegeben, der im Laufe der Zeit den zweitgrößten Murkegel des Vinschgaus aufgeschüttet und die Etsch an die Südseite des Tales gedrängt hat. Seine Höhe beträgt über 400 m und seine Fläche 10,68 km². Der Murkegel der Gadria bildet eine markante klimatische und agrarwirtschaftliche Grenze.

Die Etschauen von Eyrs und Tschengls (ca. 84 ha) sind die letzten Reste der Auwälder im mittleren Vinschgau. Sie beherbergen eine typische Flora, die von der Schwarzerle (Alnus glutinosa) beherrscht wird. Von der Fauna ist vor allem der Artenreichtum der Vogelwelt hervorzuheben. Es nisten dort etwa ein Drittel aller in Südtirol vorkommenden Arten, darunter auch sehr seltene. Die Auen sind zudem als Rastplatz und Zufluchtsort für durchziehende Wasser- und Sumpfvögel von Bedeutung. Die Anlage eines Teichsystems als Amphibiengewässer und die horstweise Bepflanzung mit standortgerechten Gehölzen könnte eine Aufwertung besonders der Eyrser Au darstellen. Ökologisch und landschaftlich besonders wertvoll ist der Auwaldstreifen, der einen alten Etschlauf (rechts der heutigen Etsch) begleitet. Durch Wiederinstandsetzung der Schleuse könnte ein Teil des Etschwassers über den noch bestehenden Graben durch diesen Waldstreifen der Eyrser Au geleitet werden. Dies wäre für die Erhaltung des Auwaldes in der heutigen Form und Zusammensetzung unbedingt erforderlich. Das Wasser würde dann im östlichen Teil wieder in die Etsch zurückfließen. Teile des

Die Etsch-Au von Tschengls im Vinschgau

Auwaldes wurden immer wieder gerodet und in landwirtschaftliche Intensivkulturen (Maisfeld, landwirtschaftliches Versuchsfeld) umgewandelt. Gestützt auf das Landesgesetz vom 25. Juli 1970, Nr. 16, hat die Südtiroler Landesregierung im Jahre 1983 die Eyrser und Tschenglser Au als Biotope ausgewiesen. Ziel der Unterschutzstellung ist es, diese Auwälder als Zeugen der „Urvegetation" einer Flußlandschaft für die Nachwelt zu erhalten. Im besonderen aber sollen diese Biotope für die typischen, zum Teil seltenen Pflanzen- und Tiergesellschaften geschützt werden. Der Tschenglser und Tannaser Bach dürfen innerhalb der Biotopfläche nicht verbaut werden.

Laas, das Dorf des weißen Marmors

Die sogenannte Laaser Serie umfaßt nicht allein Laas, sondern bezieht auch das nahe Göflan und die Mündung des Martelltales ein. Die Marmorbrüche liegen im Laaser Tal und an den Abhängen der Jennwand in Richtung Göflaner Alm. Ganze Waggonladungen werden vom Ende einer Werkstraße zum Bahnhof von Laas befördert, wo meist riesige Halden reinweißer Marmorblöcke zum Abtransport bereitliegen. Die Qualitäten dieses Marmors liegen in der großen Widerstandsfähigkeit und in der reinen, kristallinen Kalksteinstruktur; er ist wetterfest und wasserundurchlässig. Deshalb kam der Laaser Marmor bei den Steinbearbeitern schon früh in guten Ruf. Seit 1879 gab es eine „K. und K. Fachschule für Steinbearbeitung". Der Vinschgauer Marmor fand seinen Weg in alle Welt, angefangen von den vielen Werkstücken aus gotischer Zeit über Denkmäler

Wiedehopf (Upupa epops)
Stockenten-Paar (Anas plathyrinchos)

in Wien, München und Berlin. Auch das Bild des Vinschgaus ist von diesem Marmor in hohem Maße geprägt. Mit dem Unterrichtsjahr 1982/83 wurde in Laas eine neue „Fachschule für Steinbearbeitung" eingerichtet.

Besondere Sehenswürdigkeiten im Gebiet der Gemeinde Laas sind u. a. der Kapellenhügel von Sankt Sisinius, das schneeweiße Martinskirchlein am Eingang ins Laaser Tal, die Pfarrkirche und St. Nikolaus am Ostausgang des Ortes. Über dem Dorf Tschengls steht die gleichnamige Burg, im Volksmund auch „Gschlößl" genannt. Die frühe Geschichte von Eyrs ist untrennbar mit der vorgeschichtlichen Höhensiedlung St. Peter bei Tannas verbunden. In einer überaus malerischen Lage befindet sich die Eyrsburg. Von Laas führt ein Weg über den Westteil der Gadria-Mure nach Allitz. Der Gadriabach entspringt am Südhang des Weißen Riepls, besitzt als einzigen perennierenden Seitenbach den Rötbach und nimmt mehrere, viel Schutt liefernde Gräben auf. Nach Vereinigung mit dem wasserreichen Strimmbach trägt die Gadria die amtliche Bezeichnung Allitzer Bach. Durch vielfältige Verbauungsmaßnahmen ist die Murtätigkeit der Gadria entscheidend zurückgegangen. Von Allitz kann man über den riesigen Murkegel absteigen und kommt an den bewässerten Fluren der Kortscher Wiesen vorbei. Ein alter Pflasterweg in Richtung Kortsch vermittelt zwischen dem mittleren und dem unteren Vinschgau.

Weiße Marmorblöcke liegen bei Laas zum Abtransport bereit.

Kunstvolle Marmorarbeiten an der Pfarrkirche von Laas Seite 106

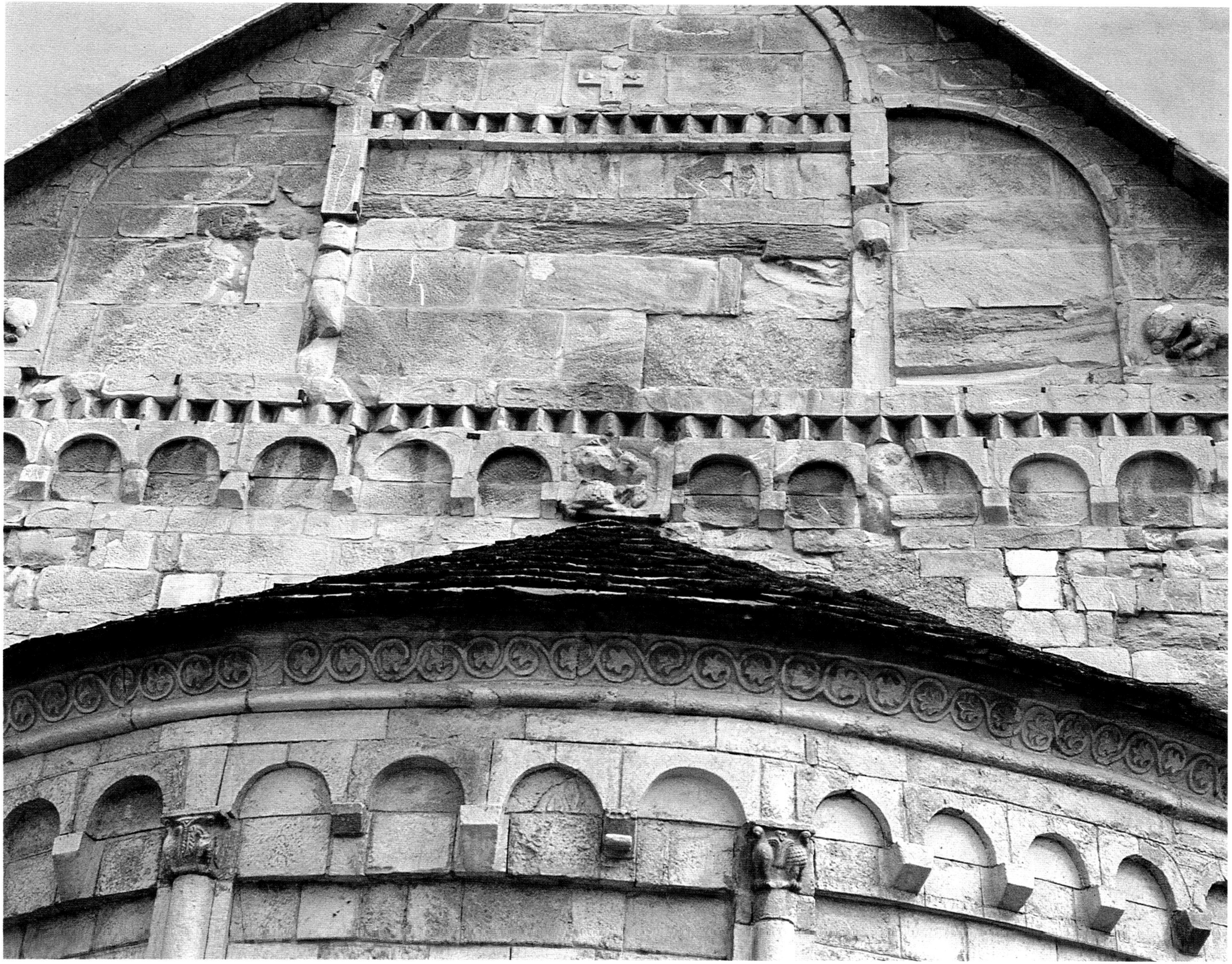

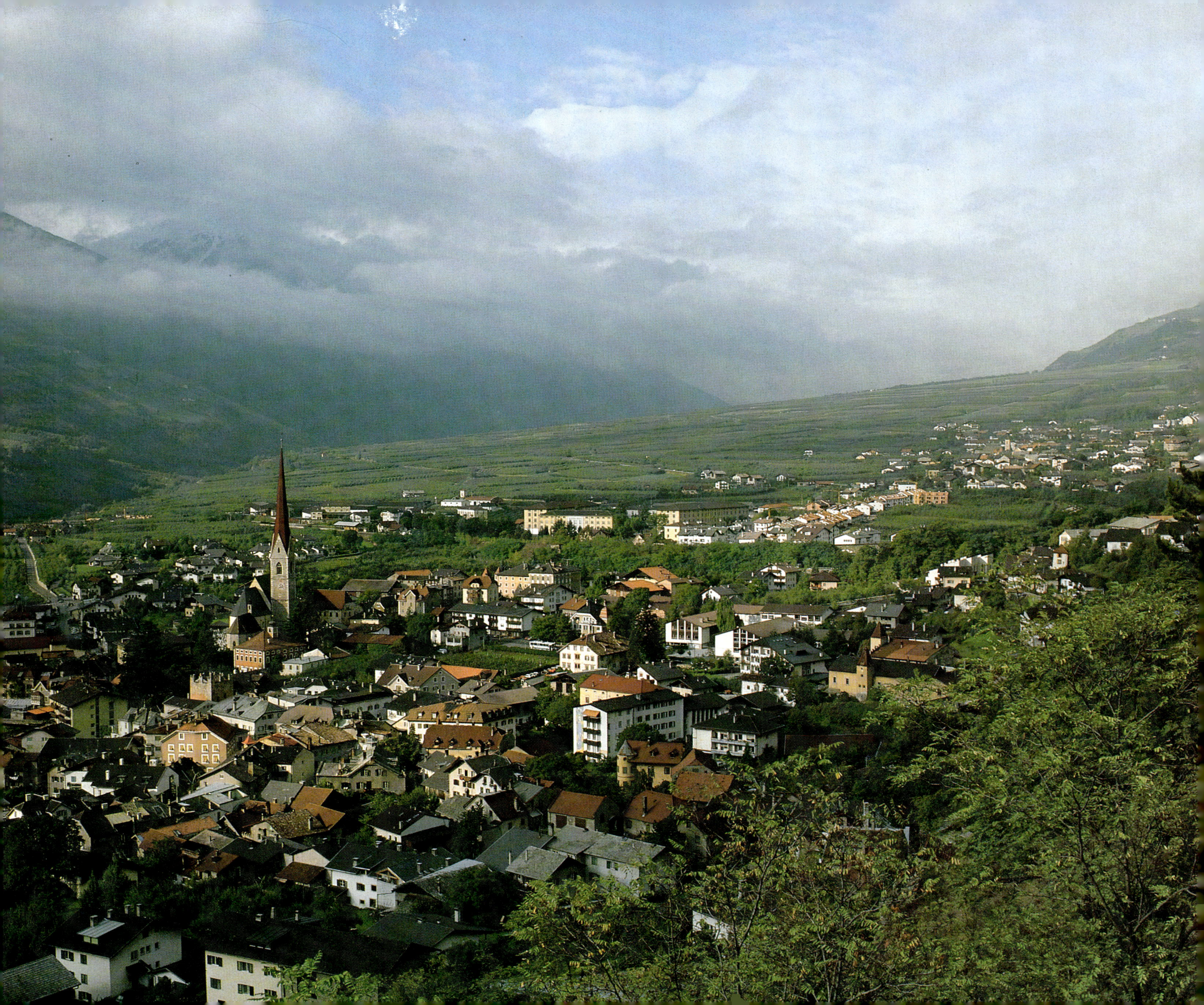

Der untere Vinschgau

Der untere Vinschgau erstreckt sich vom Murkegel der Gadria bis an die Töll. Die bereits ab Mals in Erscheinung tretenden Gegensätze zwischen den Talflanken erreichen im Untervinschgau ihre schärfste Ausprägung. Die ausgeprägte Steppenvegetation des lichtdurchfluteten Sonnenberges ist eine floristische Besonderheit im zentralalpinen Bereich der Alpen. Nur hitze- und zugleich kälteresistente Arten, zu denen Gräser mit enormen Wurzelsystemen (z. B. Festuca vallesiaca, Stipa pennata) und Seggen (Carex humilis, Carex supina) zählen, können sich an den trockenen Standorten halten. Neben verschiedenen Arten von Fetthenne, Hauswurz, Gamander, Tragant (Astragalus venostanus, Astragalus onobrychis), Heide- und Sonnenröschen fallen die Trentiner Lotwurz (Onosma pseudoarenarium ssp. tridentinum), der Bunte Bergfenchel und die Gelbe Hauhechel auf. Auf den trockenen Felshängen siedeln auch Königskerzen, Wermut, Ziest, Nelken, Küchenschellen (Pulsatilla montana), Habichts- und Fingerkräuter. Hier liegen die einzigen Standorte des Meerträubleins (Ephedra distachya) in Südtirol. Der Baumwuchs des Vinschgauer Sonnenberges ist nur spärlich entwickelt. Im Gegensatz dazu sind die südlichen Talhänge des Nörderberges von ausgedehnten Wäldern mit eingestreuten landwirtschaftlichen Nutzflächen überzogen. Sie bieten sowohl in morphologischer als auch in botanischer Hinsicht ein ganz anderes Bild.

Schlanders, der Hauptort des Vinschgaus

Ausblick vom Vinschgauer Sonnenberg zum gegenüberliegenden Nörderberg

Linksseitige Zuflüsse der Etsch

Das Gehänge des Sonnenberges durchfurchen zahlreiche Gräben und Rinnen, die bei Hochwasser im Verein mit der hohen Geschiebelieferung eine ernste Bedrohung für die Siedlungen darstellen. So ging im 16. Jahrhundert aus dem St.-Georgen-Graben ein schwerer Murbruch auf Kortsch nieder. Der erste größere linksseitige Zufluß der Etsch im unteren Vinschgau ist der Schlandraunbach, der für Schlanders von schicksalhafter Bedeutung war. Östlich von Schlanders folgen einige Bäche, die sich direkt in die Etsch ergießen, so der Vezzaner und Tissbach, der Vermeid- und Galsaunbach. Der Schnalser Bach durchfließt das gleichnamige Tal, das im Innern von vergletscherten Gebirgskämmen (z. B. Similaun) umrahmt wird. Der Vernagter Speicher hat allerdings die ursprünglichen Abflußverhältnisse grundlegend verändert. Bei Naturns münden zwei eng benachbarte Wasserläufe, der Kirch- und der Farnelbach, die häufig zu Murschäden im Ortskern geführt haben. Östlich von Naturns schiebt sich der Murkegel des Lahnbaches ins Tal vor. Der letzte bedeutendere Zufluß der Etsch im unteren Vinschgau ist der Zielbach, der ein teilweise vergletschertes Einzugsgebiet entwässert.

Schlanders und der Schlandraunbach

Der Schlandraunbach stammt aus dem gleichnamigen Tal, das von Dreitausendern umrahmt, aber kaum vergletschert ist. Er hat den flachen Murkegel aufgeschüttet, auf dessen rechter Flanke Schlanders (720 m) liegt. Vor der drohenden Gefahr des Baches versuchten sich die Ortsbewohner im Laufe der Jahrhunderte durch meterdicke Mauern zu schützen. Erst durch die Wildbachverbauung in neuester Zeit scheint die Vermurungsgefahr gebannt zu sein. Schlanders, der bereits im Jahre 1077 erwähnte Hauptort des Vinschgaus, ist eingebettet in eine geschützte, sonnige Talmulde. Bis vor wenigen Jahrzehnten gehörten die Kastanienhaine und Weingärten an

Der Vernagter Stausee in Schnals

den Leiten des Vezzaner, Schlanderser und Kortscher Sonnenberges zur Charakteristik des Ortes. Als ein besonderes Wahrzeichen gilt auch der Kirchturm, dessen nadelfeine Spitze von überall her sichtbar ist. — Schlanders wurde schon sehr früh Sitz eines Landgerichtes. Es ist bis zum heutigen Tag Verwaltungszentrum und kultureller Schwerpunkt des Vinschgaus geblieben. Hoch über der Talmündung von Schlandraun erhebt sich in großer Einsamkeit die Burg Schlandersberg; jenseits der Etsch liegt der Weiler Göflan mit den alten Kirchen St. Walpurgis und St. Martin. Besonders schön ist diese Gegend zur Zeit der Marillenblüte.

Schnals, das bedeutendste nördliche Seitental des Vinschgaus

Vom Hochjoch im Westen des Schnalser Kammes bis zur markanten Mündungsschlucht in den Vinschgau zwischen Staben und Kompatsch wird die Südseite der Ötztaler Alpen durch das Schnalstal zerschnitten. Der Schnalser Bach und der Pfossentalbach, der nahe der Ortschaft Karthaus in den ersteren mündet, entwässern den Schnalser Hauptkamm und die östliche Talflanke, die von der Texelgruppe (Naturpark Texelgruppe) gebildet wird. Bis in eine Höhe von ca. 1400 m sind die Ufer des Talbaches und des Pfossentalbaches, wo das Gelände es zuläßt, mit lichtem Auwald eingesäumt. Er setzt sich vorwiegend aus Weiden, Erlen, Birken und Vogelbeeren zusammen. Vergletscherte Berge, die im Similaun gipfeln, umrahmen das innere Tal, während der äußere Abschnitt schluchtartig in den Untergrund eingetieft ist. Die Schnalser Nebentäler, so das Finail-, Mastaun- und Pfossental, weisen eine deutliche Trogform auf. Von allen Seiten stürzen Gletscherwasser herab und sammeln sich im Talbach.

Die Mündungsschlucht des Schnalstales wird von wärmeliebenden Laubgehölzen (Eichenmischwald, Edelkastanien) eingenommen. In

Katharinaberg im Schnalstal

einer Höhe von ca. 1300 m beginnt der Bereich der großen Lärchenwaldungen. In den westlichen Nebentälern wachsen in den höheren Lagen auch Zirben. Von den Wildarten seien lediglich Hirsche, Rehe, Gemsen, Murmeltiere, Schneehühner, Steinadler, Auer- und Spielhähne hervorgehoben. Seit einiger Zeit hält sich im Pfossental auch das Steinwild auf. Das Schnalstal ist als Reich der höchsten Bergbauernhöfe bekannt; sie steigen bei teilweise extremer Hanglage bis über 1700 m hinauf. Die ersten Siedler hatten ihre Wohnplätze in sicherer Lage vor Hochwasser, Muren und Lawinen errichtet. Der Ladurnhof am Taleingang ist mit 806 m der niedrigste, der Kurzhof mit 2004 m der höchste dauerbesiedelte Hof. Im vorderen Schnalstal liegt auf einer Verebnung das hochgetürmte Katharinaberg. Der Ort Karthaus hat infolge der Gründung eines Kartäuserklosters im Jahre 1326 eine ganz andere Entwicklung genommen als die übrigen, rein bäuerlichen Siedlungen des Tales. Von der alten Kartause Allerengelberg ist mehr erhalten geblieben, als man auf den ersten Blick vermuten möchte. Unser Frau ist ein uralter Tiroler Wallfahrtsort auf 1508 m Höhe. In der Nähe befindet sich der Weiler Vernagt mit dem gleichnamigen Stausee. Der weite Talschluß wurde leider durch eine überdimensionale touristische Erschließung schwerstens beeinträchtigt. Kurzras ist alljährlich Schauplatz des großen Schaftriebes über die seit alters bestehenden Weiden jenseits der Grenze am Alpenhauptkamm.

Wasserwaal im Bereich der Fuchshöfe (Katharinaberg, Schnals)

Der Partschinser Wasserfall, eine bekannte Sehenswürdigkeit

Oberhalb des breiten Murkegels, auf dem die Ortschaft Partschins liegt, mündet das unberührte Zieltal (Naturpark Texelgruppe) in den unteren Vinschgau. Eine hohe Steilstufe bildet den Talausgang und damit auch die Voraussetzung für den Zielbachfall, der heute allgemein als Partschinser Wasserfall bezeichnet wird. Dank der starken Wasserführung gilt der 97 m hohe Wasserfall als einer der bekanntesten und schönsten Südtirols. Da der Zielbach ein so gut wie unbesiedeltes Gebiet durchfließt, ist sein Wasser nicht verschmutzt.

Wasserfälle erweisen sich als Lebensräume von besonderer Art. Im Bereich der Spritzzone siedeln sich Algen, Flechten, Farne sowie polsterbildende Laub- und Lebermoose an. Später gesellen sich höhere Blütenpflanzen dazu. An den von dünnen Wasserfäden überrieselten Felsen leben auch kleine Wassertiere wie die Larven von Tastermücken, Zuckmücken, Waffen- und Köcherfliegen. Diese Faunenelemente sind an hohen Sauerstoffgehalt, starke Temperaturschwankungen und große Nährstoffarmut angepaßt.

Der Partschinser Wasserfall am Ausgang des Zieltales

Rechtsseitige Zuflüsse der Etsch

Die zahlreichen rechtsseitigen Bäche des unteren Vinschgaus haben aus den Hängen des Nörderberges weithin sichtbare Nischen gebrochen und am Fuße Murkegel abgelagert, von denen einige (z. B. Tarscher Kegel) zu den größten des gesamten Tales zählen. Die südlichen Seitenbäche münden nur zu einem kleinen Teil direkt in die Etsch; mitunter versickern sie auf den Kegeln oder enden in Abzugsgräben. Der einzige größere Zufluß ist die Plima, die vorwiegend vom Schmelzwasser der Gletscher aus dem Martelltal gespeist wird. Am Fuße des Tarscher Murkegels liegt Latsch, das vor allem der Etsch, der Plima, dem Marein- und Tieftalbach ausgesetzt war. Noch im Jahre 1789 verschüttete der Tieftalbach das Dorf Tarsch zur Hälfte, und es kam auch später öfters zu Vermurungen. Von den übrigen rechtsseitigen Bächen seien der Tafratzerbach bei Göflan und der geschiebereiche Melserbach genannt, der bei Plaus in den Sägebach mündet. Insgesamt ziehen die südlichen Zuflüsse der Etsch Verkehrswege und Siedlungen in viel geringerem Maße in Mitleidenschaft als die nördlichen Bäche.

Die schäumende Plima wird vorwiegend vom Schmelzwasser der Gletscher aus dem Martelltal gespeist.

Das Martelltal im Stilfser-Joch-Nationalpark

Das Martelltal reicht vom Obstbaugebiet bei Morter - Goldrain bis zu den weiten Firnfeldern des Cevedale (3769 m). Abgesehen von Verflachungen in Hochlagen sind die Hänge steil und von vielen Gräben zerschnitten, für einen nennenswerten Talboden bleibt wenig Raum übrig. Die Bäche der zahlreichen Seitentäler lassen die Plima zu einem reißenden Wildbach anschwellen, der sich eine oft schluchtartige Rinne in das trogförmige Tal gegraben hat. Immer wieder suchten Hochwasser und Lawinenabgänge das 27 km lange, geradlinig in Stufen abfallende Martelltal heim; die Gefahr scheint durch den Bau des Zufritter Stausees, durch Ufersicherungen und Sperren weitgehend gebannt zu sein. Die Plima erhält das Wasser hauptsächlich von den hohen Gletschern im Bereich des Talschlusses und mündet in 650 m Höhe in die Etsch ein. Die Höhenstufen der Vegetation reichen vom submediterranen Flaumeichen-Blumeneschen-Buschwald am äußeren Talhang bis zur Nivalzone der Gipfelfluren. Im Bereich von Stallwies erreichen Tannen- und Zirbenwälder eine extreme Höhengrenze. Martell liegt zur Gänze im Stilfser-Joch-Nationalpark.

Der Weiler Morter an der Mündung des Martelltales wird überragt vom ausgebleichten Mauerwerk der Burgruinen von Montani. Nach Berichten aus dem 12. Jahrhundert gab es in der Talsohle von Martell drei Seen, einen hinter der Ruine Obermontani, einen zweiten in der „Gand" und einen dritten im Gebiet des heutigen Zufritter Stausees. Die allerschwersten Hochwasser, die das Martelltal jemals betroffen haben, hatten in Seeausbrüchen ihre Ursache. — Über Burgaun, Bad Salt und Gand erreicht man die Kapelle Maria in der Schmelz (1556 m). Der Name bezieht sich auf die hier erfolgte Verhüttung der im Talgrund von Zufall geförderten Erze (Kupfer, Gold). Felsblöcke künden von einem gewaltigen Bergsturz. Die

Die junge Plima im Talschluß von Martell

Straße erreicht weiter talein in steilen Kehren die Staumauer des Zufrittsees (1850 m), der allerdings nur dann schön erscheint, wenn der höchste Wasserstand vorhanden ist. Hinter dem Stausee breitet sich der weite und weiß leuchtende Talschluß von Zufall aus, der vom riesigen Langenferner mit dem Cevedale, den beiden vorgelagerten Zufallspitzen und von der östlich daran anschließenden Gruppe der Cima Venezia beherrscht wird. Die Marteller Berge bilden die Ostflanke der Ortlergruppe. Sie bieten dem Skitouristen, dem Bergwanderer und Liebhaber extremer Eisklettereien alles, was man vom Hochgebirge verlangen kann; auf diesen Höhen kann sich die vom Talboden nicht vermutete Schönheit des Martelltales erst richtig entfalten. Im großartigen Talschluß fallen nicht nur die vielfältigen glazialen Formationen mit stark ausgeprägten Gletscherschliffen und Moränen auf, sondern auch über Felsstufen stürzende Wasserfälle und die klammartige Plimaschlucht. Von der Zufallhütte (2265 m) aus kann man die verschiedensten Touren und Wanderungen unternehmen. Ein uralter Übergang zwischen Martell und Sulden führt über das unvergletscherte Madritschjoch (3128 m).

Das Wasser scheint durch Erdöl verschmutzt zu sein. Es handelt sich dabei aber um Methangas und andere Substanzen, die von Bakterien freigesetzt werden (Martelltal).
Quellbach mit reicher Moosvegetation im Talgrund von Martell.

Gewaltiger Findling, der von den Gletschern weit ins Martelltal hinaustransportiert worden ist; Seite 115

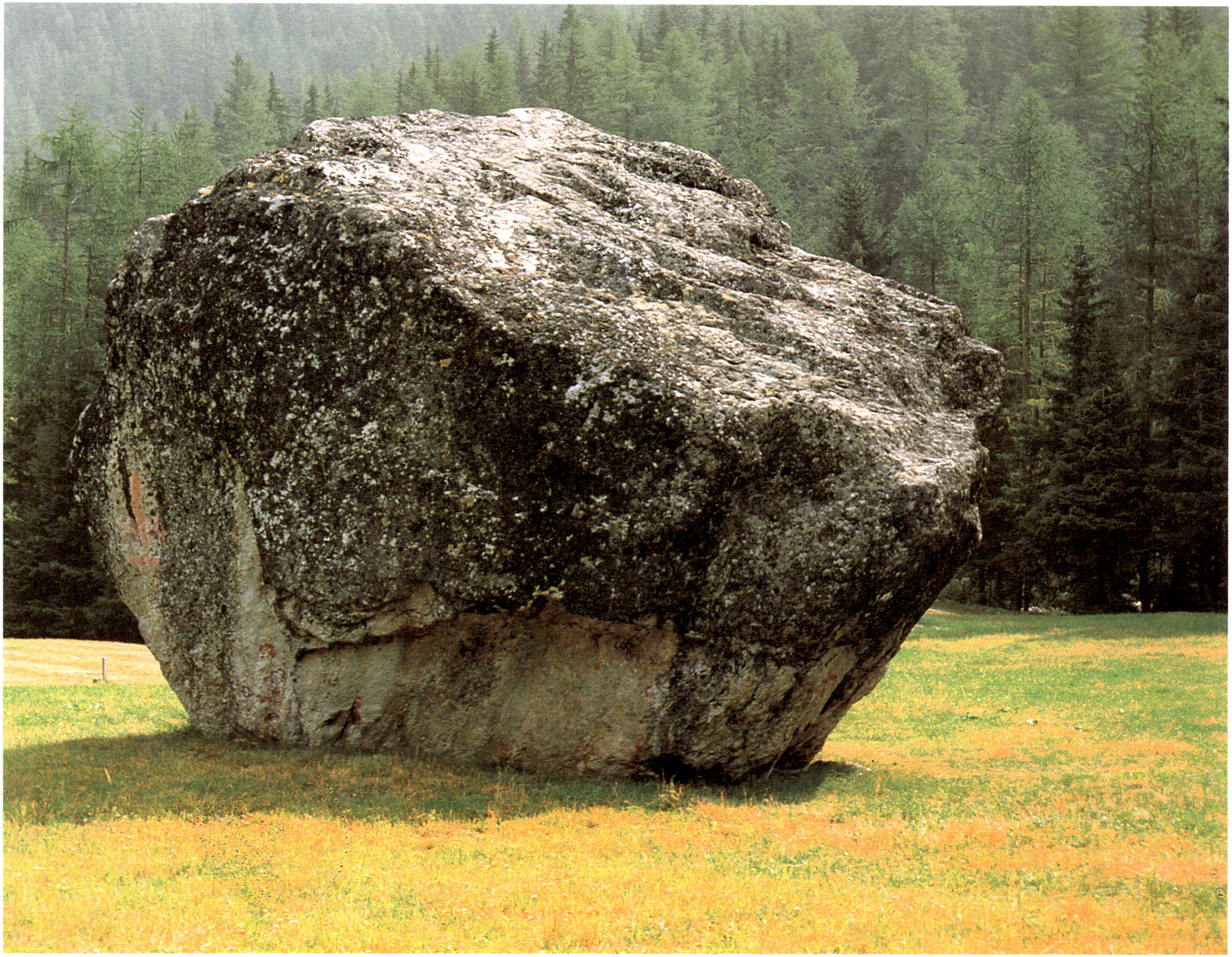

Feuchtbiotope in der Talsohle

Die Etsch ist im Laufe der Jahrhunderte wiederholt von Murkegeln aufgestaut worden. Ortsbezeichnungen wie Plaus oder Latsch weisen auf Sümpfe (palus) bzw. Seen (lacus) hin; auch verschiede Sagen berichten darüber. Letzte Reste von Mösern und Auwäldern sind auch heute noch zu erkennen. Der Grundwasserstand im Bereich der Talsohle ist allenthalben hoch. Daß beispielsweise Latsch buchstäblich auf Wasser steht, wird immer wieder bestätigt. Die zahlreichen Quellen, die unter anderem die Fischzucht beim Bahnhof mit hervorragendem Frischwasser versorgen, weisen ebenfalls auf den hohen Grundwasserstand in Latsch hin. Von unterirdischen Gewässern berichtet die Sage vom „Kalterle", einer noch heute fließenden Quelle, in der man eines Tages augenlose Fische fand. Die zahlreichen Quellen boten sicherlich eine gute Voraussetzung für die frühe Besiedlung der Umgebung von Latsch durch den Menschen. In diesem Zusammenhang sei auch auf das alte Quellheiligtum St. Medardus hingewiesen, das sich östlich von Tarsch an einem alten Paßübergang nach Ulten befindet.

Die Etsch wird immer wieder von Murkegeln an den Nörder- bzw. Sonnenberg gedrängt. So hat der Murkegel von Tarsch, der von Latsch bis Marein-Kastelbell reicht, den Etschlauf an den Sonnenberg verwiesen. Landschaftlich besonders eindrucksvoll ist die tosende Schlucht der Etsch, im Volksmund allgemein nur Latschander genannt, über der sich der Burgfelsen von Kastelbell erhebt. Das Wasser hat im Laufe von Jahrtausenden die Flanke des Sonnenberges untergraben. Immer noch wissen ältere Leute von Sagen und besonderen Vorkommnissen in der Latschander zu berichten.

Die Südtiroler Landesregierung hat folgende Reste der Auenvegetation als Biotope unter Schutz gestellt: „Auenvegetation Kleine Etsch" und „Auenvegetation Tscharser Au" in der Gemeinde Kastelbell/Tschars, „Auenvegetation im alten Etschbett" in der Gemeinde Plaus sowie „Auenvegetation Kleine Etsch" und „Auenvegetation in der Wangerau" in der Gemeinde Naturns. Als Biotope ausgewiesen wurden auch einige Quellbäche und Gräben, in denen der allgemein stark gefährdete Flußkrebs (Astacus fluvia-

Frisch geschlüpfte Libelle (Odonata)

tilis) vorkommt, so der „Galsauner Krebsbach" in der Gemeinde Kastelbell/Tschars und der „Flußkrebs-Biotop Gießbach bei Kochenmoos" in der Gemeinde Naturns. Auf der orographisch linken Talseite zwischen Tschars und Galsaun ist ein Graben, in dem Krebse vorkommen. Dieser 200 bis 300 m lange Bachabschnitt weist ein geringes Gefälle auf, ist seicht und mit Schilf, Bachkresse sowie Wasserlinse bewachsen. Schnecken und Pfrillen gedeihen gut. Der von Krebsen belebte Standort liegt zwischen der Quelle am Fuße des Sonnenberges und der Staatsstraße. Früher war der Galsauner Bach auch unterhalb der Staatsstraße von Krebsen besiedelt, doch wurde dieser Lebensraum durch Spritzmittel, Kunstdünger und Ausräumung vernichtet. — Das Kochenmoos wird vorwiegend von Quellen gespeist, die längs des gesamten Berghanges entspringen; es steht auch mit dem Überwasserkanal des Schnalser Waalbaches in Verbindung. Hier fließt an der linken Talseite der Gießbach, der zum Teil mit einer steilen Mauer aus Natursteinen versehen ist. Etwas oberhalb des vermauerten Stückes liegt ein kleiner Schilfgürtel mit schlammigem Grund. Der Bach unterquert beim Kochenmoos die Staatsstraße und mündet weiter unten in den Mühlbach ein. Obwohl der Gießbach als Biotop ausgewiesen ist, ist die darin lebende Krebspopulation sehr gefährdet.

Leute erinnern sich an einige weitere Standorte, wo bis vor kurzem Krebse vorkamen. So gibt es z. B. in Tschengls einen Krebsgraben, in dem noch vor einigen Jahren die letzten Exemplare beobachtet wurden. Seit die Kanalisation des Dorfes in den Graben geleitet wurde, schwand der Bestand dahin. Auch an der rechten Talseite gegenüber Tschars, im sogenannten Sackbach, kamen Krebse vor, bis die Quelle von der Stadtgemeinde Meran gefaßt und der Lebensraum durch Erdbewegungen zerstört wurde. In der Nähe des Gasthofes Sand fließt das „Staudenbachl" in den Sackbach; dort soll der Krebsbestand noch nicht ganz erloschen sein. Der Flußkrebs steht zwar seit 1972 unter dem strengen Schutz des Faunagesetzes; dies reicht aber nicht aus, wenn nicht gleichzeitig sein Lebensraum erhalten bleibt.

Kulturdenkmäler

Der untere Vinschgau zeichnet sich durch eine Fülle kulturgeschichtlich bedeutender Siedlungen mit Kapellen, Kirchen, Edelsitzen und Burgen auf den Höhen aus. Am Fuße einer hohen Felsenrippe ober Kortsch liegt das St.-Ägidi-Kirchlein, ein malerisches Wahrzeichen dieser Gegend. Schlanders ist reich an alten Kirchen (z. B. Pfarrkirche, Spitalkirche), Bauernhöfen und Edelsitzen (z. B. Plawenn, Schlandersberg, Schlandersburg). Da ist Vezzan und Goldrain, ein uralter Siedelboden in klimatisch günstiger Lage. Das Schloß Goldrain, einst im Besitz der Grafen Hendl, wird von einer Ringmauer mit viel Eckbastionen umgeben. Der unscheinbare Weiler Morter an der Talmündung von Martell bewahrt hervorragende Zeugnisse von der Romanik der Vigiliuskirche über die Gotik von St. Stephan bis zu Kunstwerken unserer Tage. Markant und vorgeschichtlich bedeutsam sind die Schloßkuppen von Unter- und Obermontani. Ein reiches kunsthistorisches Erbe hat die Ortschaft Latsch übernommen. Die vielen Ansitze, Kirchen und Türme (z. B. Spitalkirche zum Heiligen Geist, Burg Latsch, Ansitz Mühlrain) verleihen ihr einen herrschaftlichen und städtischen Charakter. — Von Latsch aus erreicht man mit der Seilbahn das uralte Höhlenheiligtum St. Martin im Kofel. Es ist dies ein hervorragender Ausgangspunkt für Wanderungen am Sonnenberg, und zwar sowohl in Richtung Schlanders als auch Trumsberg-Tschars. Auf einem mächtigen Felskopf an der rechten Flanke des ausgehenden Schnalstales erhebt sich Schloß Juval, die ehemalige Grenzfeste zwischen der Grafschaft Vinschgau und dem Burggrafenamt. Der Weiler Staben ist eine zu Juval gehörende Straßenklause. — Ein beliebtes Landschaftsmotiv längs der Staatsstraße stellt der malerische Burgfelsen von Kastelbell dar. Zu den bedeutendsten Kulturdenkmälern des Vinschgaus gehört das Kirchlein St. Prokulus bei Naturns. Es liegt etwas abseits vom Dorf, auf freiem Feld, am Weg durch den unteren Vinschgau. Man ist fasziniert von den rätselhaften Wandgemälden, die aus vorkarolingischer Zeit stammen. Auf der anderen Talseite erblickt man die wohlbehaltene Burg Dornsberg. Die Enge der Töll bildet die untere geographische Grenze des Vinschgaus. Von hier aus fließt die Etsch, nachdem sie für die letzte Stufe gestaut wird, über ein Gefälle von rund zweihundert Metern in den Talkessel von Meran hinab.

St. Prokulus bei Naturns mit den berühmten Fresken aus vorkarolingischer Zeit.

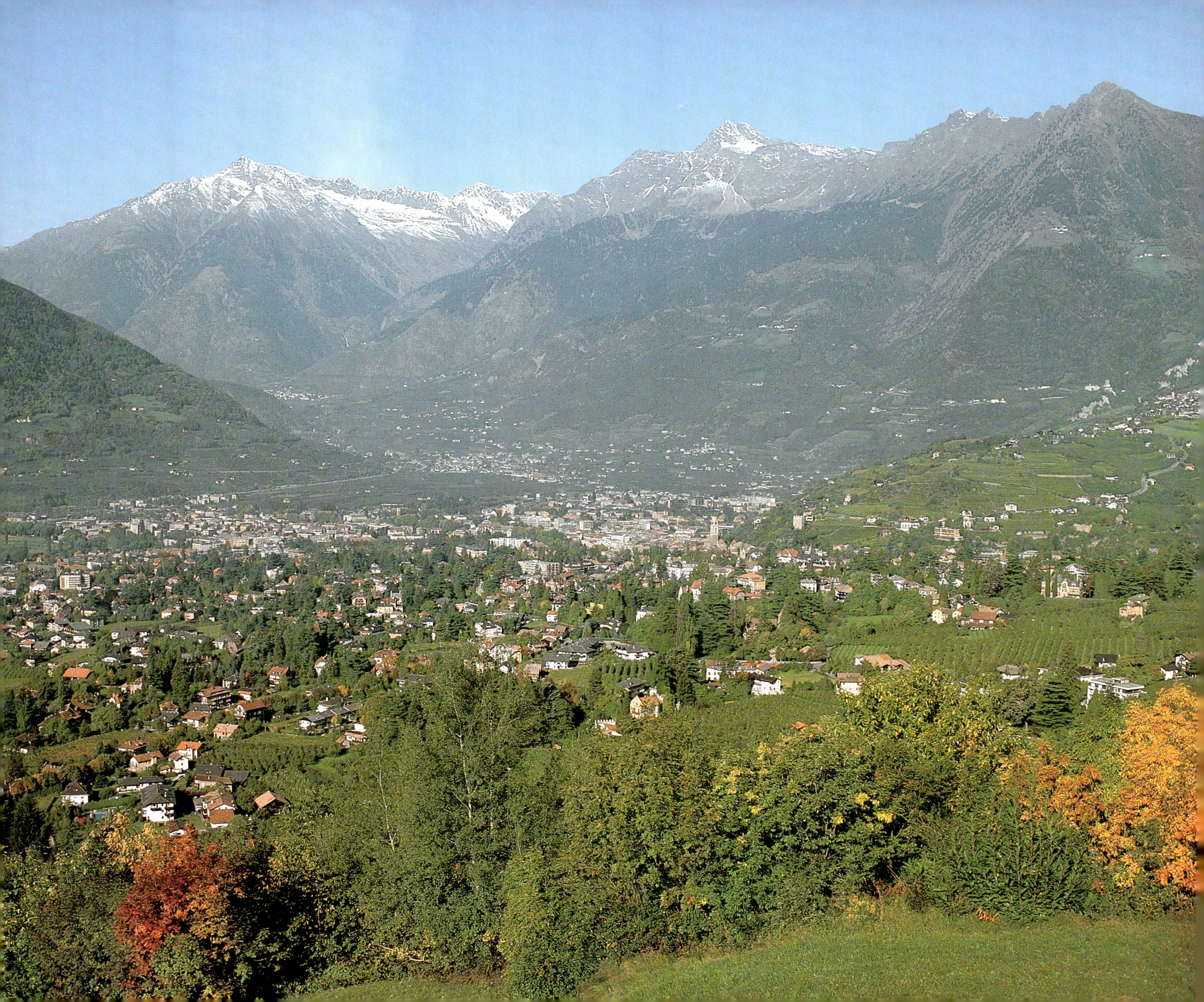

Das Meraner Becken

Der Schuttkegel der Töll bedingt eine Gefällestufe, die den Vinschgau vom Meraner Becken trennt. Die Etsch tieft hier ihr Bett in den Felsuntergrund ein. Am Fuße der Stufe schuf sie, unter Anschnitt des Töller Kegels, ein Anschwemmungsgebiet. Dieser Raum war wiederholt Schauplatz verheerender Hochwasser, an denen sich nicht nur die Etsch, sondern auch der materialreiche Zielbach beteiligte. — Verschiedene Verbauungs- und Regulierungsmaßnahmen haben der Etsch das heutige Bett gewiesen. Schmal und in unübersichtlichen Windungen durchschneidet die Staatsstraße von der Töll abwärts den felsigen und steilen rechtsseitigen Uferhang der Etsch nach Forst (Gemeinde Marling) hinunter. Neben dem großen Komplex der Brauerei Forst steht auf einem niedrigen und runden Hügel das Schloß Vorst, das man wahrscheinlich als Wehrbefestigung einer Etschbrücke errichtet hat. An der Töll bestand nämlich seit dem 13. Jahrhundert eine der wichtigsten Zollstätten des Landes. Am steilen Berghang über Forst liegt das von alters her bekannte kleine Bad Josefsberg, heute ein Sanatorium. Bereits seit 1333 wird der von der Töll abzweigende Algunder bzw. Plarser Etschwaal nachgewiesen.

Das tiefliegende Etschtalbecken von Meran und Umgebung ist ein ausgedehntes Obst- und Weinbaugebiet. Die Texelgruppe schützt das Burggrafenamt vor den kalten Winden des Nordens; das nach Süden offene Etschtal läßt warme Luft bis in die letzten Bergwinkel zuströmen. Allenthalben breiten sich dichte Obstkulturen und Rebgärten aus. In den Parkanlagen und Promenaden von Meran gedeihen Pflanzen aus aller Herren Länder, darunter auch Arten des Mittelmeerraumes. Das Meraner Becken wird durch die ringsum gelagerten Mittelgebirgsstufen (z. B. Hafling, Tisens-Prissian) und die bis in die Gletscherregion vordringenden Hochalpentäler (Passeier, Ulten) ergänzt, weshalb es Siedlungen verschiedenster Art aufweist. Die Texelgruppe (Naturpark, 33.000 Hektar), deren Juwel die vielen Bergseen (z. B. Spronser Seen), Bäche und Wasserfälle sind, bildet sozusagen das alpine Hinterland von Meran. Meran und dessen Umgebung (z. B. Dorf Tirol, Schenna) zählt zu den bedeutendsten Fremdenverkehrsorten Südtirols. Das Burggrafenamt als einen eigenen Siedlungsraum zu bezeichnen, ist sowohl geographisch als auch historisch bedingt. Es handelt sich dabei um den alten Amtsbereich der Burggrafen von Tirol. Meran war lange Zeit die Hauptstadt des Landes Tirol.

Die Stadt Meran auf dem Schuttkegel der Passer

Die Stadt Meran (323 m) liegt auf dem großen Schuttkegel der Passer, die das gleichnamige Tal entwässert. Zu Beginn des 14. Jahrhunderts erhielt Meran seine Befestigungen, und ab 1418 war Meran Landeshauptstadt, bis Hofhaltung und Regierung nach Innsbruck verlegt wurden. Meran nimmt den schmalen Raum zwischen der Passer und dem etwa 200 m höheren Küchelberg ein. Die Stadt ist durchzogen von der langen Laubengasse, bewacht vom Vinschgauer, Passeirer und Bozner Tor sowie vom uralten Schloß Zenoberg hoch über der Passerschlucht (= Gilfklamm). Durch enge Felsen bricht die Passer sozusagen aus dem Berg hervor. Die Gilfpromenade führt den steilen Hang zwischen der Passerschlucht und dem Felsen von Zenoberg in Windungen hinauf. Sie gleicht einer von herrlichem Pflanzenbewuchs geschmückten Freitreppe, die zum berühmten Tappeinerweg geleitet. — Zu den beliebtesten Landschaftsmotiven um Meran gehört der Blick vom Tappeinerweg mit dem viereckigen Pulverturm und dem eigenartigen Turmhelm der gotischen Nikolaus-Pfarrkirche gegen die Texelgruppe. Neben der Pfarrkirche und dem Pfarrplatz bietet die Landesfürstliche Burg einen der schönsten romantischen Anblicke in der Stadt. Dazu kommen die Parkanlagen und Promenaden an den Ufern der Passer, so die Kurpromenade mit dem Kurhaus. Im Bäderzentrum werden die radioaktiven Quellen des Meraner Gebietes genutzt. Mehrere Brücken führen über die Passer. Besonders bekannt ist der im Jahre 1620 erbaute „Steinerne Steg", der die prächtigen Anlagen an den Ufern der Passer im engsten Kurbezirk von Meran verbindet.

Von Meran führt die große Passerbrücke nach Obermais, das auf dem großflächigen Schuttkegel der Passer liegt. Es war von Anbeginn an der Gartenteil der Kurstadt. Hier breiten sich seit alters die Höfe und großen Weingüter des Adels aus. Der Brunnenplatz bildet den Mittelpunkt von Obermais, das bis zum Naifbach reicht. Zu den bekanntesten Ansitzen und Schlössern zählen Reichenbach, Rundegg, Rottenstein, Rosenstein, Schloß Winkel, Schloß Knillenberg, Schloß Rubein und Schloß Trautmannsdorff; höher oben liegen Schloß Rametz, Schloß Labers und Schloß Gojen. Den höchsten Standort aller Burgen des Meraner Talkessels nimmt die Fragsburg ein. Am gleichen Hang wie die Fragsburg, jedoch bedeutend tiefer und knapp oberhalb von Sinich, steht Schloß Katzenstein. Von überall her gesehen, hebt sich Obermais mit seinen in Parkanlagen angelegten Villen, Hotels, Edelsitzen und Schlössern aus dem Landschaftsbild des Talkessels von Meran ab.

Links der Passer dehnt sich auch der Ortsteil Untermais aus und verflacht sich in der Niederung bis an das Etschufer. Westlich des großen Pferderennplatzes führt eine Brücke über die Etsch in das Gebiet von Marling und Lana.

Bachgräben und Erdpyramiden

Der alte Ortskern von Algund erhebt sich am Kegel des ostwärts anschließenden Grabbaches. Weitere Gräben begrenzen den Rücken von Schloß Tirol: der Burggraben, der Petersgraben und der Gratscher Graben (= Kestengraben). Daß die Materialbewegung des letztgenannten Grabens im Laufe der Zeit recht beträchtlich war, beweisen die historischen Berichte über Abbrüche von Teilen von Schloß Tirol und über die Zerstörung des Zugangsweges. Seit 1682 sichert ein Tunnel den Zugang zum Schloß Tirol. Der oberste Abschnitt des Gratscher Grabens ist von Erdpyramiden geschmückt.

Dem Tappeinerweg folgend, dessen Borde von südlicher Vegetation gesäumt sind, und der sich, immer neue Blicke auf das Burggrafenamt gewährend, am rebenbestandenen Küchlberg emporwindet, gelangt man auf die Höhe mit dem Dorf Tirol. Noch höher oben trägt ein Rücken aus Moränenschutt das Schloß, das dem Land Tirol seinen Namen gegeben hat; es gilt allgemein als Wahrzeichen des Burggrafenamtes. Der Blick durch das Rundbogenfenster des Palas über das Etschtal gehört zu den berühmtesten Bildern Südtirols. — Nur eineinhalb Jahrhunderte dauerte die wirkliche Blütezeit des Stammschlosses Tirol. Den Hang unter Schloß und Dorf Tirol beherrscht die Brunnenburg. Um das Schloß Tirol herum gibt es viele Wanderwege, die einerseits steil hinaufführen nach Vellau oder in den Bereich unterhalb der Burg, wo man durch Weinberge in Richtung Algund (Waalweg), Plars und Gratsch spaziert. Ober Gratsch liegt in einer Hangmulde das Kirchlein St. Peter aus vorkarolingischer Zeit. In Fortsetzung des Tappeinerweges erreicht man das wegen seiner ausgezeichnet schönen Lage bekannte Schloß Thurnstein. Hoch an den Hängen der Mutspitze, 1000 m über dem fruchtbaren Talkessel von Meran, kleben die Muthöfe.

Die heutige Kurstadt Meran war lange Zeit die Hauptstadt des Landes Tirol

An den Berghängen des Ifinger

Der 2581 m hohe Ifinger ist der Hausberg von Meran. In seiner Umgebung liegt das Skigebiet „Meran 2000", das man mit der Naif-Seilbahn erreicht. Tief unten, an den Berghängen des Ifinger, liegt in hervorragend schöner Aussichtslage die Ortschaft Schenna (640 m). Das Gemeindegebiet von Schenna zieht sich bis zur mineralreichen Masulschlucht hinein; im oberen Teil ist es von steilen Bergwäldern bedeckt. Das früher unbedeutende Dörfchen, das in der Geschichte nur durch die Herren von Schenna eine Rolle gespielt hat, ist in der letzten Zeit als Ferienort sehr beliebt geworden. Von all den Schlössern bzw. Burgen rund um Meran ist Schloß Schenna neben Schloß Tirol und Zenoberg am bedeutendsten. Es steht auf einem Hügel, rings vom Dorf Schenna umschlossen und vom halben Rund des Meraner Talkessels aus sichtbar. Unter dem Burghügel liegen die zwei Pfarrkirchen und daneben das Mausoleum für Erzherzog Johann von Österreich.

Von Obermais erreicht man auf bequemer Straße Hafling bei St. Kathrein in der Scharte auf 1246 m. Hafling bildet den nördlichen Teil der Hochebene des Tschögglberges, der sich als welliges Plateau zwischen dem Sarntal bei Bozen und dem Naiftal bei Meran ausdehnt. Lärchen- und Fichtenwälder, Weideflächen und Äcker, Hügel und Bauernhöfe gliedern dieses landschaftlich außerordentlich reizvolle Gebiet. Der Name des Dorfes ist auch durch die bekannte Pferderasse der Haflinger bekannt geworden.

Der berühmte Tappeinerweg (Promenade) über Meran mit den verschneiten Bergen der Texelgruppe im Hintergrund

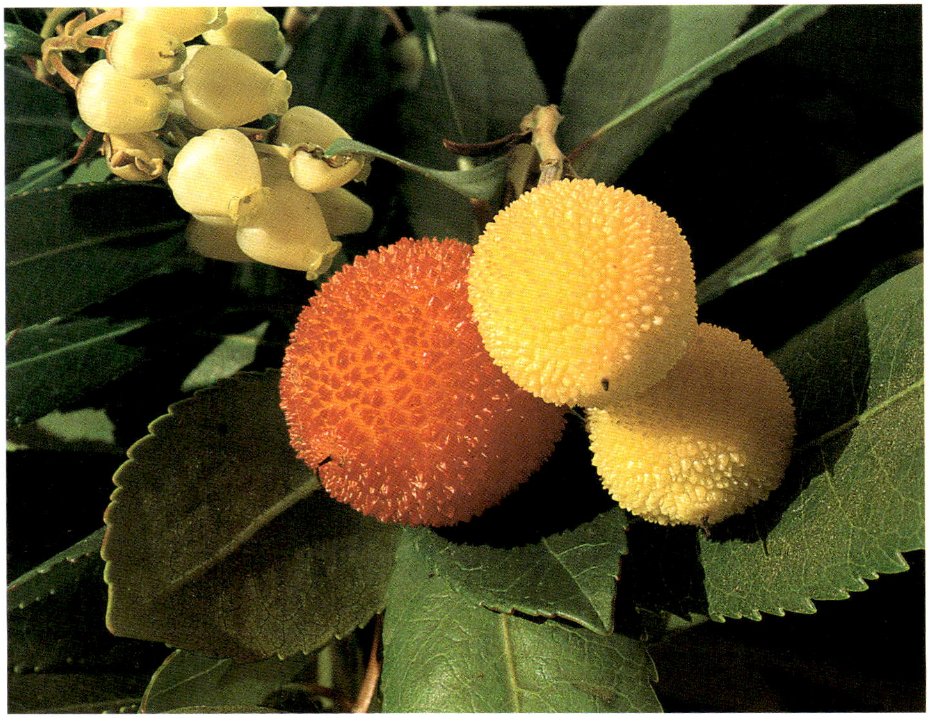
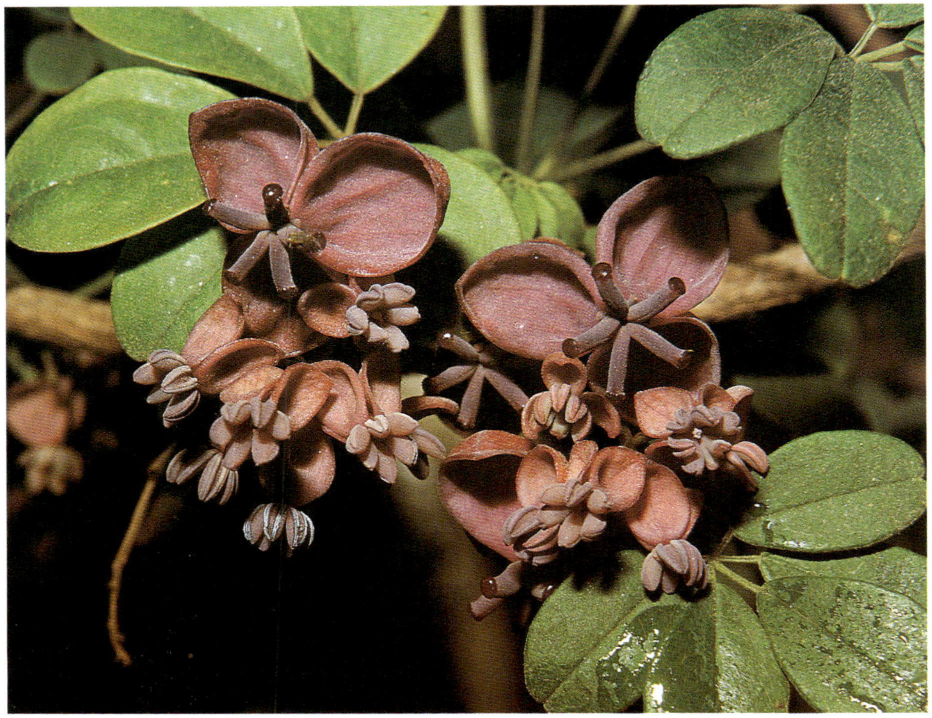
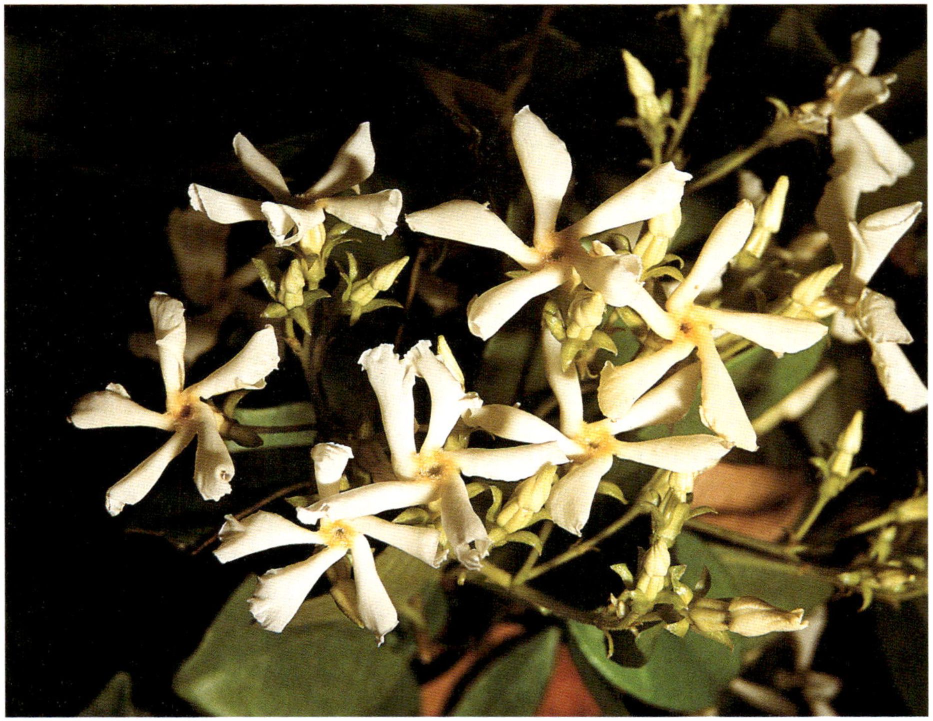
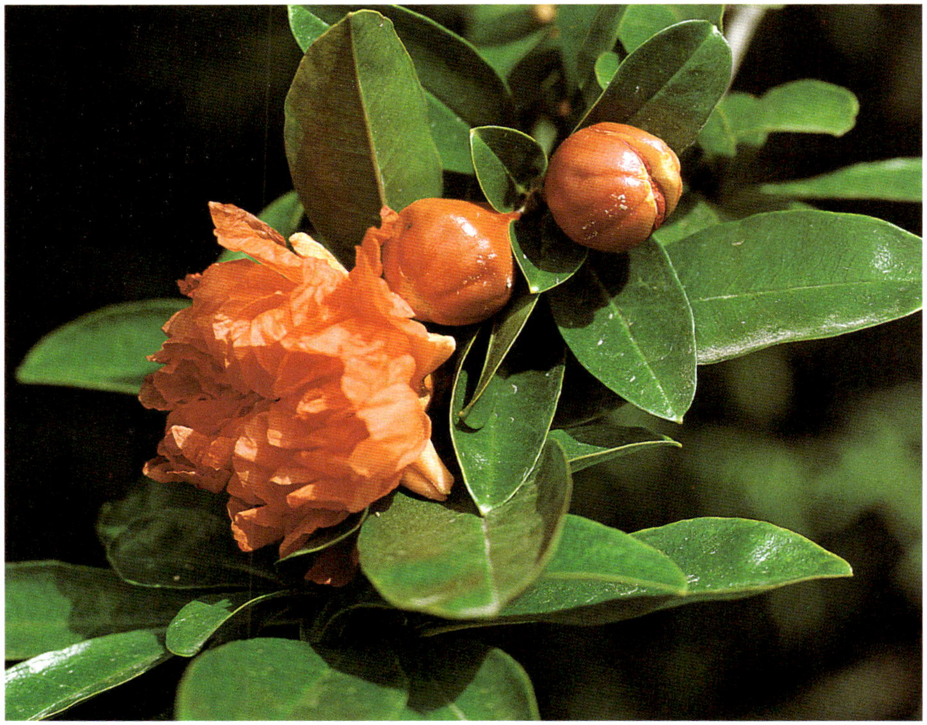

1	3
2	4

Exotische Pflanzen im Gebiet der Gilfpromenade bei Meran:
1 Erdbeerbaum (Arbutus unedo)
2 Sternjasmin (Trachelospermum jasminoides)
3 Akebie (Akebia quinata)
4 Granatapfelbaum (Punica granatum)

Durch die Felsen der Gilfenklamm bricht die Passer aus dem gleichnamigen Tal nach Meran durch.

Die Passer, der Schicksalsfluß von Meran

Die Passer mündet nicht nur im Herzen des Meraner Talkessels; sie teilt Meran und Obermais. An den Ufern der schluchtartigen Mündung liegen die wichtigsten Siedlungen, Burgen und Schlösser. Die Passer bespült an ihren Schutzdämmen die Häuser von Meran und Mais. Ihre Flutgänge richteten immer wieder gewaltige Schäden an. Besonders der durch Absturz gewaltiger Felsmassen entstandene „Kummersee" im hinteren Passeiertal bildete eine ständige Bedrohung des Meraner Beckens. Neben Hochwassern, Bachstauungen und Murbrüchen sind in Passeier auch Lawinenabgänge eine weitverbreitete Erscheinung. Angesichts dieser Verhältnisse stellte die Verbauung der Passer seit alters eine Notwendigkeit zur Sicherung des Passeiertales und zum Schutze von Meran dar.

Die Passer entspringt im hinteren Passeier, das dem Burggrafenamt besonders verbunden ist. Eine Straße führt von St. Leonhard in Passeier über den Jaufenpaß (2094 m) nach Sterzing und weiter zum Brenner. Durch das Hinterpasseier erreicht man über das Timmelsjoch (2491 m) das Ötztal in Nordtirol. Das Passeiertal gliedert sich in das äußere Passeier, das bis zum talschlußartigen Knick von St. Leonhard an der Einmündung des Waltentales reicht, und in das Hinterpasseier, das sich mit einigen Seitentälern fächerartig in die Ötztaler und Stubaier Alpen verliert. Diese beiden Talhälften unterscheiden sich sowohl klimatisch als auch landschaftlich außerordentlich stark. Der schöne Wallfahrtsort Riffian bildet die Grenze des ertragreichen Wein- und Obstbaues. Weiter talein folgt der Weiler Saltaus mit dem gleichnamigen Schildhof, der schon um 1230 erstmals erwähnt wird. Die Inhaber der Schildhöfe im

Der „Langwies-Stieber" unweit von St. Leonhard in Passeier, einer der zahlreichen Wasserfälle im Einzugsgebiet der Passer

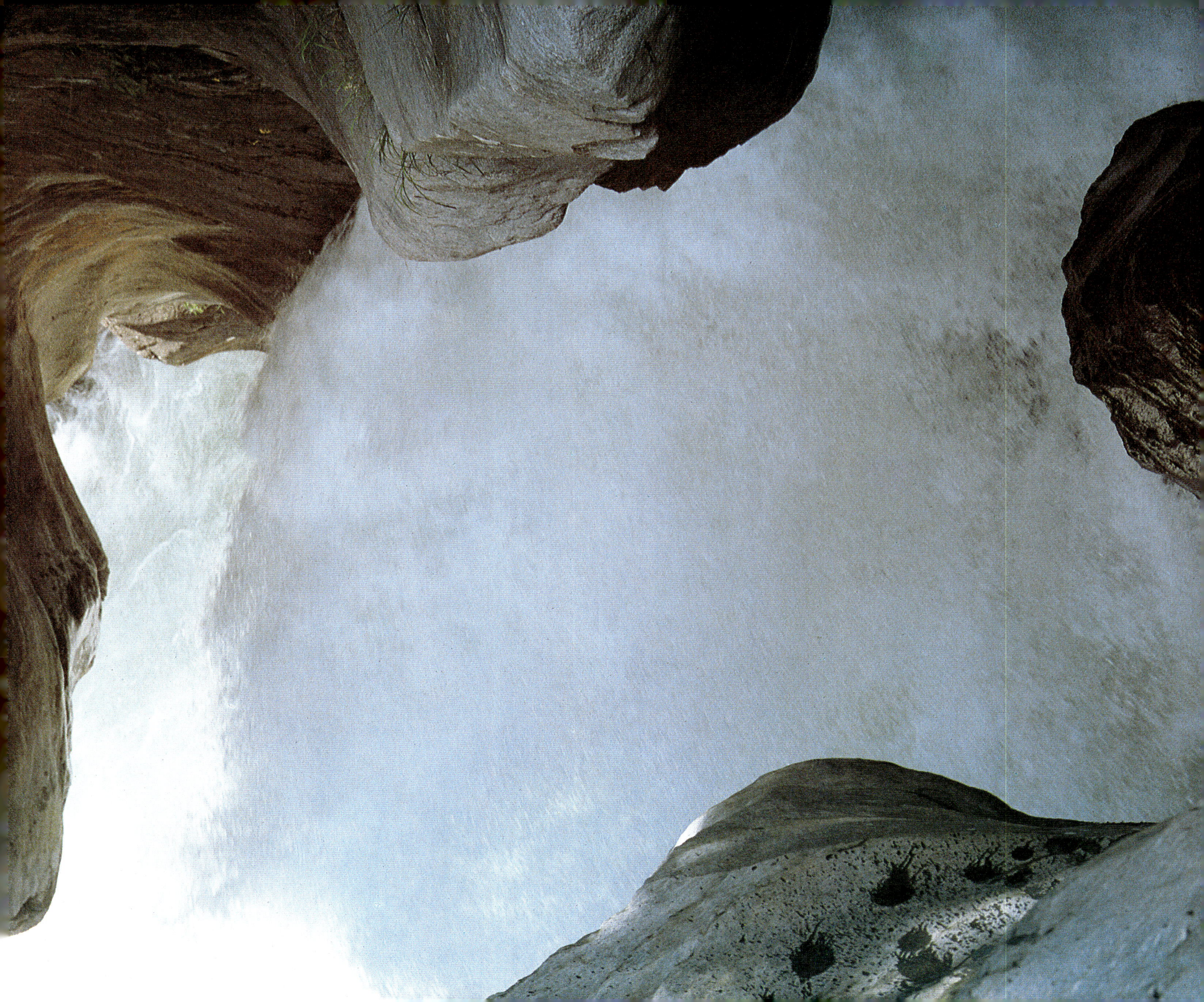

Passeiertal waren den Grafen von Tirol zum Dienst mit Pferd, Schild und Speer verhalten; im Umkreis des Ortes St. Martin befinden sich acht stattliche Schildhöfe. Knapp vor St. Leonhard liegt das Sandwirtshaus, die Geburtsstätte und Heimat des Tiroler Freiheitskämpfers von 1809 Andreas Hofer.

St. Leonhard (693 m) ist der Hauptort des Passeiertales. Er breitet sich im geräumigen Talbecken am Zusammenfluß der Passer mit dem Waltner Bach, der vom Jaufenpaß herunterkommt, aus. Über der schmucken Ortschaft liegt auf einem steilen Waldhügel die Jaufenburg, ein ehemaliges Jagdschloß. Im Gemeindegebiet von St. Leonhard gibt es auch einige Schildhöfe. Das zum Timmelsjoch geleitende Hinterpasseier weist ausgesprochen Hochgebirgscharakter auf. Die schmale Straße führt, zum Teil in Felsen gesprengt und knapp ober dem Bett der Passer, taleinwärts. Über die steilen Felshänge strömen Wasserfälle herab. Moos (1007 m), der Hauptort von Hinterpasseier, liegt an der Mündung des Pfelderer Tales, von dem aus man in den Naturpark Texelgruppe (Spronser Seenplatte, Eisjöchl-Pfossental) gelangt. Hoch oben erblickt man die Siedlungen Stuls und Ulfaß; dazu kommen die Weiler Rabenstein, Schönau und Platt. Eine besondere Sehenswürdigkeit von Hinterpasseier ist die Bergwerksiedlung St. Martin am Schneeberg (2355 m), die jahrhundertelang zur Förderung von Zinkblende und silberhaltigem Bleiglanz betrieben wurde. Man hat das verhüttete Erz in das Ridnauntal und weiter nach Sterzing (Eisacktal) gesäumt. Die Hochalpenstraße über das Timmelsjoch ist nur im Sommer für den Autoverkehr geöffnet. Sie gilt nach dem Stilfser Joch und dem Großglockner als die dritthöchste Straße im Raume der Ostalpen.

Alte Anlagen der Bergwerkssiedlung St. Martin am Schneeberg (2355 m). Hier wurde jahrhundertelang silberhaltiger Bleiglanz und Zinkblende zutage gefördert.

Das Etschtal zwischen Meran und Bozen

Zwischen der Passermündung bei Meran und der Eisackmündung bei Bozen zieht sich das breite Etschtal mit Tausenden von Obstbäumen dahin. An den sonnigen, von Moränen überzogenen Hang- und Hügellagen gedeihen Reben von hoher Qualität. Die steil abfallenden, vorwiegend mit Flaumeichen-Buschwald bestandenen Porphyrhänge des Tschöggelberges bilden die orographisch linke Talflanke. Auf dem Hochplateau selbst, das sich durch besonders schöne Lärchenwiesen und idyllische Kleingewässer (z. B. Tschaufer Weiher) auszeichnet, liegen die Ortschaften Hafling, Vöran, Mölten und Jenesien. Wegen mehrerer bequemer und rascher Seilbahnverbindungen mit dem Etschtal (z. B. Burgstall—Vöran, Vilpian bis Mölten) sind diese Orte beliebte Ausgangspunkte für Wanderungen und Touren geworden. Auf der orographisch rechten Seite des Etschtales bildet der Porphyr eine Mittelgebirgsstufe, auf der die alten Siedlungen Völlan, Tisens und Prissian liegen. Über dem Porphyrsockel, der den flachen Talboden der Etsch flankiert, erhebt sich der aus Dolomit aufgebaute Mendelzug. An diesen stärker ozeanisch beeinflußten Gebirgshängen reicht ein Ausläufer des südlichen randalpinen Tannen-, Buchenwaldgürtels bis zum Gampenjoch (1518 Meter), das von Lana hinüberführt zu den deutschen Gemeinden am Nonsberg. Vom Tisenser Mittelgebirge geleiten Höhenwege über Grissian, Gaid und Perdonig auf die Überetscher Talstufe. Liebliche Weiler, alte Bauernhöfe und wertvolle Kapellen (z. B. St. Jakob bei Grissian, St. Apollonia bei Sirmian) reihen sich hier, hoch über dem Etschtal, wie Meilensteine einer langen Geschichte aneinander.

Der Verlauf der Etsch und die Ausgestaltung der Talsohle standen einst unter dem Einfluß der Stauwirkung des Eisacks sowie der Geschiebezufuhr von Passer und Falschauer. Seit der zweiten Hälfte des 18. Jahrhunderts wurden an der Etsch Uferbauten errichtet. Nach der Durchführung umfassender Regulierungen fließt heute die Etsch fast geradlinig in der Mitte des Tales. Von den ehemaligen Sumpfgebieten und Auen sind nur mehr verschwindend kleine Reste übriggeblieben (z. B. Auwald Burgstall, Fuchsmoos bei Unterrain). Von den linksseitigen Bächen seien der Sinich-, Klausen-, Margarethen- und Mauriziusbach genannt. Die rechten Gehänge durchziehen im Bereich von Marling und Lana zahlreiche Murgräben (z. B. Rafeingraben). Zu den rechtsseitigen Zuflüssen der Etsch zählen vor allem die Falschauer aus dem Ultental, der Platzer- und Brandisbach, der Prissianer Bach, der Gaider und Weißenbach.

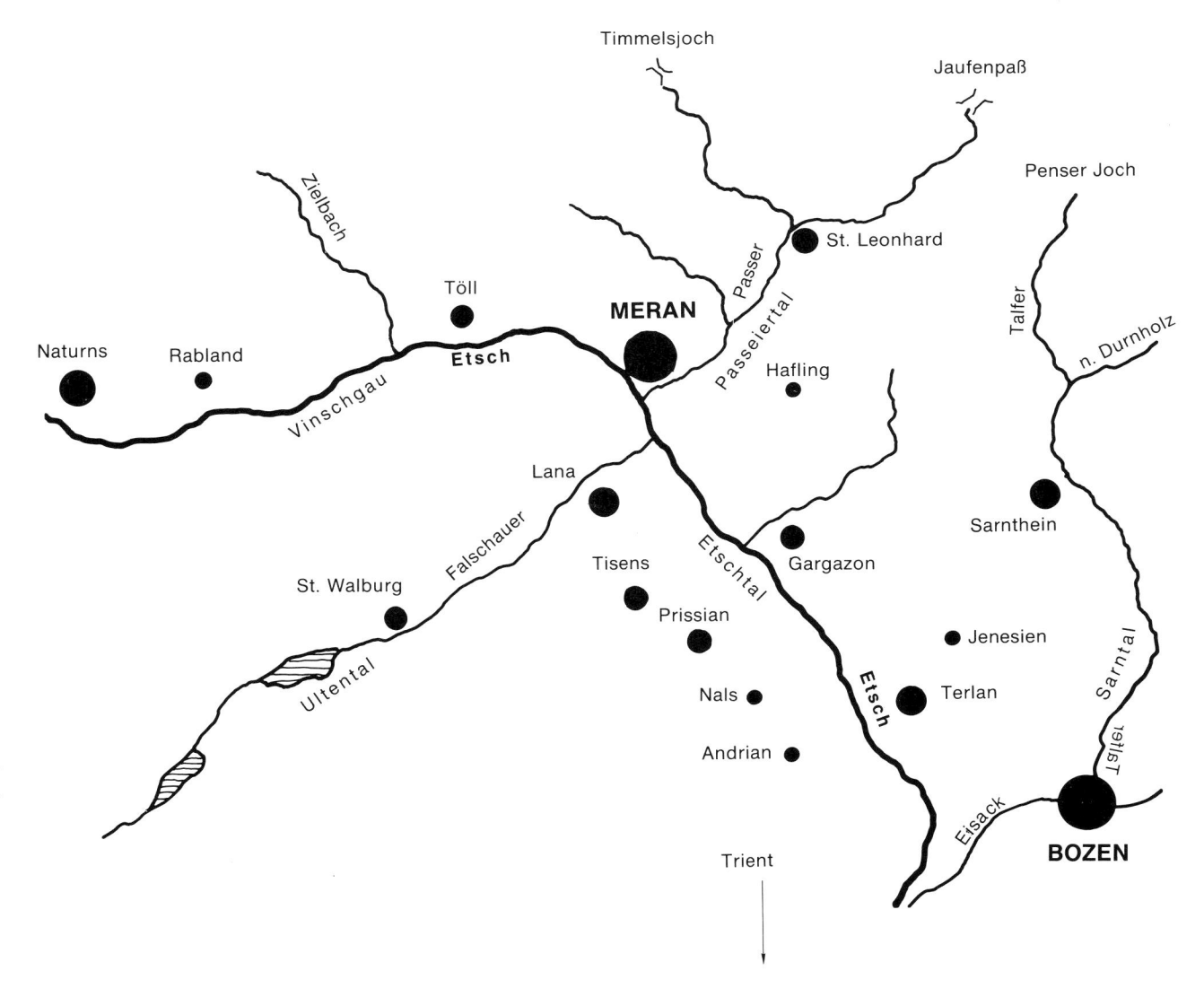

sind auch Hartriegel (Cornus sanguinea), Schneeball (Viburnum opulus) und Faulbaum (Frangula alnus) gut vertreten. Die kräftigen Exemplare der Wasserschwertlilie (Iris pseudacorus) entfalten im Mai und Juni auf ihren meterhohen Langtrieben herrliche gelbe Blüten. In der Baumschicht herrscht die Schwarzerle (Alnus glutinosa) vor; die Grauerle und Weißpappel sieht man nur vereinzelt.

Das dichte Unterholz des Auwaldes bietet vor allem den Vögeln mannigfaltige Nistgelegenheiten und Schutz. Hier brüten Nachtigall, Mönchs- und Dorngrasmücke, Wiedehopf, Kuckuck, Teich- und Drosselrohrsänger, Rohrammer, Wendehals, Neuntöter, Grauschnäpper, Gartenrotschwanz, Singdrossel, Zilpzalp und Fitis. Auf den Pappeln haben Hunderte von Staren ihren Schlafplatz. An den Wassergräben fliegt ganz vereinzelt der Eisvogel. Zu den Wintergästen zählen Wasseramsel, Heckenbraunelle, Bergfink, Wacholderdrossel, Wintergoldhähnchen, Seidenschwanz, Meisen und Zeisige. Das ganze Jahr über halten sich Fasan, Teichhuhn, Wasserralle, Kleiber, Kernbeißer, Rotkehlchen, Zaunkönig, Bachstelze, verschiedene Spechte und Meisen auf. Zur Zugzeit kann man Enten, Reiher, Haubentaucher, Sumpfhühner, Möwen, Schnepfen, Wasserläufer, verschiedene Greif- und Singvögel beobachten. Aber auch andere Tiere wie Reh, Igel, Fuchs, Dachs und Wiesel finden im Dickicht des Auwaldes Unterschlupf. Unter den Wirbellosen sei lediglich auf die Libellen und Tagfalter hingewiesen. Wer sich für die Tierwelt dieses Biotops und Südtirols im allgemeinen besonders interessiert, dem sei die Besichtigung des Fauna-Museums in Burgstall besonders empfohlen.

Die Schwarzerlen-Au bei Burgstall

Inmitten ausgedehnter Obstkulturen hat sich am linksseitigen Etschufer, zwischen Burgstall und Gargazon, eine kleine Schwarzerlen-Au erhalten, die seit 1976 als Biotop unter Schutz gestellt worden ist. Die Üppigkeit der Vegetation zeigt sich vor allem auf den Lichtungen, auf denen Zaunwinde (Calystegia sepium), Waldrebe (Clematis vitalba) und Gemeiner Hopfen (Humulus lupulus) ein geradezu undurchdringliches Dickicht bilden. Dazu gesellen sich Schilf, Beerentraubenkropf (Cucubalus baccifer), Sumpfhelmkraut (Scutellaria galericulata) und Gemeiner Wasserdarm (Myosoton aquaticum). Die stickstoffliebenden Arten wie Schwarzer Holunder, Brennessel, Gemeiner Beinwell und Beifuß, Kratzbeere (Rubus caesius) und Klebkraut (Galium aparine) weisen auf die Ursprünglichkeit des Auwaldes hin. In der üppigen Strauchschicht

Wassergraben in der Burgstaller Schwarzerlen-Au (Burggrafenamt)

Die Wasser-Schwertlilie (Iris pseudacorus) mit ihren prächtigen, gelb leuchtenden Blüten (Burgstaller Au)

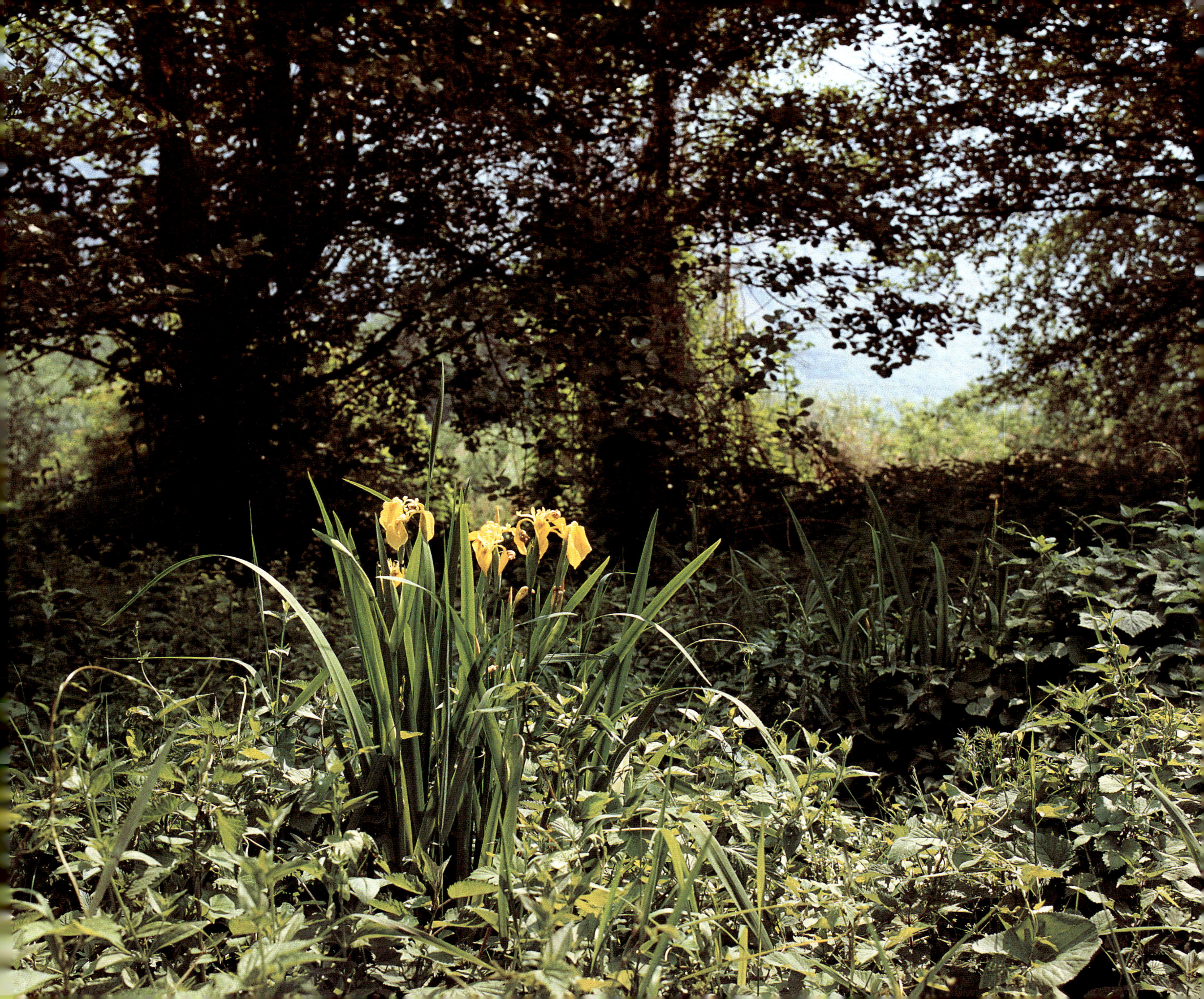

Das Mündungsdelta der Falschauer und das Ultental

Wo die Etsch, nach Einmündung der Passer, hart an den Bergfuß herangedrängt wird, liegt auf einer schmalen Hangstufe der Ortskern von Marling. Das schmucke Dorf ist von Weinbergen und Obsthainen umgeben. Am Marlinger Berg befindet sich auch das kleine Dorf Tscherms. Hoch über ihm beherrscht das prächtige Schloß Lebenberg weithin die Landschaft. Am Fuße des Marlinger Berges führt die Talstraße von Meran nach Lana, einem Mittelpunkt der Südtiroler Obsterzeugung. In der aufgelockerten Gemeinde finden sich zahlreiche alte Häuser, die früher Edelsitze oder Gutshöfe auswärtiger Klöster waren. Dazu kommen mehrere Kapellen und Kirchen, wobei die alte Pfarrkirche von Niederlana mit dem bekannten Flügelaltar ein besonderes Kleinod darstellt. In der Berglehne südlich von Niederlana erblickt man auf einem sanften Hügelabsatz den ausgedehnten Ruinenkomplex von Schloß Brandis. Eine Seilbahn führt von Lana zum waldreichen Vigiljoch (1486 m) hinauf, wo starke radioaktive Quellen entspringen. Von Lana erreicht man auch über die Gampenstraße das Tisenser Mittelgebirge, auf dem es ebenfalls viele Burgen und Schlösser (z. B. Maienburg, Katzenzungen, Wehrburg, Fahlburg) gibt. Ein beliebtes Motiv aus dem Mittelgebirge über Lana ist die doppeltürmige Leonburg und hoch darüber das Kirchlein von St. Hippolyt. Der Porphyrhügel mit dem ehrwürdigen Bau gilt als einer der schönsten Aussichtspunkte im ganzen Burggrafenamt.

Bergwärts lehnt sich Lana an die steile Talstufe der Mündung des Ultentales an, die von der Falschauer mit einer tiefen, versteckten Klamm durchrissen wird. Dieses unter der Bezeichnung Gaulschlucht bekannte Naturdenkmal wurde durch eine kühne Steiganlage zugänglich gemacht. Die Straße ins Ultental windet sich in Serpentinen den Abhang hinauf, durch Obstgärten und Weinberge. Auf den Klippen der Gaulschlucht erblickt man das efeuumwachsene Schloß Braunsberg, das als Wahrzeichen von Oberlana gilt. Gelegentlich stehen noch riesige Edelkastanienbäume links und rechts der Straße. Auf der Fahrt nach St. Pankraz fällt auf einem steilen, buschbestandenen Felsenkopf die Ruine Eschenloch auf. Die schmale Talsohle von Ulten wird vom erlenumsäumten Wildbach Falschauer durchzogen, der seinen Ursprung in den vergletscherten Ortler-Alpen hat und vom Weißbrunner Ferner gespeist wird. Der Reichtum an Wasser wurde von der staatlichen Gesellschaft ENEL fast restlos ausgebeutet; insgesamt gibt es fünf Stauseen und fünf E-Werke (z. B. Zoggler See, St. Pankraz; Weißbrunner See, St. Walburg). Mit Ausnahme des Marauntales ist Ulten kaum von Seitentälern durchschnitten. Die Hänge fallen sehr steil ins Haupttal ab. Vor allem beeindrucken in Ulten die Ausmaße des Waldes, der sich vorwiegend aus Fichten zusammensetzt. Zwischen den Fichten, an Waldrändern und in Wiesen stehen auch Lärchen. Über der Waldgrenze wächst noch das Krummholz und die Zirbe. Die dichten Wälder und die ausgedehnten Hochalmgebiete sind der Reichtum des Ultentales. St. Pankraz (736 m), der Hauptort des Ultentales, liegt an der Mündung des Marauntales. Über dem engen Tal der Falschauer sind die Häuser zum Großteil weit verstreut (z. B. St. Helena, Mitterbad). Zehn Kilometer taleinwärts befindet sich der zweite Gemeindeort des Ultentales, nämlich St. Walburg (1190 m) mit den Fraktionen St. Nikolaus und St. Gertraud. Die Falschauer ist aus einem tosenden Bach zu einem ruhigen Gewässer zwischen fetten Weidewiesen geworden. St. Walburg präsentiert sich als ein weitverstreutes Siedlungsdorf. Abseits der Straße, am Sonnenhang, erblickt man das Dorf St. Nikolaus, das ein sehenswertes Talmuseum beherbergt. Im ersten Talschluß von Ulten liegt St. Gertraud (1512 m), das vom Nonsberg her besiedelt wurde. Am Sonnenhang steigen die Berghöfe bis auf 1800 m Höhe. Von St. Gertraud führt eine Straße hinauf nach Weißbrunn (Stilfser-Joch-Nationalpark). Eingebettet zwischen Gletscherspitzen, umsäumt von Geröll und buntfarbenen Alpenblumen beleben zahlreiche Bergseen das Landschaftsbild. Diese Hochgebirgsseen liegen auf mehr oder weniger ausgeprägten Terrassenflächen zwischen 1800 und 2500 m Höhe. Das Ultental erstreckt sich also von den Etschlandfluren bis zu den Gletschern des Ortler-Cevedale-Massivs.

Die reißende Falschauer führte einst, besonders zur Zeit der Schneeschmelze und bei heftigen Unwettern, große Geröll- und Schuttmassen zu Tale, die im Mündungsgebiet bei Lana in einem breiten, flachen Delta abgelagert wurden. Im Schlick, auf den Sandbänken und in den Kleingewässern fand eine vielfältige Vogelwelt (174 nachgewiesene Arten) die unterschiedlichen ökologischen Nischen. Diese Schlamm- und Sandbänke sind besonders für die hochspezialisierten Wasser- und Strandläufer geeignet, die zu den gefährdetsten Arten zählen. Auf den ausgedehnten Sandbänken wuchs eine Trockenvegetation mit hohen Riedgräsern. Gleich daneben standen in den Tümpeln hohe Rohrkolben und Schilf. Längs der Flußarme entwickelte sich ein dichter Auwald mit viel Unterholz. Diese Urlandschaft wurde — trotz heftiger Proteste der Naturschutzverbände — bis auf letzte Restflächen zerstört. Das Vogelgezwitscher mußte weitgehend dem Maschinenlärm weichen. Im Jahre 1979 wurde eine letzte grüne Insel am Rande der Industriezone in Lana als Biotop unter Schutz gestellt. Es handelt sich dabei um einige vegetationsumrahmte Kanäle der Falschauermündung und um zwei Weiher, von denen einer einen schönen Rohrkolbenbestand aufweist. In den Weiden- und Erlenbeständen halten sich vor allem zur Zugzeit verschiedene Grasmücken, Laubsänger, Würger, Fliegenschnäpper, Schwarzkehlchen und Nachtigall auf. Als Schilfbewohner kommen Sumpfhühner, Reiher, Rohrsänger, Rohrammer, Blaukehlchen und Blaumeisen in Frage. Trotz der vielen negativen Beeinflussungen ist im Falschauer-Biotop noch eine beachtliche Vielfalt an Tieren und Pflanzen vorhanden.

Im Talschluß von Ulten liegen auf Terrassenflächen zwischen 1800 und 2500 Meter Höhe mehrere Bergseen.

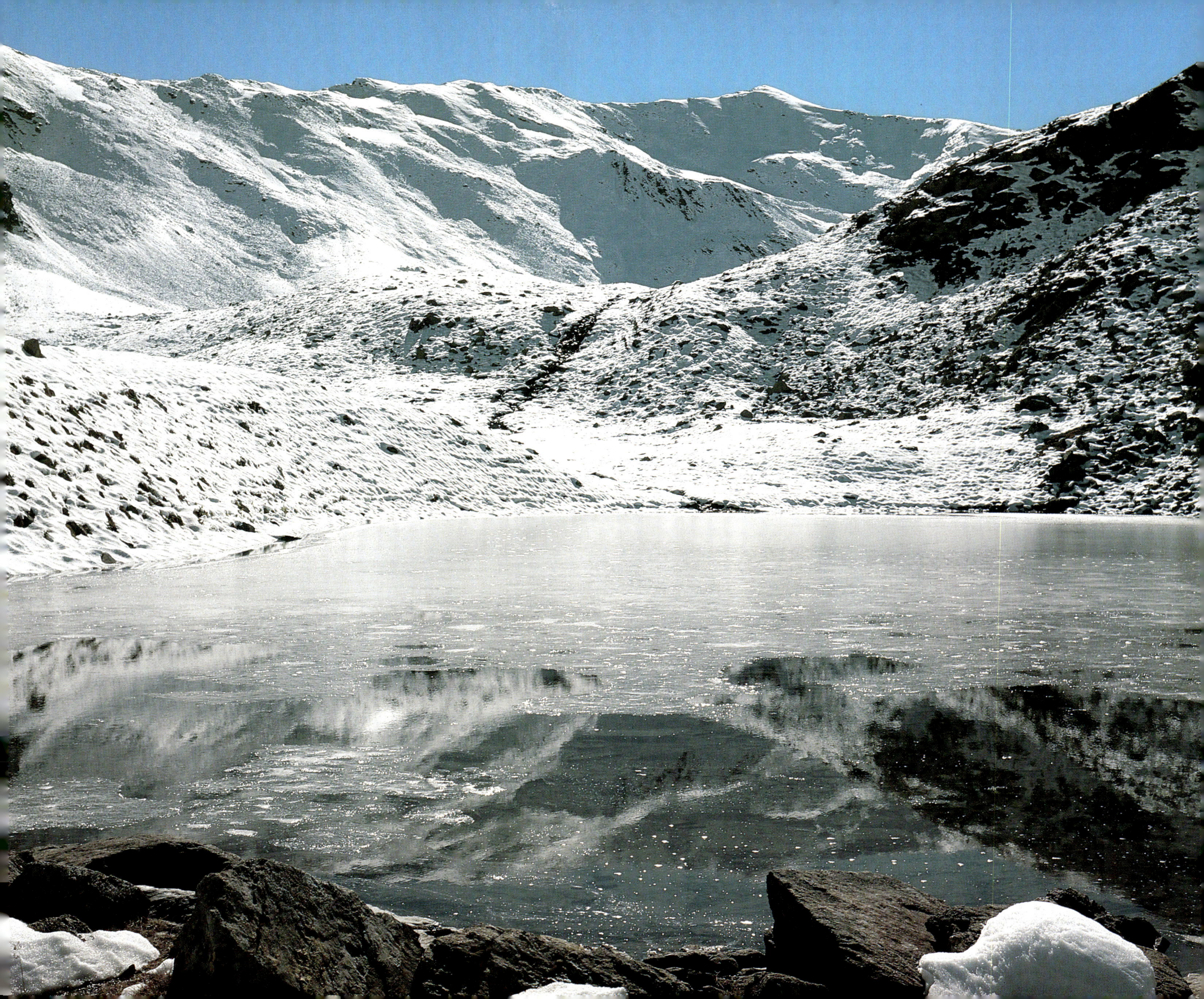

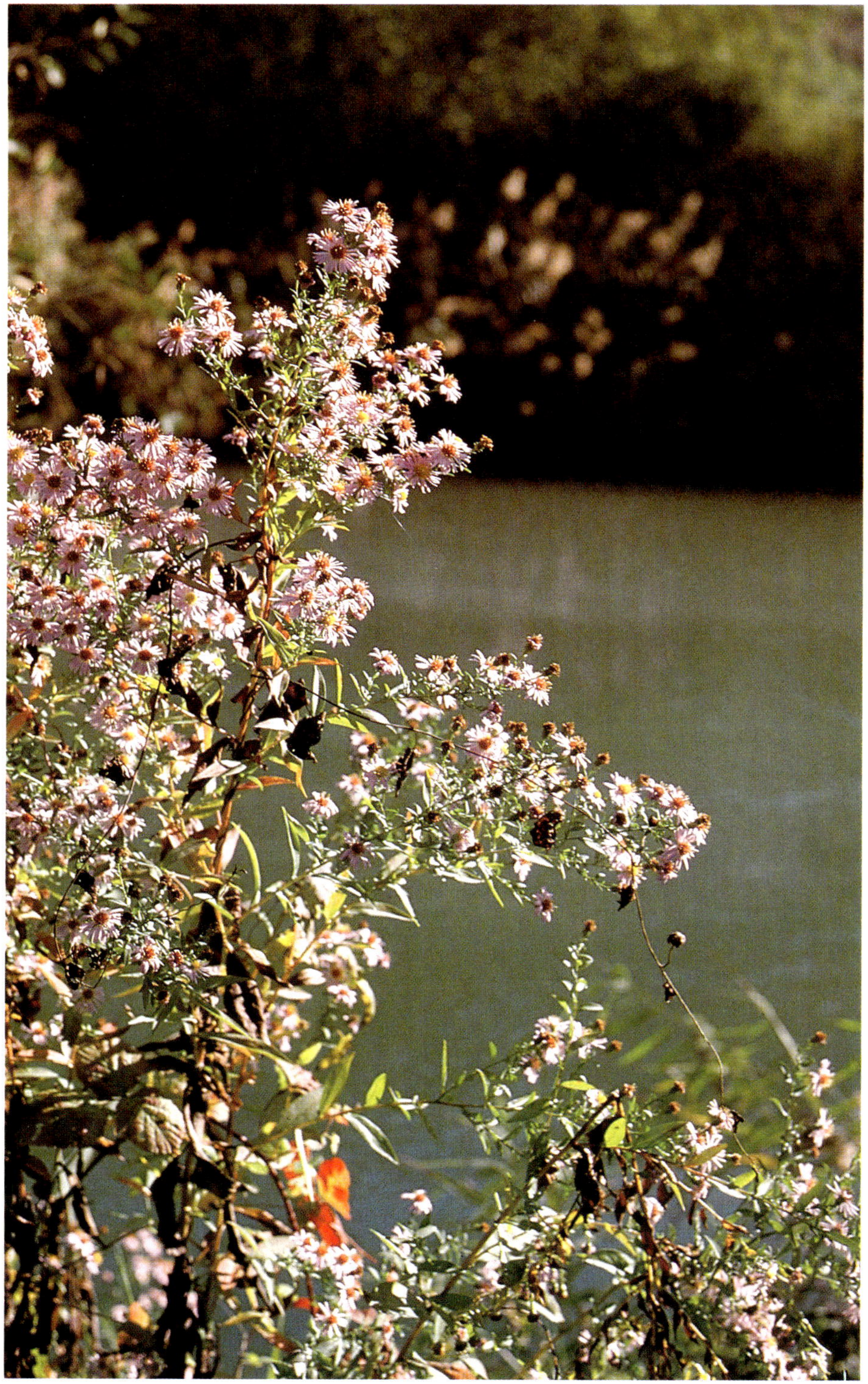

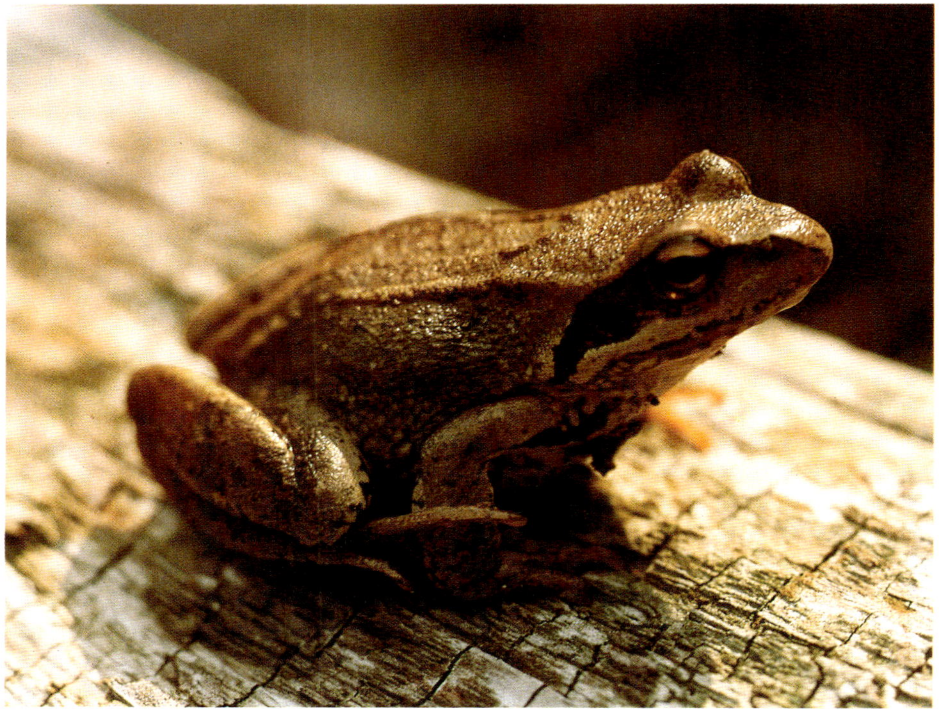

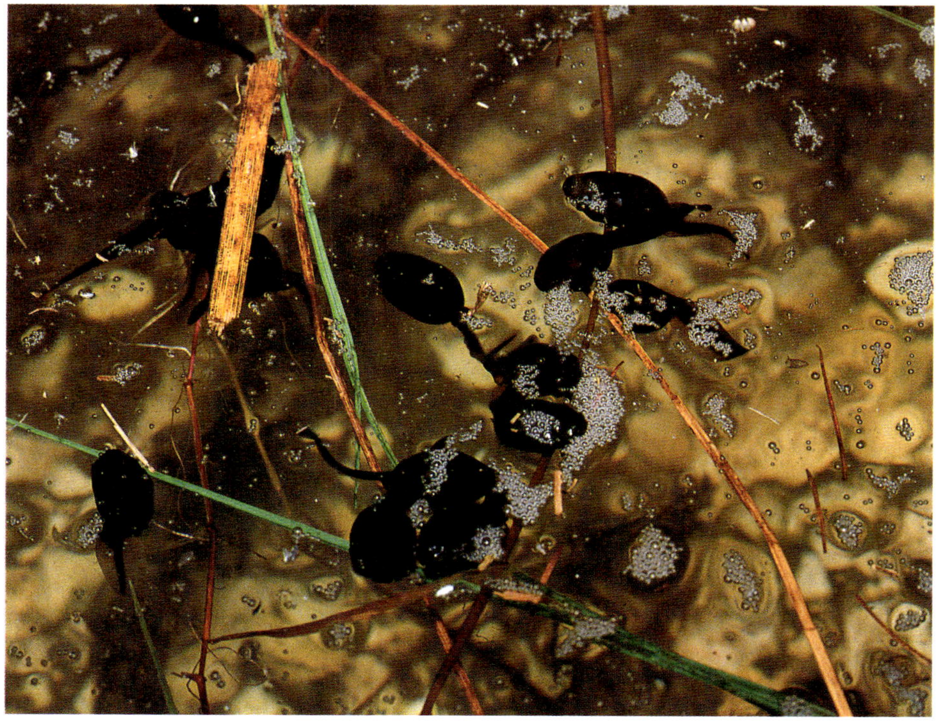

Mündungsgebiet der Falschauer bei Lana
Grasfrosch (Rana temporaria)
Kaulquappen (Froschlarven)

Flußkrebs (Austropotamobius pallipes italicus)

Der Krebsbach in Niederlana

In den Bächen, Gräben und Tümpeln des Etschtales (z. B. Leifers, Branzoll, Kurtatsch) wimmelte es einst von den kleinen geschäftigen Krebsen. Jetzt sind die Flußkrebse rar geworden. Der bedeutendste Faktor für das Schwinden dieser Tiere in den letzten Jahrzehnten stellt wohl die Verunreinigung der Gewässer durch Düngemittel, Spritzmittel und Mäusegifte dar. Negativ wirkte sich auch die Zerstörung der natürlichen Lebensräume durch Ufermeliorierungen, Bachbegradigungen und Anlagen von Drainageröhren aus.

In Niederlana fließt der sogenannte Krebsbach unterhalb Schloß Brandis dem Berg entlang, am Rande der Obstwiesen, bis zum Fischweiher. Das Wasser ist an manchen Stellen ziemlich tief, der Pflanzenbewuchs üppig, die Fließgeschwindigkeit jedoch gering. Die Krebse halten sich vorwiegend im Quellgebiet auf. Die Temperaturen des Krebsbaches liegen das ganze Jahr über bei 12° bis 13° C. Durch Einwirken Privater und das Verständnis der Behörde konnte der Krebsbestand von Lana im letzten Augenblick vor Betonröhren gerettet werden. Der Krebsbach wurde im Jahre 1979 als Biotop unter Schutz gestellt.

Kulturdenkmäler zwischen Vilpian, Nals und Bozen

Noch im vergangenen Jahrhundert reichten die „Möser" von Vilpian weit in die vor allem mit Mais bebauten Kulturgründe und galten als hervorragendes Jagdrevier für Sumpf- und Wasservögel. Heute sind aus den versumpften Auen der Etsch ausgedehnte Obstkulturen geworden. Von Vilpian führt die bereits genannte Seilbahn nach Mölten hinauf. Sehenswert ist ein Wasserfall des Möltener Baches unweit der Umfahrungsstraße, der in eine tiefe und enge Porphyrschlucht eingeschnitten ist. Jenseits der Etsch liegt am Südfuße des Tisenser Mittelgebirges die Ortschaft Nals, die wegen ihrer Weine und Schlösser besonders gerühmt wird. Zu den interessantesten Sehenswürdigkeiten zählen die beiden Schlösser Schwanburg am höchsten Punkt des Ortes und Payrsberg am steilen Berghang des Nalser Baches. Wegen der hervorragenden Spitzenweine ist auch Terlan bekannt. Das Aufblühen des Bergbaues auf silberhaltigen Bleiglanz (Silberleiten) zu Beginn des 14. Jahrhunderts ließ den Ort zum Sitz des „Berggerichtes an der Etsch" werden. Am Ortsausgang, gegen Bozen zu, beherrscht die Silhouette der Ruine Maultasch mit dem klotzigen Turm das Landschaftsbild. Zur Gemeinde Terlan gehört auch die kleine Siedlung von Siebeneich. Von hier oder von der nahen Ortschaft Moritzing aus kann man über die Kirchenruine „Kosmas und Damian" zur Ruine Greifenstein (746 m) wandern, die zu einer der wehrhaftesten Festungen Südtirols gehört. Eine Verbindungsstraße führt von Terlan über die Etsch nach Andrian, das auf einem Schuttkegel liegt. Wanderwege führen zur berühmten Ruine Hocheppan, an Schloß Wolfsthurn vorbei durch Kastanienhaine und Buchenwälder zum „Regelehof" sowie durch den Höllenbachgraben zur Ruine Festenstein (811 m). Unweit von Andrian ist bei Unterrain noch ein letzter Rest der ehemaligen „Fuchsmöser" übriggeblieben, der im Jahre 1979 als Biotop unter Schutz gestellt wurde. Infolge verschiedener Kulturmaßnahmen ist leider das einstige Vorkommen der seltenen Zwiebelorchis (Liparis loeselii) erloschen.

Biotop „Krebsbach" in Niederlana (Burggrafenamt)

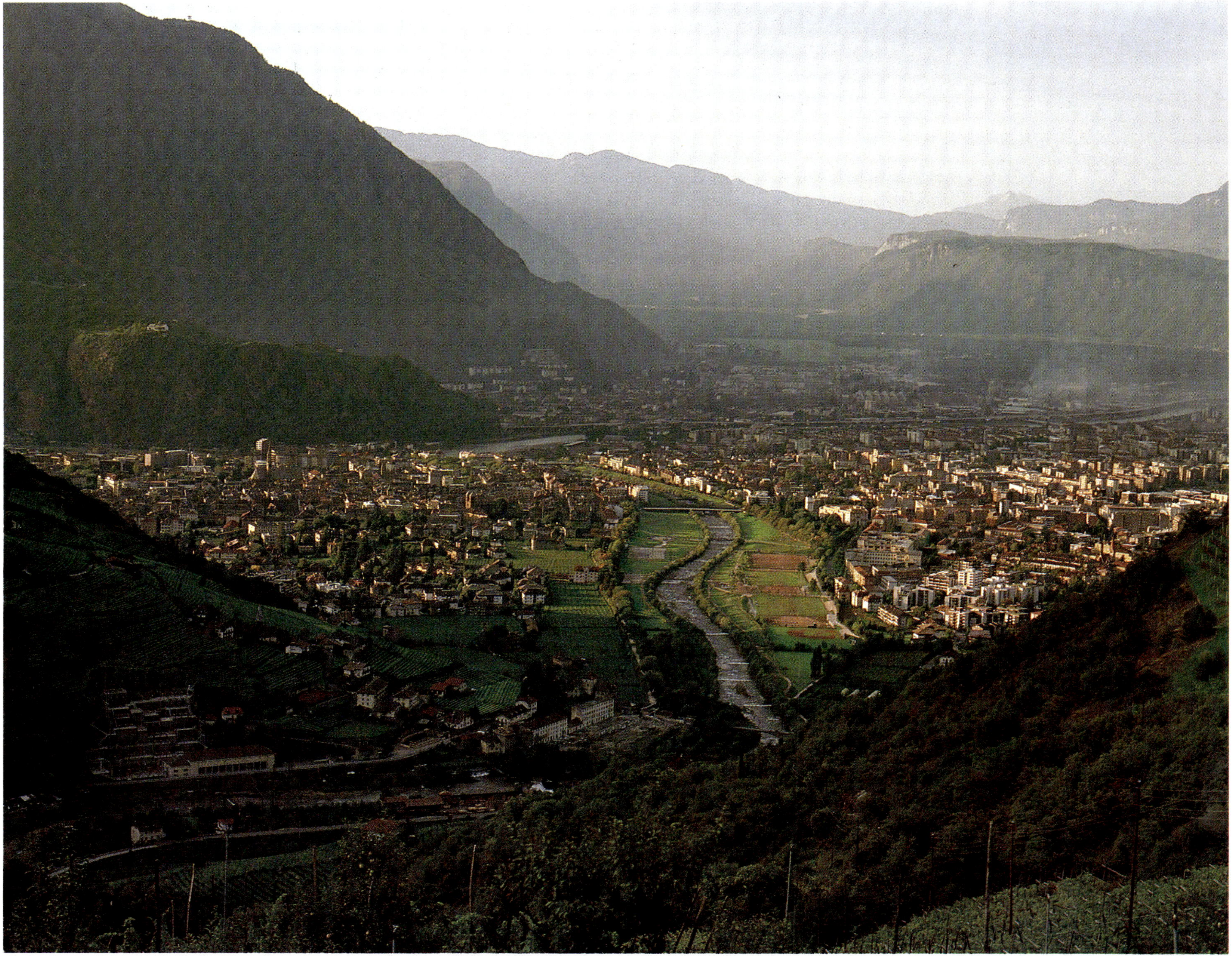

Der Bozner Talkessel

Der Bozner Talkessel mit seinen klimatisch bevorzugten Südhängen, mit den wehrhaften Hügelkuppen am Rande des Mündungsgebietes von Eisack und Talfer in die Etsch und mit seiner wichtigen verkehrsgeographischen Lage ist Mittelpunkt des „Landes an der Etsch und im Gebirge". Bozen (262 m) liegt im Bereich der großen Porphyrplatte. Die steilen Hänge sind durch Tuffterrassen gegliedert, die von den eiszeitlichen Gletschern abgeschliffen wurden. Sie bilden seit jeher die bedeutendsten Siedlungsträger der Trockenhänge (z. B. St. Georgen, St. Peter, Virgl). Wo der Porphyr von Moränenmaterial bedeckt ist, gedeihen Reben bester Qualität (St. Magdalena, St. Justina). Wegen der Härte dieses Eruptivgesteins fließt die Talfer bei Bozen durch die Sarner Schlucht und der Eisack durch die Schlucht des „Kuntersweges"; auch die Eggentaler Klamm ist ein Naturdenkmal ersten Ranges. Innerhalb der Bozner Porphyrplatte liegen einige Mineralquellen wie Moritzing (Schwefelbad) und St. Isidor bei Kohlern. Quarzporphyr baut auch die weiten Mittelgebirgshöhen um Bozen auf, so den Tschögglberg, den Ritten (Heimat der Erdpyramiden) und Kohlern - Deutschnofen (Reggelberg). Die ursprünglich rechtwinkelige Vereinigung von Etsch und Eisack bei Sigmundskron war bei Hochwasser immer wieder Anlaß zur Stauung der Etsch und zum Durchbruch des Eisacks in den Grutzner Bereich. Heute ist der Unterlauf des Eisacks durch Mauern und Dämme gesichert. Unter Aussparung des Bozner Bodens schiebt sich der Schuttkegel der aus dem Sarntal kommenden Talfer gegen Süden vor und läßt dem Eisack nur einen schmalen Durchtritt am Fuße des Virgls. — Durch die Erbauung der Wassermauern sollten die Kulturgründe und die Stadt Bozen vor Überschwemmungen durch die Talfer verschont bleiben. In den Bozner Talkessel mündet auch der Rivelaunbach, der wiederholt Teile der Siedlung Rentsch zerstört hat. Sehenswert ist die Schlucht des Fagenbaches mit ihrem malerischen Wasserfall.

Die Handelsstadt Bozen

Bozen, die Landeshauptstadt von Südtirol mit über 104 000 Einwohnern, besteht aus den Katastralgemeinden Bozen, Gries und Zwölfmalgreien. Verschiedene Funde bezeugen, daß die Höhenkuppen im Bereich des Talkessels (z. B. Guntschna, St. Georgen, Virgl, Kaiserberg) schon in vorgeschichtlicher Zeit besiedelt waren. Die natürliche Verkehrssituation am Zusammenfluß von Eisack, Talfer und Etsch mit den wichtigen Brücken (Eisackbrücke, Talferbrücke, Drususbrücke, Sigmundskroner Brücke) hat schon früh das Lebenselement der Stadt bis auf den heutigen Tag bestimmt, nämlich den Handel. Hier gabelt sich die Nord-Süd-Verbindung in den Brenner- und Reschenweg. Die seit dem Jahre 1202 nachweisbaren Jahrmärkte erhielten 1635 ein autonomes Handels- und Wechselgericht, dessen Sitz der Merkantilpalast war. Heute noch findet in Bozen alljährlich im September die Internationale Mustermesse statt.

Mittelpunkt der Altstadt ist der Waltherplatz mit dem Dom. Der aus Sandstein erbaute, gotische Pfarrturm gilt als Wahrzeichen von Bozen. Zu den bedeutendsten Sehenswürdigkeiten zählen auch der schon von Goethe gerühmte Obstmarkt, die Lauben, die Bürgerhäuser am Rathausplatz, der Merkantilpalast, das Franziskaner- und Dominikanerkloster. Einzigartig ist der Ausblick von der Wassermauer (Promenade) über Schloß Maretsch zum Rosengarten. Die im Jahre 1203 als Johannesspital gegründete Bozner Kommende des Deutschen Ordens gehörte einst der Brückenkopfsiedlung am linken Eisackufer an. Wegen der beständigen Hochwassergefahr wurde sie um 1400 an den Nordrand der mittelalterlichen Siedlung in den Vintlerschen Edelsitz Weggenstein verlegt. Den Altstadtcharakter bewahren auch die Bindergasse und der Kornplatz. Jenseits der Talferbrücke erreicht man die Ortschaft Gries mit Guntschna, Fagen und dem Viertel Sand. Gries war bis zum Ersten Weltkrieg ein Kurort von europäischem Rang. Trotz der Strukturänderungen und der gewaltigen Ausdehnung in den vergangenen Jahrzehnten lebt das alte Gries noch da und dort auf, so in der alten Pfarrkirche, in den Gärten und Villenvierteln, um das Benediktinerstift und den Marktplatz. Ein Wahrzeichen dieser Gegend ist der „Gescheibte Turm", ein mittelalterlicher Rundturm, den man früher für römisch hielt.

Zu den bekanntesten Promenaden von Bozen gehören die zu Ehren von Erzherzog Heinrich benannte Anlage Gries-Guntschna und die St.-Oswald-Promenade, die von St. Anton bis zum Rebhügel von St. Magdalena führt. — Die Umgebung von Bozen ist reich an Burgen und Schlössern. Auf einem Porphyrfels über der Talfer am Eingang ins Sarntal erhebt sich Runkelstein, eine wohlerhaltene Burganlage mit wertvollen Fresken. Die Haselburg oberhalb von Haslach liegt so hart am Felsrand, daß wesentliche Teile des äußeren Beringes im Laufe der Zeit in den Abgrund gestürzt sind. — Alter und Ursprung von Sigmundskron am rechtsseitigen Ufer der Etsch gehen weit in die graue Vorgeschichte zurück, denn im Schloßbereich wurden Reste einer großen Wallburg aufgedeckt. Die Wehranlage ist wohl erst im 12. Jahrhundert zu einer hochmittelalterlichen Burg ausgebaut worden; aus der älteren Zeit stammen die Ruinen der Hochburg. Berg- bzw. Schwebebahnen führen von Bozen auf den Tschögglberg (Jenesien, 1087 m), auf den Ritten (Oberbozen - Klobenstein) und den Kohlerer Berg; auf diesen vielfältigen Mittelgebirgshöhen bieten sich zahlreiche Wanderziele an.

Ausblick auf den Bozner Talkessel

Alter Etschgraben gegen die Ruine Sigmundskron

Die mächtige Schloßruine Sigmundskron an der Etsch, fast rundum von steilem Porphyrgelände geschützt. Ihr Ursprung geht in die graue Vorgeschichte zurück, denn im Schloßbereich wurden Reste einer großen Wallburg aufgedeckt.

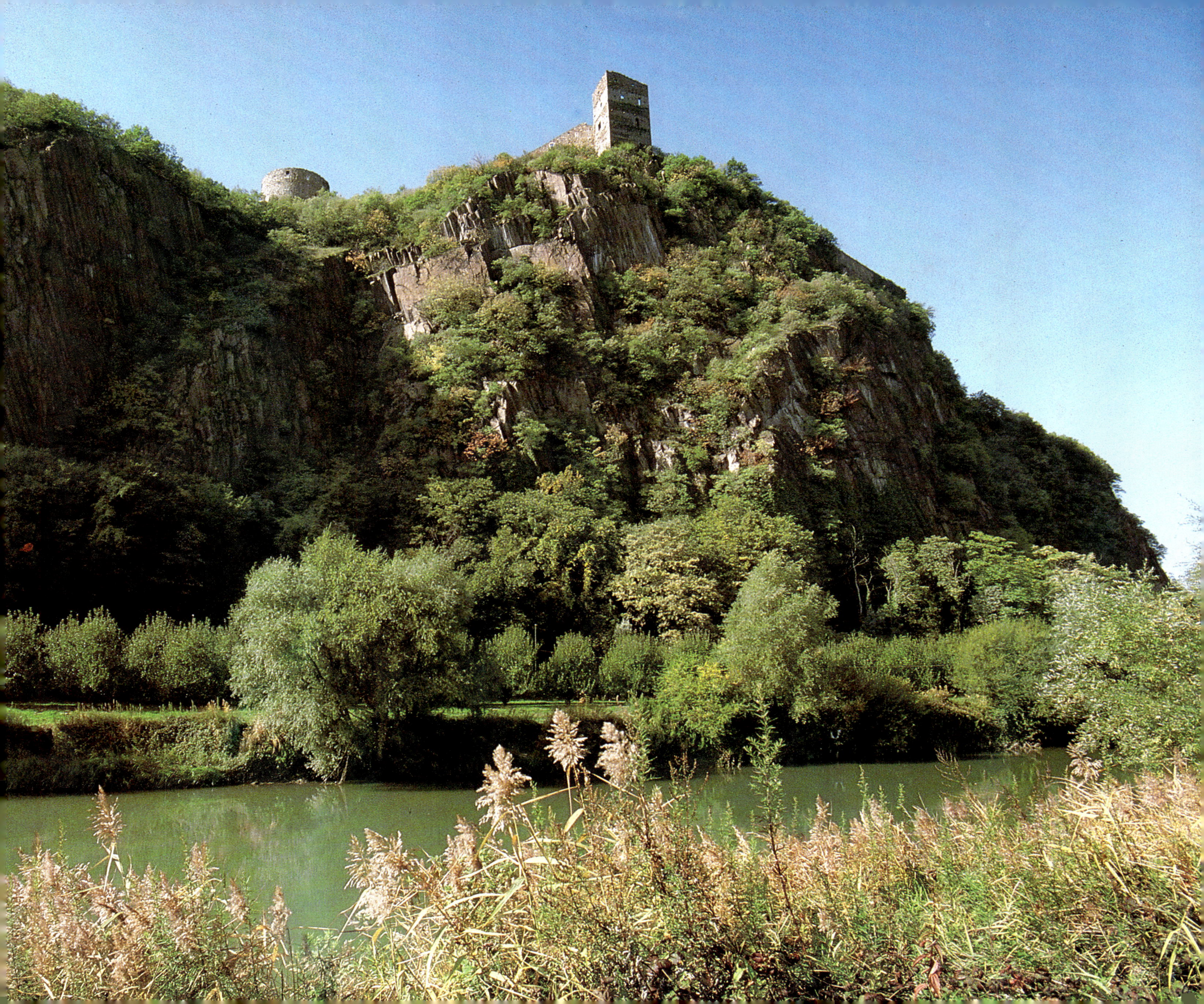

Das Einzugsgebiet der Talfer (Sarntal)

Das Einzugsgebiet der Talfer wird im Norden halbkreisförmig von den Sarntaler Alpen eingeschlossen, die südwärts in das Mittelgebirge von Mölten - Jenesien und das Rittner Plateau übergehen. Einsame Wälder, Almen und Bergseen gliedern die Höhen zwischen dem Rittner Horn und dem Penser Joch. Am Fuße des Penser Weißhorns (2705 m) entspringt die Talfer, die das Sarntal in einer Länge von 45 km durchfließt und südlich von Bozen in den Eisack mündet. Obwohl die Bevölkerung des Sarntales jahrhundertelang in engem Kontakt mit Bozen stand, hat sie ihre Eigenart in Sprache, Kleidung und Brauchtum bis heute bewahrt. Uralte Wege führen über das Auenjoch in die Meraner Gegend, über das Penser Joch nach Sterzing, über das Latzfonser Kreuz und die Villanderer Almen (viele Moore) nach Klausen sowie über die Schalderer Scharte nach Brixen. Ein Gebirgssteig ermöglicht den Übergang ins Jaufental, und ein Saumpfad verbindet Bozen über Rafenstein (Schloßruine) und Afing, hoch über der Sarner Schlucht, mit dem Weiler Bundschen. Sarnthein (961 m) ist Sitz der Gemeinde Sarntal, der größten Südtirols (30.250 ha), mit insgesamt siebenundzwanzig Fraktionen, darunter Bundschen, Astfeld, Reinswald, Aberstückl, Weißenbach und Pens. Schloß Reinegg über Sarnthein gilt als eine der schönsten und besterhaltenen Burganlagen des Landes. Die höchsten Berghöfe liegen über dem durch einen Bergrutsch abgedämmten Durnholzer See (Inderst, 1761 m). Von den zahlreichen Zuflüssen der Talfer seien lediglich der Durnholzer Bach und der Weißenbach (Biotop Gisser Auen) hervorgehoben. Der Talfer kam besonders in der Vergangenheit eine überragende Bedeutung zu, da sie den großen Schuttkegel ablagerte, auf dem die Landeshauptstadt Bozen liegt, und da sie bis in die jüngste Zeit eine ernsthafte Gefährdung dieser Stadt darstellte.

Ausblick von der Vogelperspektive auf die Sarner Schlucht bei Bozen. Man erkennt deutlich die Talfer und die alte Straße ins Sarntal.

Der Durnholzer See im Sarntal ist durch einen Bergsturz aufgestaut worden.

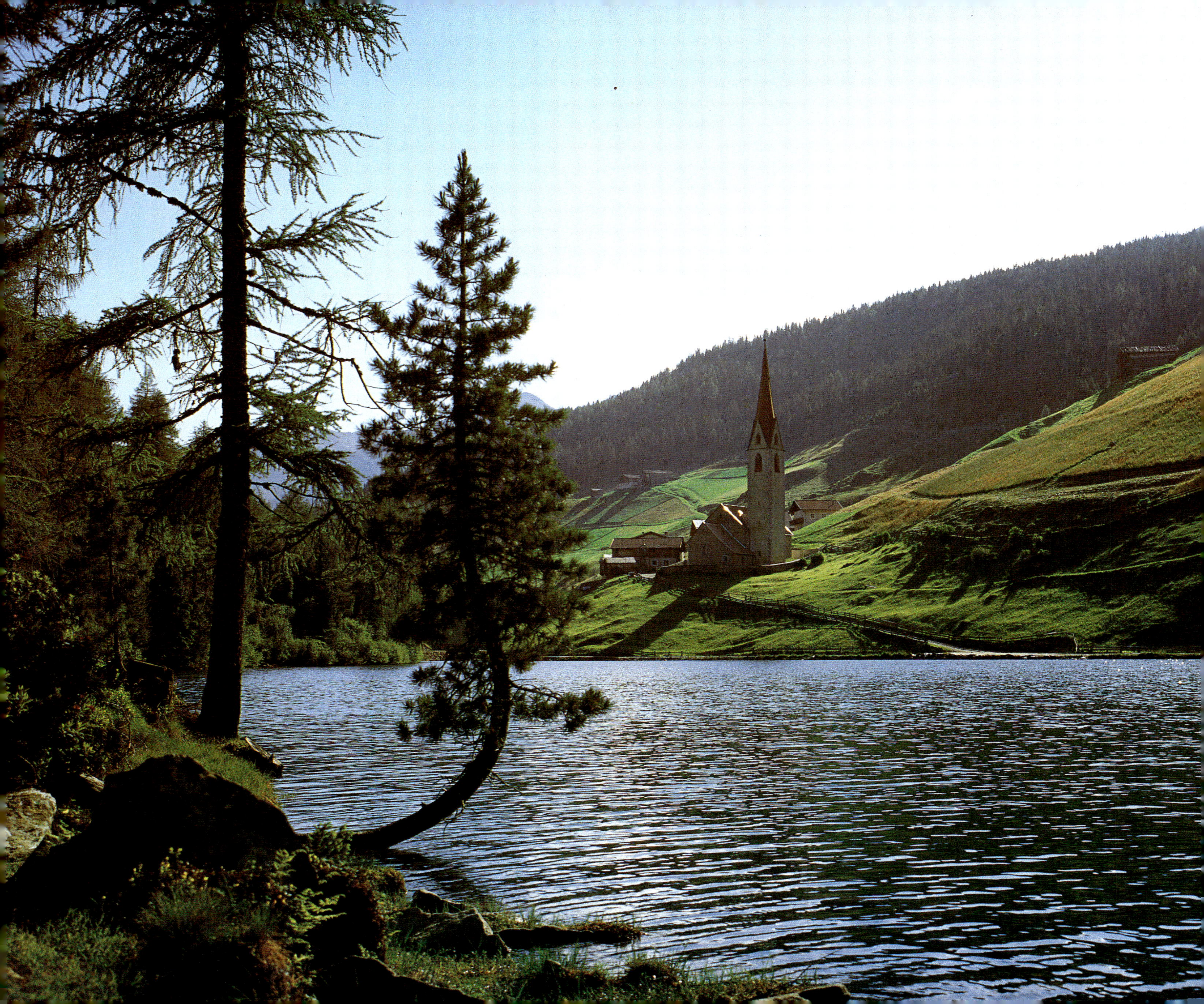

Eisack und Rienz, zwei bedeutende Zuflüsse der Etsch

So weit wie kein anderes ist das Flußgebiet der Etsch von der Innenseite des Alpenbogens her ins Hochgebirge eingedrungen. Die zum Brenner führende und über diese niedrigste Senke (1374 m) der Alpen mit dem österreichischen Silltal verbundene Furche des Eisacks stellt eine von der Natur vorgezeichnete Verkehrsader zwischen dem Mittelmeerraum einerseits und Mittel- bzw. Nordeuropa andererseits dar. Erst mit dem Bau der Brennerbahn in der zweiten Hälfte des vorigen Jahrhunderts und der Fertigstellung der Brennerautobahn in jüngster Zeit wurden die für den Verkehr kritischen Strecken (z. B. Porphyrschlucht zwischen Kardaun und Kollmann) überwunden. Das Eisacktal nimmt in zentraler Lage Südtirols einen in Nord-Süd-Richtung gestreckten Geländestreifen von 1670 km² Fläche ein. Im Bozner Talkessel mündet der Eisack in die Etsch ein.

Das Pustertal umfaßt als Einzugsgebiet der Rienz mit einer Fläche von 2140 km² das östliche Drittel Südtirols. Die Rienz durchfließt im Oberlauf das von formschönen Dolomitfelsen begleitete Höhlensteintal, im Mittellauf das Pustertal im engeren Sinn und im Unterlauf die klammartige Schlucht bei Rodeneck. Der Fluß mündet südlich von Brixen in den Eisack. Das Pustertal grenzt im Osten an das Einzugsgebiet der Drau.

Das Einzugsgebiet des Eisacks

Das obere Eisacktal (= Wipptal) reicht vom Brenner bis an die Brixner Klause. Der nördlichste Abschnitt zwischen der schmalen Paßfurche und Schelleberg weist ein geringes Gefälle auf und entspricht einem alten hochgelegenen Talsystem des Eisacks. Oberhalb der Ortschaft Brenner liegt das Quellgebiet des Wildbaches. Die warmen Quellen vom Brennerbad steigen durch eine steil in die Tiefe setzende Gesteinsfuge auf. Südwärts von Schelleberg fällt das Eisacktal steil bis zur Weitung von Sterzing ab. Gossensaß ist als Urlaubsort mit langer Tradition bekannt. Von hier aus eröffnet sich ein prachtvoller Ausblick auf das breitsohlige Pflerschtal, das die Gletscher zur Trogform ausgeschliffen haben. Es handelt sich dabei um das nördlichste rechte Seitental der Eisackfurche. Riesenhaft steigt der aus Dolomit aufgebaute Tribulaun (Stubaier Alpen) empor. Unterhalb von Gossensaß wurde der Eisack im Zusammenhang mit dem Bau der Brennerbahn durch einen 74 m langen Tunnel geleitet. Bald treten die Berge und Talflanken zur Weitung von Sterzing auseinander.

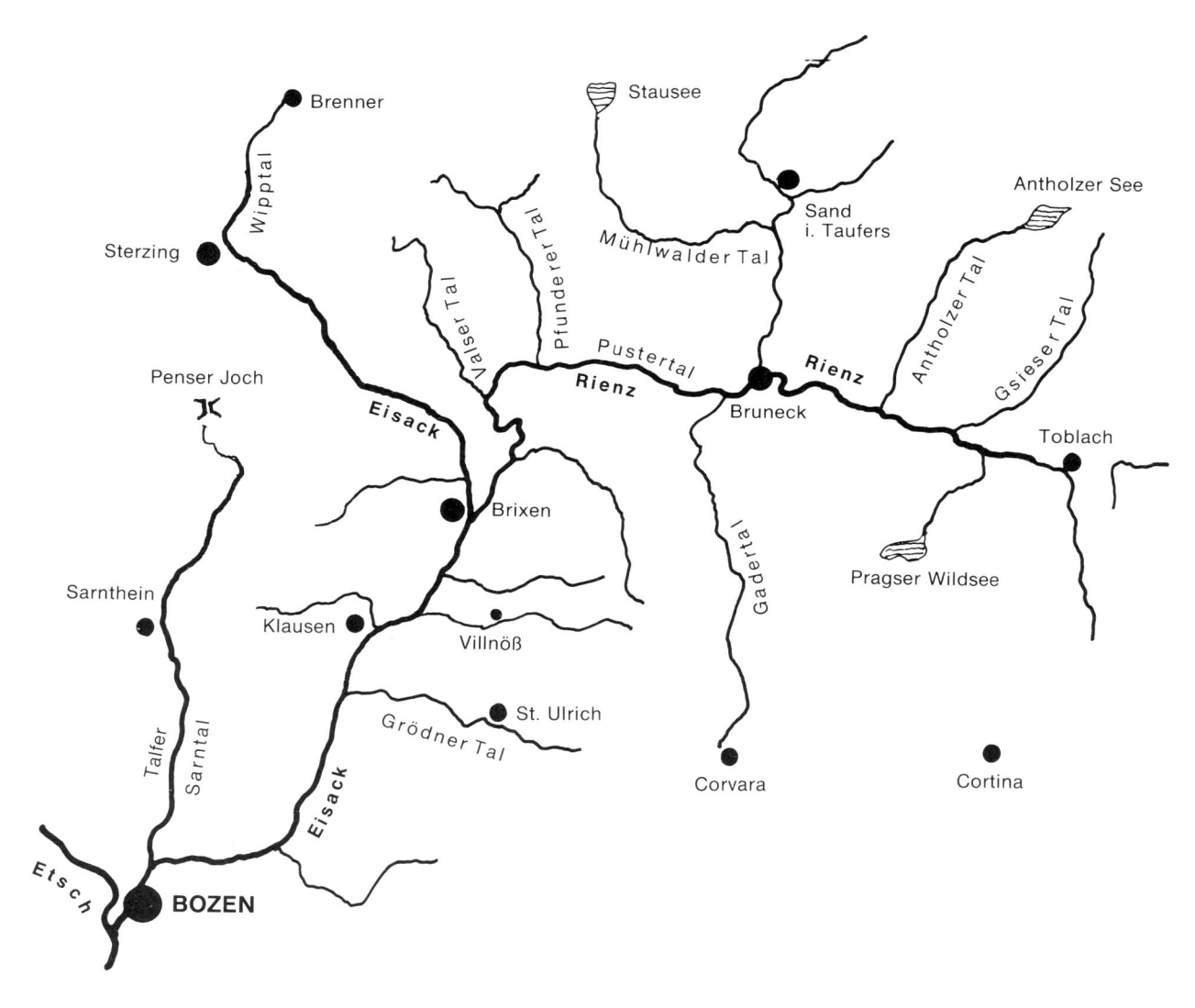

Sterzing (948 m), der alte Hauptort des Wipptales, liegt auf einer flachen Talau, die sich seitlich mit jenen der Mündungsstrecken von Pfitsch und von Ridnaun - Mareit verbindet. Die Flachstrecke, aus der einige gletschergeschliffene Hügel aufragen, endet im Süden bei Stilfes, das auf einer riesigen Felssturzmasse liegt. Diese brach in der Nacheiszeit nieder und staute den Eisack und seine Zuflüsse zu einem See auf, der im Laufe der Zeit zu einem großen Moorgebiet (Sterzinger Moos) verlandete. Die Wasserrinnsale des Eisacks, des Mareiter und Pfitscher Baches flossen bei normaler Wasserführung träge durch Erlenauen, Schilf- und Binsenbestände, änderten bei Hochwasser aber nicht selten ihren Lauf und überschwemmten die gesamte Talweitung. Infolge radikaler Trockenlegung und Bachregulierungen sind vom Sterzinger Moos nur mehr kleine Reste übriggeblieben, so das Grante-Moos bei Stilfes (Biotop). Auf einem Felsriff im Moos steht die Burg Reifenstein. Im südöstlichen Bereich des Sterzinger Talkessels thront auf einem wehrhaften Felsvorsprung die Burg Sprechenstein. An der Sonnenseite steigen die Berghöfe hoch hinauf, an der Schattseite jedoch zieht der dunkle Wald bis ins Tal herab. Über der Weitung von Sterzing schimmern im Hintergrund die Gletscher. Von allen Seiten streben Hochgebirgstäler der Niederung zu. Der aus dem Pfitsch fließende Bach wird vorwiegend von Gletschern des Zillertaler Kammes gespeist. Das Tal von Ridnaun - Mareit erstreckt sich vom Stubaier Kamm (z. B. Übeltalferner) bis in das Becken von Sterzing. Durch die Talmündung von Ratschings führt die bekannte Gilfenklamm mitten im weißen Marmor. Zur Straße über den Jaufen ins Passeier kommt noch jene über das Penser Joch (2214 m) ins Sarntal. Der Schlüssel zur heute noch erhaltenen baulichen Schönheit der Stadt Sterzing (z. B. Lauben, Rathaus, Pfarrkirche, Bürgerhäuser) liegt im Reichtum an Bodenschätzen (z. B. Zinkblende, silberhaltiger Bleiglanz) in den benachbarten Tälern, von denen sich die Fugger große Anteile sicher-

Die Gilfenklamm an der Mündung des Ratschingstales bei Sterzing

ten. Heute ist davon kaum mehr etwas zu sehen, wenngleich man noch eine Unmenge an „Knappenlöchern" vorfindet.

Während Freienfeld den Charakter einer Raststätte an einer vielbefahrenen Straße hat, ist Maria Trens, etwas höher an der östlichen Tallehne gelegen, vom Wesen eines echt tirolischen Wallfahrtsortes bestimmt. Bald danach fällt auf einem Hügel Schloß Welfenstein auf. Durch die Gegend von Mauls streicht die Pustertaler Linie, welche die Zentralalpen von den Südalpen trennt. Zwischen Mauls und der Brixner Klause schneidet der Eisack in einer engen Talfurche durch den Brixner Granit. Den Schluchtgrund streift im Winter kaum die Sonne. Bei Graßstein weitet sich das Tal ein wenig und macht einigen Häusern Platz. Im Bereich des Weilers Mittewald zieht von den Höhen der Sarntaler Berge das wildreiche Flaggertal herab. An der Brixner Klause tritt der Eisack aus dem Granit in den Quarzphyllit über, den er bis unterhalb von Waidbruck durchfließt. Bei Franzensfeste ist der Eisack zu einem See gestaut worden.

Das mittlere Eisacktal umfaßt den Abschnitt zwischen der Brixner Klause und Waidbruck. Der Eisack fließt in den sonnenerfüllten Talkessel von Brixen, wo die ersten Reben von Neustift und die nördlichsten Edelkastanien bei Vahrn die Gunst des südlichen Klimas anzeigen. Der Vahrner See liegt im Bereich des zwischeneiszeitlichen Eisackbettes. Der bei Vahrn mündende Schalderer Bach zählt zu den wenigen Bergbächen Südtirols, die bisher vor Verbauungsmaßnahmen fast ganz verschont geblieben sind. — Das Brixner Becken verdankt seine Entstehung der geringen Widerstandsfähigkeit der Gesteine, der Tätigkeit eiszeitlicher Gletscherströme aus dem oberen Eisacktal und dem Pustertal sowie der Erosion von Eisack und Rienz. Deshalb sind allenthalben, so nördlich von Neustift, alte Lockergesteinsablagerungen erhalten. Kiefernwälder nehmen große Flächen ein. — Die alte Bischofsstadt Brixen (559 Meter) entstand mitten in der Talweitung, nahe der Rienzmündung. Die Pustertaler Straße führte bis 1645 über Stufels auf das Plateau von Elvas, Natz und Schabs. Von der alten befestigten Stadt sind heute noch das Sonnentor, das Säbener Tor und das Michaelstor erhalten. Der „Weiße Turm"

Über den Quarzporphyr stürzender Wasserfall bei Barbian

der Pfarrkirche gilt als Wahrzeichen der Stadt. Vom Domplatz aus kann man auf verhältnismäßig gedrängtem Raum eine Fülle von Kunstwerken bewundern, so den Dom und die Johanneskirche, den Kreuzgang und die Hofburg, wo das hervorragend ausgestattete Diözesanmuseum untergebracht ist. Reich an Sehenswürdigkeiten ist auch der am linken Eisackufer liegende Konvent der Augustinerchorherren in Neustift. Um Brixen tut sich ein altbesiedeltes Mittelgebirge (St. Andrä, St. Leonhard, Tschötsch) großen Stils auf. Ist die Plose das Wintersportzentrum von Brixen, so stellt der Pfeffersberg einen idealen Ausgangspunkt für Bergtouren im Radlseegebiet dar. Am Westhang der Plose führt die Straße von Brixen in das Lüsental, das vom Lasankenbach entwässert wird.

An der alten Brennerstraße liegt das historisch so bekannte Wirtshaus an der Mahr. Abseits vom Verkehr befindet sich in klimatisch günstiger Lage (Obstbau) die Ortschaft Albeins. Hier mündet das Tal von Afers, das den ersten direkten Zugang vom Eisacktal zu den Dolomiten (Geislergruppe) ermöglicht. Die schönste Kulturlandschaft hat der Mensch im Laufe von Jahrhunderten auf den Terrassen der Talflanken entwickelt, so jene von Theis am Ausgang des Villnösser Tales oder von Feldthurns, Villanders und Barbian auf der rechten Seite des Eisacks. An geschützten und sonnigen Stellen gedeiht die Rebe. Die Siedlungen sind eingerahmt von den mächtigen Kronen uralter Kastanienbäume. Wenige Kilometer südlich von Albeins mündet das etwa 20 km lange Villnößtal in das Eisacktal aus. Der Talgrund mit der Zanser und Gampenalm, mit Furchetta und Sass Rigais gehört zum 9400 ha großen Naturpark Puez-Geisler, der auch Teilgebiete des ladinischen Gröden- und Abteitales umfaßt.

Durch die Talmündung von Villnöß, den Gufidauner Berg und die Felsenschwelle der „Klamm" unterhalb Feldthurns ist das Brixner Becken nach Süden abgeriegelt. Nochmals öffnet sich das Eisacktal zu einer sonnigen Mulde, an deren südlichem Ende sich die alten Türme und Mauern von Klausen (525 m) drängen. Es ist ursprünglich die „Klause" und Zollstätte an einer von der Natur begünstigten Stelle gewesen; im 14. und 15. Jahrhundert kam ein blühender Bergbau (Erze des Pfundererberges) hinzu. Klausen ist das Urbild einer altertümlichen Tiroler Kleinstadt geblieben, auch wenn es — einer Insel gleich — zwischen große Verkehrsadern gestellt ist. Über der malerischen Burg Branzoll erhebt sich auf steilem Fels der alte Bischofssitz Säben. Das Städtchen Klausen war bis in dieses Jahrhundert auf Gedeih und Verderb dem Eisack und dem Thinnebach ausgeliefert, der mit seinen Quellbächen die flache, weithin vermoorte Villanderer und Jocheralpe entwässert. Im Thinnetal liegt das Dorf Latzfons, ein Stützpunkt für Wanderungen zu den Sarntaler Alpen (z. B. Wallfahrtsort Latzfonser Kreuz).

Bei Waidbruck tritt der Grödner Bach, der bedeutendste Zufluß des Eisacks südlich von Brixen, aus seiner Mündungsschlucht aus. Der innere Abschnitt des Tales von Gröden greift in die aufragenden Korallen-Algen-Riffe der Dolomiten (Langkofel, Sella, Puez) ein. Diesen Riffbildungen stehen die vulkanischen Gesteine bzw. Tuffe der Seiser Alm gegenüber. Die Ortschaften St. Ulrich, St. Christina und Wolkenstein in Gröden zählen zu den bedeutendsten Wintersportzentren der Dolomiten. Hoch über der Mündung des Grödner Tales erhebt sich die Trostburg, ein Wahrzeichen des unteren Eisacktales. Darunter befindet sich die dritte Stufe des Eisacktaler Stauwerkes, die zeitweise leider ein fast wasserfreies Flußbett verursacht. Die Umgebung von Waidbruck, vor allem das Lajener Ried, ist landschaftlich besonders anmutig.

Das untere Eisacktal umfaßt den Abschnitt zwischen Waidbruck und dem Bozner Talkessel. Der Eisack dringt schrittweise in die gigantische Quarzporphyrklamm des „Kuntersweges" ein. Die Talsohle wird fast ganz von Brennerstraße, Eisack, Eisenbahn und Autobahn ausgefüllt. Auf den Höhen dehnt sich im Westen das Rittner Mittelgebirge aus, von dem einige kleinere, aber bei starkem Niederschlag nicht ungefährliche Wildbäche (z. B. Gander-, Steger- und Finsterbach) dem Eisack zufließen. Soweit sie von grobblockigen Moränen erfüllt sind, entwickelten sich daraus die bekannten Erdpyramiden (z. B. Mittelberg, Unterinn). Über dem Eisacktal erblickt man von weitem die Kirchhügel von

Die berühmte Porphyrklamm im Eggental mit dem gleichnamigen Wasserfall

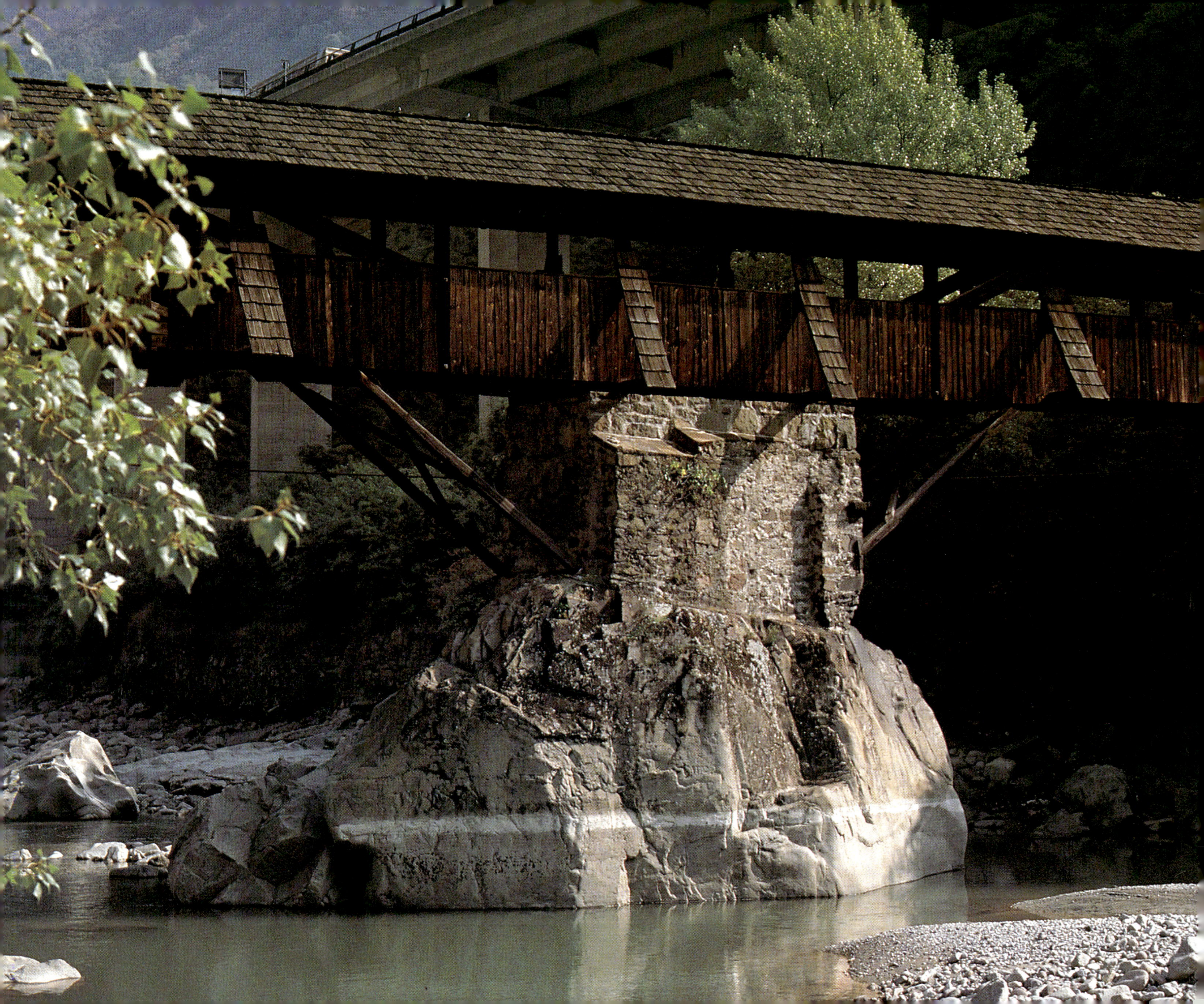

St. Verena und St. Andreas (Ritten). Bei Kollmann steht noch ein altes landesfürstliches Zollhaus. Bei Atzwang führt eine überdachte Holzbrücke über den Eisack. Von den linksseitigen Zuflüssen des Eisacks seien der Schlernbach, der Tierser und Eggentaler Bach genannt, die in den am weitesten nach Westen vorgeschobenen Dolomiten entspringen. Der Schlernbach entwässert den Schlern, der auf dem Porphyrsockel von Völs, Seis und Kastelruth aufsitzt. Die Südtiroler Landesregierung hat im Jahre 1974 den Schlern zusammen mit der Tschapitalm und dem unberührten Tschamintal als Naturpark (6386 ha) ausgewiesen. Der in einer wilden Porphyrschlucht bei Blumau mündende Tierser Bach entwässert den Rosengarten. Die Siedlungen Völser Aicha und Steinegg (Erdpyramiden) liegen auf Höhenrücken beiderseits des Tierser Tales. Die Ortschaft Tiers ist ein touristischer Ausgangspunkt für das wildromantische Tschamintal. Ein alter Übergang durch den dichten Nigerwald und über den Sattel der Wolfsgrube verbindet Tiers mit Welschnofen. Von Blumau im Eisacktal zweigt auch die Straße auf das Plateau von Völs und Seis sowie auf die Seiser Alm ab. Am Ende der Porphyrschlucht bei Kardaun mündet schließlich der Eggentaler Bach in den Eisack. Mit einer großartigen Klamm zieht das Eggental über zehn Kilometer bis Birchabruck. Dort verzweigt es sich in mehrere Quelltäler mit den Orten Obereggen, St. Nikolaus-Eggen und Welschnofen. Von hier aus führen teilweise befahrbare Übergänge (Karerpaß, Lavazéjoch) in die benachbarten Täler. Das Eggental zeichnet sich durch besonders hochstämmige Fichtenwälder (z. B. Latemar-Karersee) aus. Am Ausgang der Eggentaler Klamm ins Eisacktal fällt auf einem hohen Felsen das Schloß Karneid auf, das zu den allerschönsten Burgen des Landes zählt. Am Ausgang der Felsenge bei Kardaun öffnet sich der Bozner Talkessel, wo der Eisack in die Etsch mündet.

Die alte Holzbrücke über den Eisack bei Atzwang

Die Eggentaler Klamm mit Schloß Karneid im Hintergrund

Inmitten von Bergwäldern und eingerahmt von der Rieserfernergruppe liegt der Antholzer See (Pustertal).

Das Einzugsgebiet der Rienz

Den östlichen Teil Südtirols nimmt das waldreiche Pustertal ein, das mit einer Fläche von 2140 km² dem Einzugsgebiet der Rienz und mit 165 km² dem Einzugsgebiet der Drau angehört. In hydrologischer Sicht übertrifft der über 15 km lange Sextner Bach an Bedeutung die Drau, die nur wenige Kilometer westlich der Marktgemeinde Innichen am Fuße der Haunoldgruppe entspringt. Das Quelltal der Rienz (Einzugsgebiet der Etsch) ist zwischen Rautkofel und Monte Piano, Zinnenplateau und Schwaben-Alpe (Naturpark Sextner Dolomiten, 11.650 ha) eingebettet. Sie durchfließt im Oberlauf das schmale, von Dolomitschutt erfüllte Höhlensteintal (Dürrensee, Toblacher See), das als Tor zu den Ampezzaner Dolomiten von großer Bedeutung ist. Hervorzuheben ist die Tatsache, daß der Sextner Bach ursprünglich den Quellbach der Rienz darstellte. Murbrüche vom Pfannhorn (2663 m) haben den riesigen Schuttkegel von Toblach angeschwemmt, der heute die Wasserscheide zwischen Rienz und Drau bildet. Infolge dieser Überhöhung der Talsohle wurde der Sextner Bach erst in jüngerer Zeit scharfwinkelig zur Drau hin abgelenkt. Der erste rechtsseitige Zufluß der 79 Kilometer langen Rienz ist nunmehr der Silvesterbach, der vor der Verbauung die Ortschaft Toblach immer wieder gefährdet hat.

Das Pustertal wird im Norden von den Schieferbergen der stark vergletscherten Zentralalpen (Rieserfernergruppe, Zillertaler Alpen) und im Süden von den Dolomiten eingerahmt. Der Wald zieht an den Talflanken hoch hinauf und macht nur fleckenweise ein paar Berghöfen Platz. Über ausgedehnten Almen leuchten im Norden die Firne des Alpenhauptkammes, im Süden dagegen steigen die Prachtgestalten der Dolomiten auf. Das Pustertal ist ein Waldtal, nordisch ernst und kräftig frisch, nicht von südlicher Üppigkeit. Die Rienz wird im oberen Pustertal immer wieder von Auwäldern (Weiden, Erlen) eingesäumt. Zwischen Niederdorf und Welsberg führt das große Seitental von Prags mit seinen beiden Zweigen Alt- und Neuprags in die gleichnamigen Dolomiten hinein. Das Gebiet wird vom Stolla- bzw. vom Pragser Bach entwässert. Das Pragser Tal gehört zu den ruhigsten Dolomitentälern, es hat den schönsten Wildsee, ein bewährtes Heilbad (Altprags) und durch stattliche Bauernhöfe aufgelockerte Hochwälder. Zu den bekanntesten Aussichtsbergen zählen Kenner dieser Dolomitenwelt die Hohe Gaisl, den Seekofel, den Dürrenstein, den Piz da Peres und den Sarlkofel. Ein bekanntes Landschaftsmotiv stellt die blumenreiche Plätzwiese mit dem Dürrenstein dar. Vom Pragser Wildsee (1494 m) aus kann man viele Wanderungen machen, so durch das wildreiche Grünwaldtal zur Hochalpe. Ein Großteil der Pragser Berge bildet zusammen mit den Enneberger Dolomiten den 25.680 ha großen Naturpark „Fanes-Sennes-Prags".

Der einsame Dürrensee (Landro) im Höhlensteintal mit der Cristallogruppe im Hintergrund

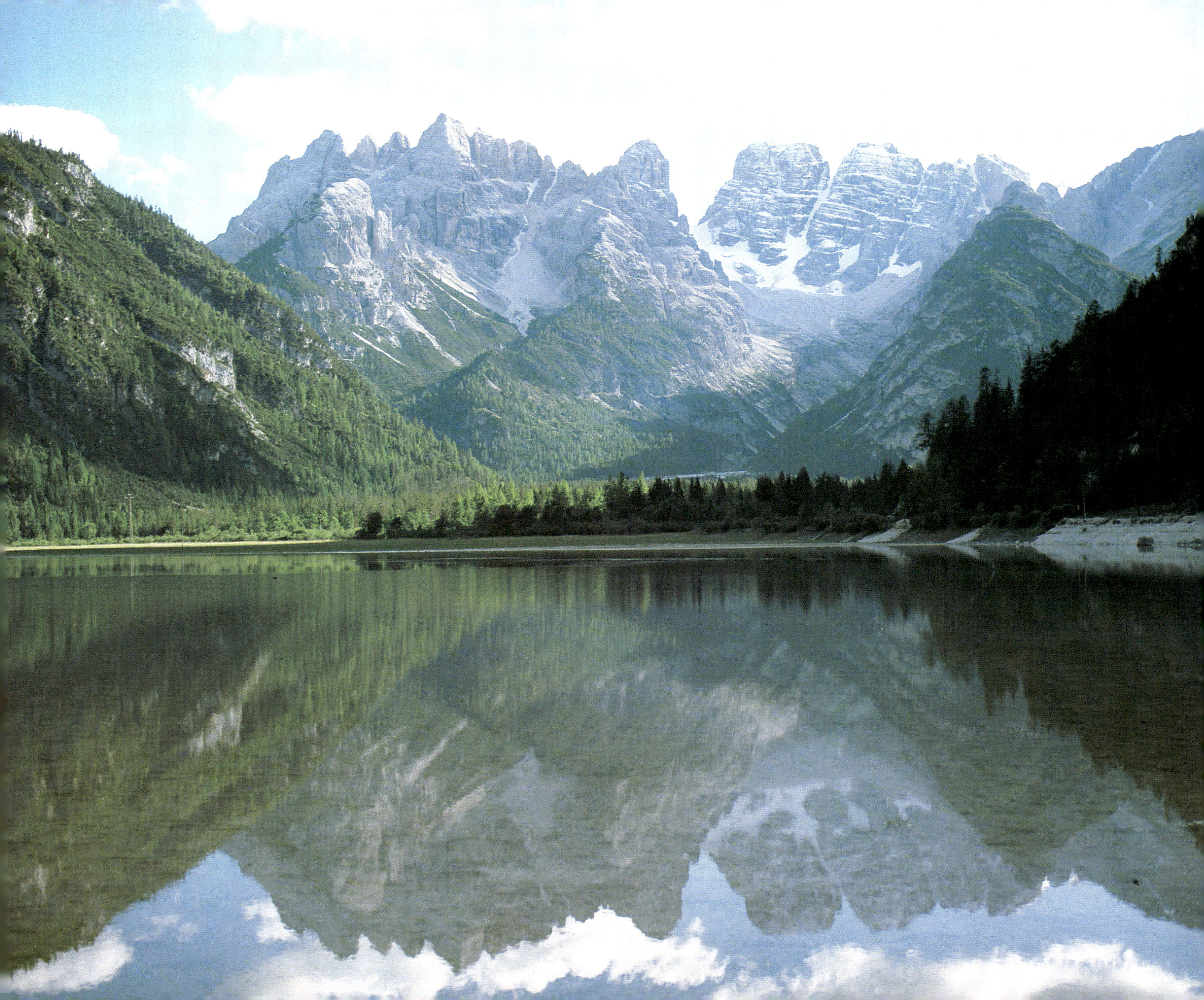

Bei Welsberg mündet dort, wo der hohe Wachtturm des gleichnamigen Schlosses hervorragt, das vom Pidigbach durchflossene Gsieser Tal mit den Hauptorten Pichl, St. Martin und St. Magdalena. Das hauptsächlich in der zentralalpinen „Zone der Alten Gneise" gelegene Tal grenzt gegen das osttirolische Defreggen. Mehrere Murschuttkegel führten zur Bildung von Feuchtgebieten im Tal, die als Biotope (Preindler-, Gruber-, Kohler- und Weitriesenmoor) geschützt sind.

Der weite Talkessel von Olang ist eine Landschaft großen Stils. Dolomiten im Süden (Olanger Dolomiten) und Zentralalpen im Norden (Hochgall, 3440 m) sind über eine weite Niederung zu einer vielfältigen Einheit verbunden. Weite Felder um die Siedlungen, Kirchen und Bauernhöfe bis an den Hang (z. B. Geiselsberg). Über die Furkel, einem Stützpunkt im Skikarussell Kronplatz, führt eine Straße in das ladinische Enneberg hinüber. Tief und breit öffnet sich bei Olang das Antholzer Tal; im Talschluß fesselt die vergletscherte Rieserfernergruppe (Naturpark Rieserfernergruppe, ca. 20.000 ha) das Auge des Beschauers. Eine Straße führt durch das breite Tal, mit Ortschaften auf der Sohle und Wäldern an den Steilhängen, bis zum Grenzkamm des Stallersattels. Die „Rasner Möser" bei Oberrasen (1088 m) zählen zu den bedeutendsten Moor-Biotopen Südtirols. Hier lassen sich Auwälder, Hochmoore, Sumpf- und Moorwiesen unterscheiden; die Torfmoos-Bulten erreichen Höhen bis zu einem Meter. Neben Seggen- und Schilfbeständen stehen kleine Inseln von Legföhren, Birken, Weiden, Fichten und kümmerlichen Waldkiefern. Nur einer kleinen Schar von Pflanzenspezialisten gelingt es, sich gegen Säure, Nährstoffarmut und Vertikalwachstum der Torfmoose durchzusetzen, so der Rosmarinheide (Andromeda polifolia) und der Moosbeere (Vaccinium oxycoccus). Einst reichten die „Rasner Möser" bis zum bekannten

Aussicht vom Weg zur Wilden Kreuzspitze in Vals auf die Zillertaler Gletscherwelt

Der Pragser Wildsee in den gleichnamigen Dolomiten

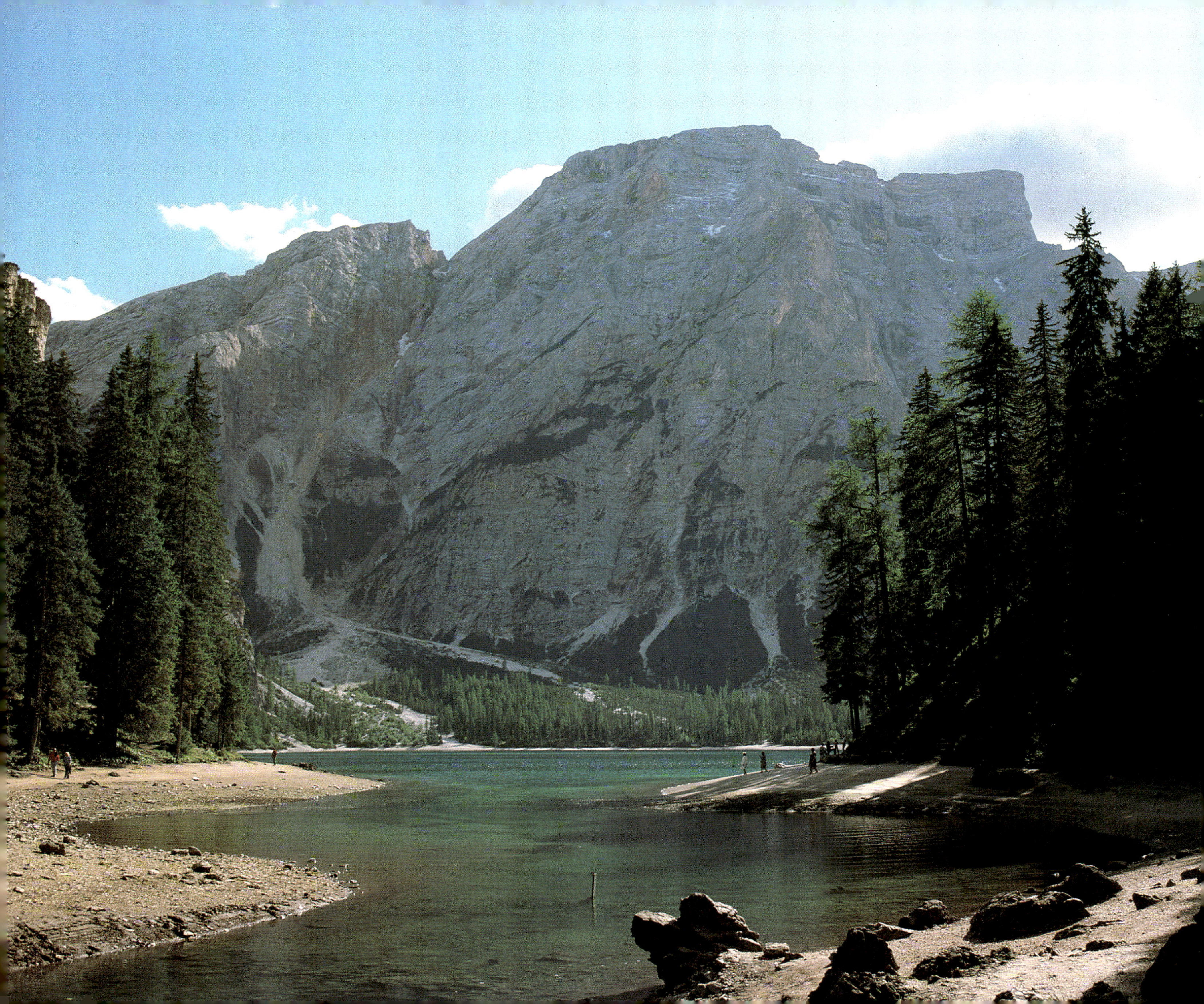

Heilbad Salomonsbrunn. Sehenswert ist auch der Antholzer See (1642 m) im Talschluß, ein sauberer Bergsee in noch großteils ungestörter Umgebung.

Westlich des Antholzer Tales münden drei Wildbäche in die Rienz, der Wielen-, Litsch- und Nasenbach. An der Mündung des Oberwielenbachtales in die Rienz ist ein Stück Eiszeitgeschichte erschlossen: Auf alten Rienzschottern, die bis auf die Terrasse von Wielenberg (1140 m) hinaufreichen, liegt bis in den Talgrund herab eine Moräne. Aus Moränenschutt sind schöne kleine Erdpyramiden mit Decksteinen, nach Rittner Art, entstanden. Nach der hohen Bahnbrücke von Percha weitet sich das Pustertal zu ausgedehnten Flächen mit schönen Feldern. Die Rienz hat sich an der Lamprechtsburg vorbei eine enge Schlucht in den Fels geschnitten, durch die ein schattiger Weg nach Bruneck (835 m) hinausgeleitet. Links, auf der Terrasse von Reischach, verflacht sich das Gelände am Fuße des Kronplatzes. Hinter dem großen Skigelände des Kronplatzes wohnen die Ladiner. Fast lückenlos bekleidet der Wald die Schattseite über Reischach. In der Mitte der Weitung steht auf einem Hügel das Schloß Bruneck, das heute noch den Bischöfen von Brixen gehört. Der Bischof Bruno von Brixen hat schon bald nach seinem Amtsantritt (1250—1288) mit der planmäßigen Anlage einer Festung und einer mit dieser durch Mauern verbundenen Marktsiedlung begonnen, die ihrerseits wiederum eine Ringmauer, einen Graben und jene Tore bekam, die heute noch erhalten sind. Im Bereich der Stadtgasse fallen die edlen Formen der Häuser auf. Gegen die Rienz zu tritt ein markanter Rundturm der Stadtmauer ins Blickfeld. In der näheren Umgebung von Bruneck liegen, außer dem bereits erwähnten Ort Reischach, auch die Siedlungen Dietenheim (Volkskundemuseum), Aufhofen, St. Georgen und Stegen, wo seit langer Zeit alljährlich, nach Ende des Sommers, der

Biotop „Rasner Möser" bei Oberrasen im Antholzer Tal mit der Rieserfernergruppe (Naturpark, ca. 20.000 ha) im Hintergrund

große Stegener Markt abgehalten wird. In Stegen überschreitet man die gletschertrübe Ahr aus dem Tauferer Tal, die der Rienz viel Wasser zuführt.

Tief und breit zieht von Bruneck aus das Tauferer-Ahrntal zu den Gletschern der Zillertaler Alpen bzw. der Rieserfernergruppe hinein; Löffler und Keilbachspitze schließen es ab. Die 53 km lange Ahr, die diesen ausgedehntesten nordseitigen Ast des Pustertales entwässert, übertrifft mit ihrer Wasserführung von 6,29 m^3/Sekunde bei Stegen jene der Rienz. Unweit von Gais wird die Ahr von einem dichten Auwald begleitet, der als Biotop geschützt ist. An den Talflanken fallen im Wald die Burg Neuhaus und die Ruine der Kehlburg auf. Die Gemeinde Gais umfaßt auch die Ortschaften Tesselberg, Mühlbach und Uttenheim. Oft kleben die Bergbauernhöfe in steilsten Hanglagen (z. B. Lanebach, 1560 m). Die Sohle des Tauferer Tales ist breit. Vorherrschendes Formenelement sind die Schuttkegel, die mit erlenbestandenen Flachstrecken (alte Stau- und Seeböden) abwechseln. Die vielen Murkegel (z. B. Kegel des Walburgtales, Kegel des Kehlburggrabens) legen Zeugnis von der Tätigkeit der Wildbäche und -gräben ab. Bei Mühlen im Tauferer Tal öffnet sich mit steiler Stufe ein grünes Waldtal mit den Ortschaften Mühlwald und Lappach (Neves-Stausee, 1889 m). Beeindruckend ist die Talweitung von Sand in Taufers (865 m), die wir uns von Natur aus als eine von Wildbächen (Ahr, Reinbach) heimgesuchte Auenlandschaft vorstellen müssen. Die mächtige Burg Taufers auf steilem Felshügel riegelt das Tal ab. Als Hausberg von Sand in Taufers gilt der Speikboden (Skigebiet). Zu den besonderen Sehenswürdigkeiten am Eingang ins Reintal (Rein, 1595 m) zählen die urgewaltigen Kaskaden der Reinbachwasserfälle. Die Gemeinde Sand umfaßt auch die Ortschaften Mühlen, Ahornach, Kematen und das Tal von Rein (Rieserfernergruppe). Eine Klamm unterhalb des Schlosses Taufers bildet sozusagen das Tor in das Ahrntal, dessen Sohle schmal ist und dessen Hänge von Wildbächen gefurcht sind. Von oben schützt der Bannwald die Berghöfe an den steilen Leiten. Die das Ahrntal umfassenden, 3000 m übersteigenden und zum Teil vergletscherten Höhenzüge weisen ausgesprochenen Hochge-

Rundblättriger Sonnentau (Drosera rotundifolia)

Tarant (Svertia perennis)

birgscharakter auf. Ausgedehnte Verebnungen treten in den Seitentälern als Gefällsstufen in Erscheinung. Von den Gletschern strömen silberne Wasserfäden, die sich zu schäumenden Bächen vereinigen (z. B. Keil-, Tripp- und Rötbach). Bei Luttach mündet das kleine Weißenbachtal zur Ahr. Dann folgen die Ortschaften St. Johann, Steinhaus, St. Jakob, St. Peter und Prettau (1476 m). Die Geschichte der Hochgebirgsgemeinde Prettau, die auch die Siedlungen von Kasern und Heilig Geist umfaßt, ist eng mit dem einstigen Kupferbergbau und mit der Lage an früher viel benützten Übergängen (z. B. Zillertal) verbunden. Die Birnlücke (2667 m) bildet den eigentlichen Talschluß.

Südlich von Bruneck befindet sich die Marktgemeinde St. Lorenzen (810 m), zu der auch die Weiler Sonnenburg, Stefansdorf, Maria Saalen, Montal, Onach, Ellen, St. Martin und Pflaurenz gehören. Diese durch mehrere inselartige Felskuppen gegliederte Landschaft ist ein altes Siedlungsgebiet. Das einstige Römerlager Sebatum reichte zu beiden Seiten des heutigen Rienzbettes bis gegen die Brücke der Gadertaler Straße. Ober der Staatsstaße erhebt sich auf einer Felskuppe die gut restaurierte Anlage des einstigen Sonnenburger Klosters, das mit Benediktinerinnen besetzt war. Über der Flur von Moos steht in wildschöner Einsamkeit die Ruine Michelsburg. Das bei St. Lorenzen sich öffnende Gadertal umfaßt ein stark verzweigtes Einzugsgebiet. Es liegt mit seiner oberen Hälfte im Herzen der Dolomiten und gehört im unteren Abschnitt dem Quarzphyllit an. In den letztgenannten Gesteinen ist das Gadertal schluchtartig ausgebildet, ab der „Hohen Brücke" bei Pedratsches-Piccolein weitet es sich beträchtlich aus. Die aus mergelig-tuffigen Schichten (neigen zu Rutschungen) aufgebauten und von vielen Runsen durchzogenen Hänge tragen bis hoch hinauf Wiesen. Sie werden gekrönt von den Dolomitstöcken des Heiligkreuzkofels, der Fanes-Sennes-Alpe (Naturpark Fanes-Sennes-Prags, 25.680 ha) und der Sella- bzw. Puezgruppe (Sass-Songher, Gardenaccia). Das von der fast 36 km langen Gader entwässerte Haupttal nimmt rechtsseitig, abgesehen von kleineren Seitentälern, das Kassianer, Wengener und St. Vigiler Tal (Einstieg in die Enneberger Dolomiten) auf, linksseitig das Tal von Untermoi und Campill. Die Felsenkuppe des Peitlerkofels (2874 m) ist in den Naturpark Puez-Geisler eingeschlossen. Abtei umfaßt das Gebiet der gleichnamigen Gemeinde mit den Fraktionen Pedratsches, St. Leonhard, Stern und St. Kassian. Zu den Talsiedlungen zählen auch Zwischenwasser, St. Vigil, Piccolein, St. Martin in Thurn, Pederoa, Corvara (1586 m, Skikarussell) und Colfuschg. In den bis vor kurzem noch weitgehend abgeschiedenen Bergtälern leben die Nachkommen der rätoromanischen Urbevölkerung. Sie bewahren ihre eigene Sprache, ihre Geschichte und den reichen Schatz von Dolomitensagen.

Ehemals mündete die Gader nicht bei St. Lorenzen, sondern östlich von Ehrenburg, zwischen Kienberg und Klosterwaldbühel, in die Rienz. Ehrenburg hat außer dem Bild einer gut in die Landschaft gefügten Siedlung auch ein barockes Schloß von Rang zu bieten, das heute noch von den Grafen Künigl bewohnt wird. Es folgen im Haupttal der Rienz die Ortschaften Kiens, St. Sigmund, Vintl und Mühlbach. Die beiden letzten rechtsseitigen Nebentäler des Pustertales sind das bei Vintl mündende Pfunderer Tal (Weitental, Pfunders) und das bei Mühlbach abzweigende Valser Tal. Den Talgrund von Pfunders beherrscht der von Erlen eingesäumte gleichnamige Bach; die Lage vieler Berghöfe im Tal ist extrem. Von hier aus kann man schöne Touren in die einsamen Pfunderer Berge machen. Das Valser Tal zeichnet sich durch eine schluchtartige, steile Mündungsstrecke im Granit, durch Wälder, Almen (z. B. Almdorf Fane) und Hochgebirgsseen (z. B. Wilder See) aus. Über dem unteren Pustertal liegt ein sonniges Mittelgebirge mit den Ortschaften Pfalzen, Issing, Hofern, Terenten (schöne Erdpyramiden) und Meransen. Die breiten Terrassen sind von Hügeln und Mulden, Feldern und Wäldern gegliedert; die runde Kuppe des Gitsch und die Eidechsspitze (2738 m) werden wegen ihrer weitreichenden Aussicht aufgesucht. Das Haupttal der Rienz läuft „In der Vintl" nach Westen aus. Die steilen Berghänge rücken einander näher, das Tal verengt sich zur Mühlbacher Klause, dem Gegenstück der Lienzer Klause. Jenseits beginnt schon mit den ersten Edelkastanien die Landschaft des Eisacktales; schmale Mauerstreifen am Hange zeugen vom einstigen Weinbau. Vorne springt auf hohem Fels die festungsartig anmutende Burg Rodenegg vor. Während sich die Rienz früher nördlich von Schabs in den Eisack ergoß, fließt sie jetzt in einer tiefen und langen Schlucht unter dem Burgfels von Rodenegg nach Brixen, um dann südlich der Stadt in den Eisack zu münden. Doch davor nimmt sie noch den Lasankenbach aus dem Lüsental auf.

Im Mündungsgebiet der Gader in die Rienz erhebt sich auf einer Felskuppe die Anlage des einstigen Sonnenburger Benediktinerinnenklosters.

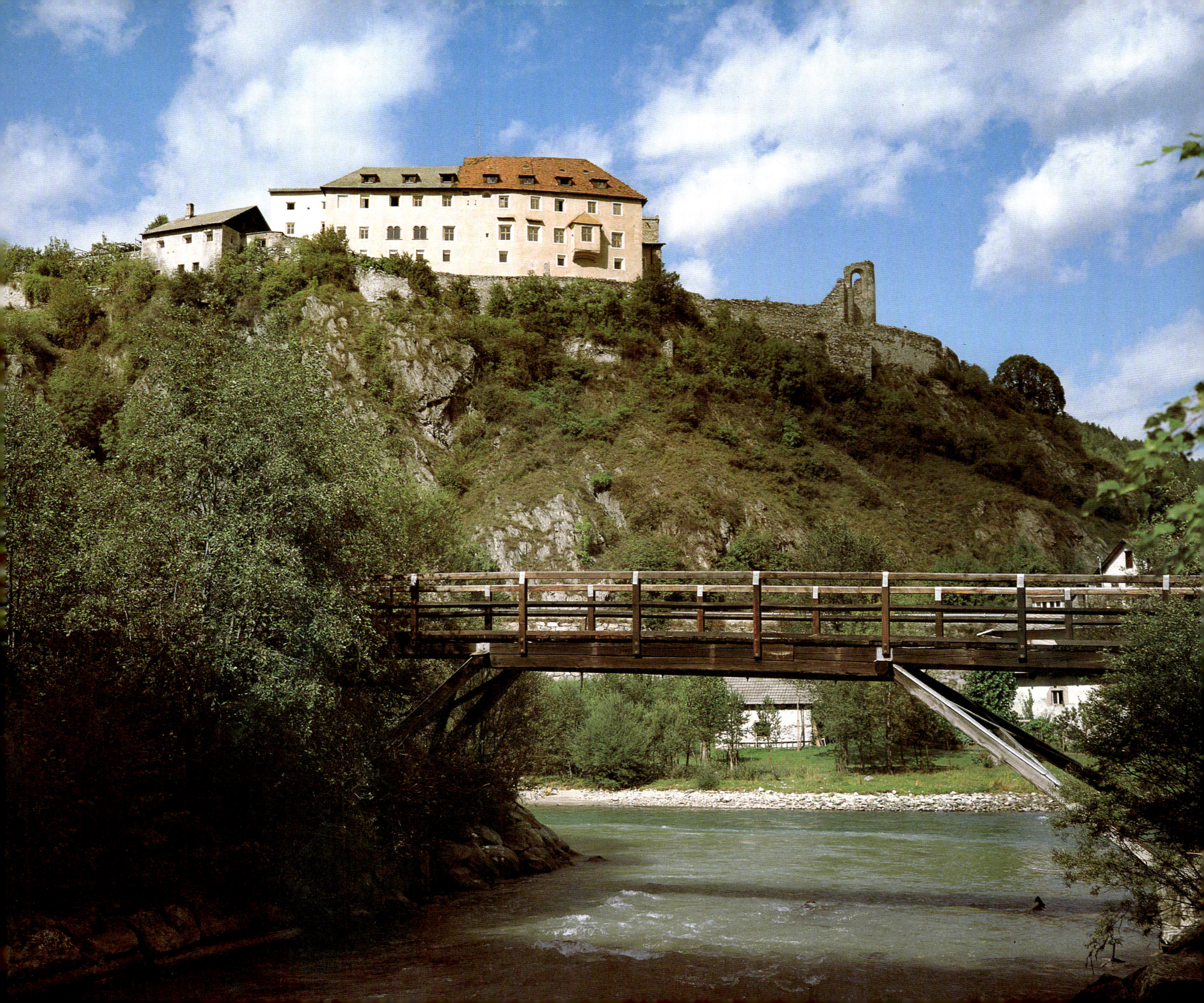

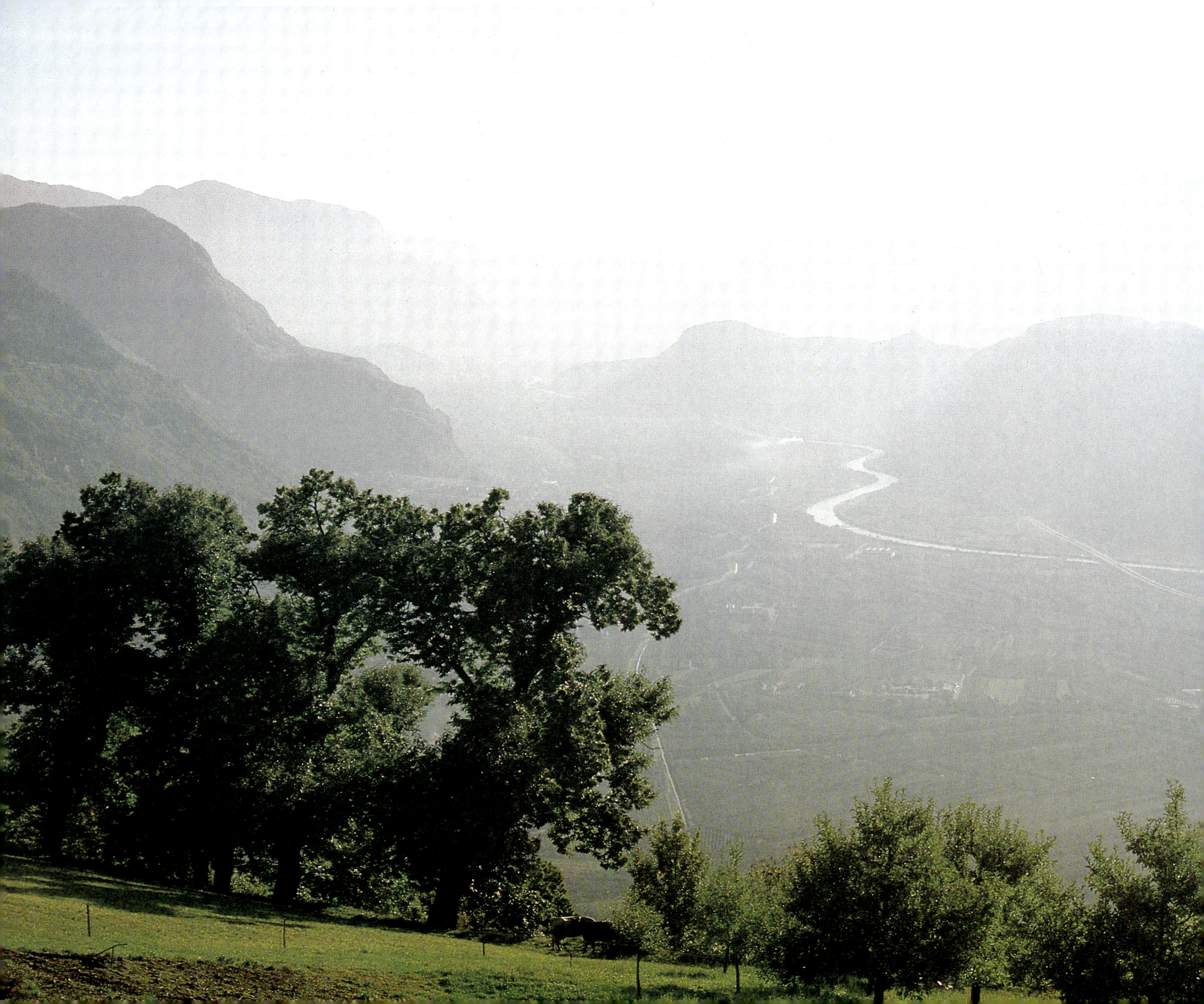

Das Bozner Unterland und das Überetsch

Das Unterland erstreckt sich von der Eisackmündung bei Bozen bis Salurn. Eine Besonderheit dieses Talabschnittes stellt das Überetsch dar, das aus alten Ablagerungen der Etsch besteht, die einst zwischen der Mendel und dem Porphyrrücken des Kaiser- bzw. Mitterberges (Sigmundskron—Gmund) abfloß. Ein prachtvoller Blick über das Unterland und das Überetsch bietet sich von der Höhe des Rittens bei Bozen aus. Rechts zeigt sich etwas erhoben zwischen dem Mitterberg und den Dolomitabhängen der Mendel (Roèn, 2166 m) das an Burgen und Schlössern reiche Überetsch. Zwischen den Ausläufern des südlichen Porphyrplateaus bzw. den Vorbergen der Dolomiten und dem Mendelgebirge zieht sich in der Talmitte das silberne Band der Etsch südwärts nach Salurn, wo die Bergfluchten (Fennberg, Geierberg) zur bekannten Klause zusammenrücken. Siedlungsspuren der Bronzezeit begegnen wir u. a. am Peterköfele in Leifers, auf den Kuppen der Laim- und Leuchtenburg (Mitterberg), in St. Peter bei Altenburg, in Graun bei Kurtatsch, am Burghügel von Entiklar, in Laag, Margreid und Buchholz. Ausgedehnte Bronzezeit-Siedlungen treffen wir bei Sigmundskron und Castelfeder, früheisenzeitliche Gräberfelder bei Pfatten. Ein Großteil der heutigen Ortschaften geht auf römerzeitliche Ursprünge zurück, so z. B. Eppan, Girlan, Neumarkt, Kurtatsch, Branzoll, Tramin und Kaltern. Auf den Schwemmkegeln der Seitenbäche, auf den Leiten, Hängen und Terrassen hatten die hier siedelnden Menschen seit langem die Naturlandschaft in eine Kulturlandschaft umgewandelt. Die Landstreifen beiderseits der Etsch waren aber bis vor einem Jahrhundert kaum genutzte Auen- und Streumoosgebiete. Heute ist die ganze Talsohle der Etsch ein geschlossener Obstwald; die Hügellagen sind stellenweise ein einziges Rebland (z. B. Kaltern, Tramin). Von den ehemaligen Schilf- und Riedflächen sind nur mehr wenige Relikte übriggeblieben, so der Schilfgürtel am Kalterer See, das Schilfufer des Großen Montiggler Sees und der „Etschloch-Weiher" beim Bahnhof Margreid.

Ausblick vom Weiler Seit (868 m) über Leifers auf den Etschlauf und das Bozner Unterland

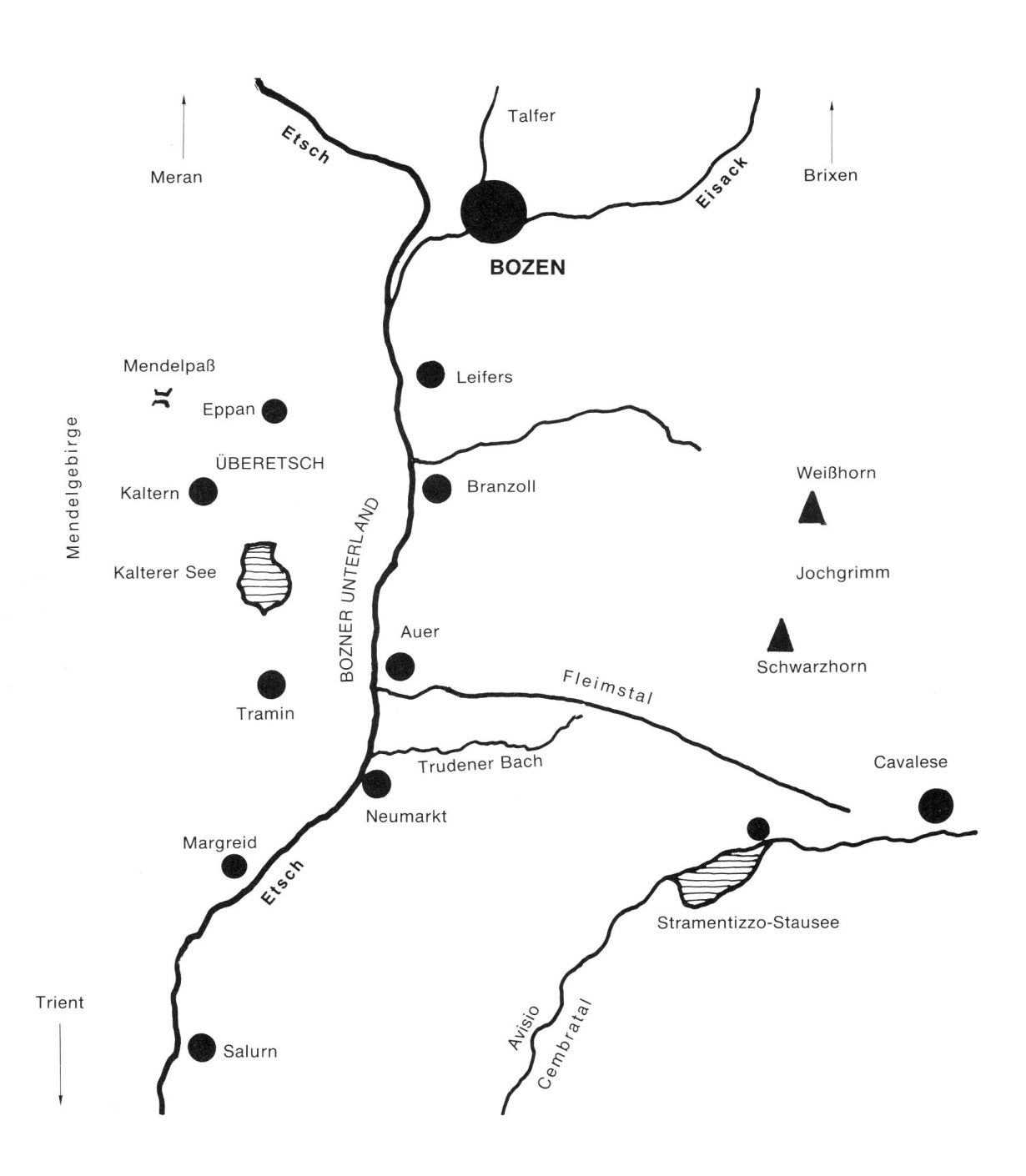

Entlang der „Weinstraße" durch das Überetsch

Die Etschbrücke bei Schloß Sigmundskron ist eine uralte Verbindung ins Überetsch. Spätestens um 1216 gab es hier schon eine Brücke, denn in diesem Jahre fand unter dem Vorsitz des Bischofs von Trient eine Adelsversammlung am „Brückenkopf zu Füßen des Schlosses Formigar" statt. Von hier aus führt die „Südtiroler Weinstraße" über Eppan, Kaltern, Tramin, Kurtatsch, Margreid und Kurtinig, das wie eine Insel mitten im Etschtal liegt. Eine Abzweigung der Weinstraße erreicht von Frangart aus das bekannte Weindorf Girlan. Diese alte Siedlung befindet sich im Bereich der zum Etschtal abfallenden Porphyrkulisse des Mitterberges. Das sonst so intensiv mit Reb- und Obstanlagen bebaute Gebiet weist auf dem stark verbreiterten Rücken des Mitterberges eine vielfältige Waldzone (Föhre, Buche, Kastanie, Eiche u. a.) auf, in welche die zwei Montiggler Seen eingebettet sind. In keinem anderen Gebiet der Bozner Umgebung blühen im März so viele Frühlingsknotenblumen (Lecojum vernum) wie am Angelbach bei Montiggl, der aus dem Großen Montiggler See fließt.

Wein- und Obstgärten prägen das zwischen dem Mitterberg und dem Mendelzug gelegene Überetsch. Schluffreiche Seesande im Gebiet von St. Pauls und Missian weisen auf einen spätglazialen See hin. Von Missian aus kann man einen umfassenden Burgenblick genießen, nämlich auf das klassische Dreieck von Schloß Korb, Boymont und Hocheppan mit dem schlanken Kreidenturm zu Füßen der letztgenannten Ruine. Das Prunkstück von Hocheppan ist die Burgkapelle mit ihren romanisch-byzantinischen Wandmalereien. — Eppan (411 m) ist ein Sammelname für zahlreiche Weiler und Fraktionen: St. Michael, St. Pauls, Missian, Perdonig, Girlan, Frangart,

Der Große Montiggler See liegt mitten in den von der Kammhöhe des Mitterberges gegen die Rebflächen von Kaltern und Eppan sich abdachenden Mischwaldungen. Das südliche Ufer weist einen schönen Schilfbestand auf.

Biotop „Schilfgürtel" am Kalterer See

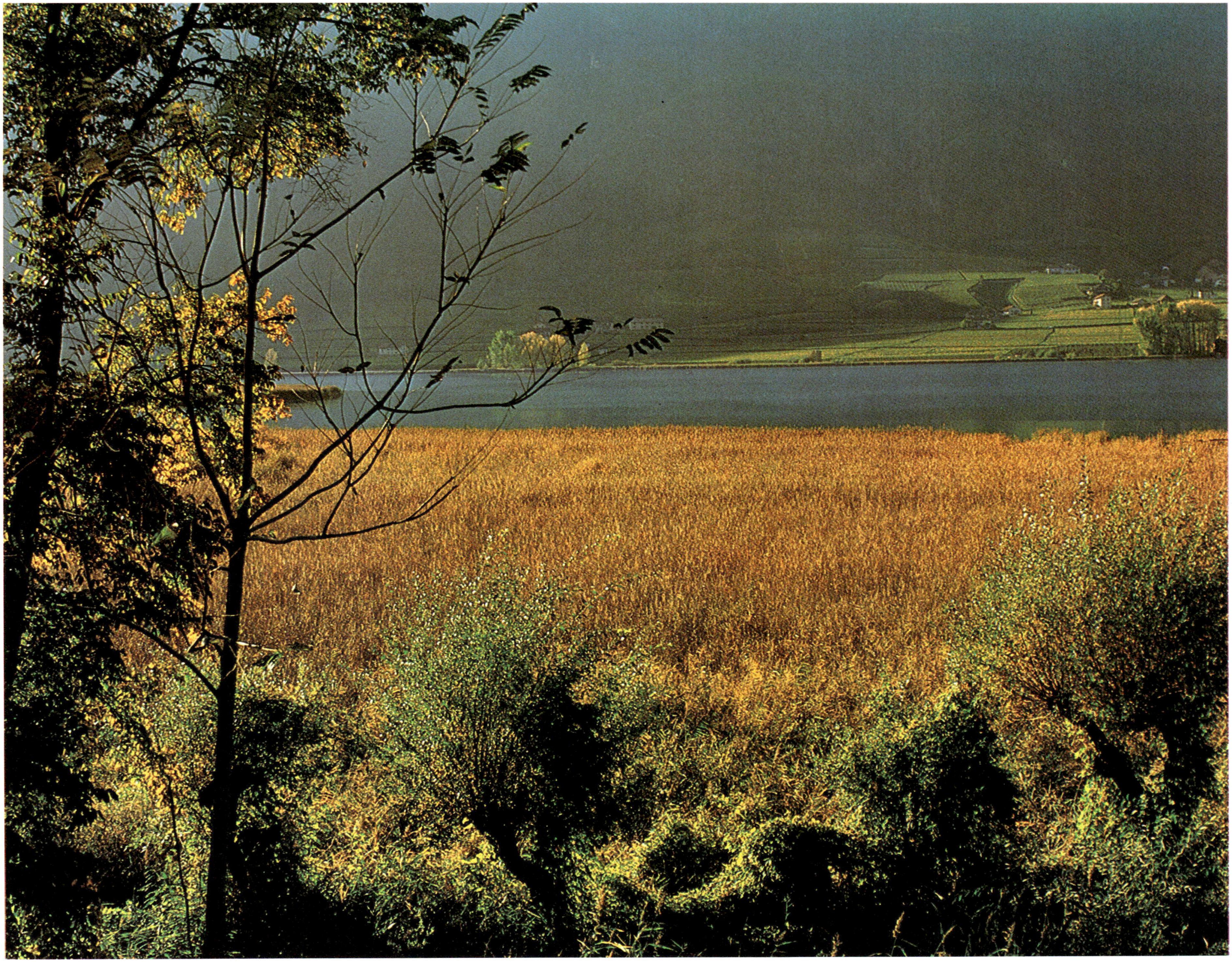

160

Montiggl und Unterrain. In der kesselartigen Vertiefung des Porphyr-Bergsturzes vom Gandberg, unweit des beliebten Ausflugszieles „Stroblhof", liegen die interessanten Eppaner Eislöcher. Es handelt sich dabei um Höhlen und Mulden von geringer Tiefe, die durch Spalten und Risse mit dem Inneren des Sturzfeldes in Verbindung stehen. Aus diesen Öffnungen weht ein kalter Windhauch, der die Luftschicht bis zu fünf Meter hoch erheblich abkühlt, so daß sich im Bereich der Hohlräume Eiszapfen bilden. Mit der Temperatur ändert sich schlagartig die Vegetation: In unmittelbarer Nähe von Reben und Kastanien wachsen auf gleicher Höhenlage Alpenrosen. Neben vielen Moosen und Flechten gedeihen hier Pflanzen, deren ursprünglicher Standort auf den Bergwiesen der alpinen und subalpinen Region ist.

Während die Montiggler Seen in Becken von eiszeitlichen Moränen eingebettet sind, wird der Kalterer See (214 m) von den Alluvionen der Etsch aufgestaut. Der von Weiden und Pappeln durchsetzte Schilfgürtel am Südufer ist vor allem im Frühjahr und Herbst ein Rastplatz für durchziehende Sumpf- und Wasservögel, so für Enten, Reiher (Fischreiher, Purpurreiher), Haubentaucher, Bekassinen, Kiebitze und Trauerseeschwalben. Vereinzelt halten sich auch Weißstörche, Kormorane, Kraniche und Fischadler auf. Der Kalterer See liegt in der Gabelung der wichtigen Vogelfluglinien einerseits über den Reschenpaß ins Oberinntal, anderseits über den Brennerpaß

Ausblick von Castelfeder bei Auer auf die Etsch (Bozner Unterland)

1	2
3	4

Tiere des Eichenmischwaldes im Bozner Unterland:
1 Großer Eichenbock — Pärchen (Cerambyx cerdo)
2 Großer Eichenbock — Weibchen
3 Italienischer Skorpion (Euscorpius italicus)
4 Gottesanbeterin - Weibchen (Mantis religiosa)

ins Unterinntal. Außerdem ist dieses Gebiet die einzige größere Schilfzone zwischen Meran und Verona. Der See bietet den Vögeln selbst im Winter Aufenthaltsmöglichkeiten, da mehrere Zonen stets eisfrei bleiben. Zu den Wintergästen zählen Enten, Bläßhühner, Zwergtaucher, Rohrweiher, Rohrdommeln und Raubwürger; außerdem fallen nach starken Schneefällen mitunter Schwärme von Kleinvögeln (Meisen, Bachstelzen, Grasmücken, Laubsänger u. a.) ein. Regelmäßig brüten Bläßhuhn, Teichhuhn, Fasan, Wasserralle, Zwergdommel, Wiedehopf, Wendehals, Rohrammer, Beutelmeise und verschiedene Rohrsänger. Fast alljährlich fliegen über dem See die Rohrweihe und der Schwarze Milan. Den Hintergrund des Kalterer Sees bilden die mit Buschwerk bewachsenen Porphyrhänge des Mitterberges, der von der Ruine Leuchtenburg gekrönt wird. Hier leben die großen Smaragdeidechsen und verschiedene südliche Schlangenarten, wie Äskulapnatter und Aspisviper.

Von Kaltern führt die Weinstraße nach Tramin. Ausgedehnte Rebanlagen ziehen hoch hinauf, bis nach Altenburg, von wo aus sich ein prachtvoller Blick auf den Kalterer See auftut. Darüber folgen Mischwälder und die felsigen Abstürze des Roèn mit dem tief eingerissenen Höllentalbach. Der hochragende Turm von Tramin ist ein Wahrzei-

Der Etschlauf bei Pfatten im Bozner Unterland
Würfelnatter (Natrix tessellata)

1 Eisvogel (Alcedo atthis)
2 Ringelnatter (Natrix natrix)
3 Etschgraben mit dichter Ufervegetation
4 Etschgraben mit Schilf und schwimmender Wasserlinse

163

chen der ganzen Umgebung; etwas höher liegt das Kirchlein St. Jakob auf Kastelaz mit seinen wertvollen Fresken. Als kleine Fraktion gehört zu Tramin nur noch der Weiler Söll, an der Fahrstraße nach Altenburg. — Ausgeprägter und etwas höher als Tramin liegt auf einer kleinen Terrasse über dem Etschtal das Weindorf Kurtatsch, zu dem auch die Fraktionen Penon und Graun gehören. Von hier führt eine Autostraße auf die freie Hochfläche des Fennberges hinauf, der dem Mendelgebirge vorgelagert ist. In Oberfenn kann man unweit des Jagdschlosses Ulmburg ein stimmungsvolles Moor mit zahlreichen Torfmoosen, Wollgräsern, Binsen, Seggen und Rohrkolben bewundern. Am Abflußgraben des Unterfenner Moorsees hat sich bisher der Flußkrebs halten können. In den Lichtungen der Buchen-Tannen-Wälder wuchert eine mannigfaltige Kraut- und Strauchschicht. Bis in Höhen von 1800 Meter reichen die mit Legföhren und Lärchen vergesellschafteten Strauchbuchen und künden von der besonderen Klimagunst des Fennberges.

Die Weinstraße führt an Margreid (243 m) vorbei, das treffend als „Dorf der Torbogen" bezeichnet wird. Rundbogen-, Spitzbogen- und Renaissance-Portale finden sich hier so häufig, daß sie zu einem charakteristischen Merkmal des malerischen Dorfbildes geworden sind. Die Lage von Margreid ist typisch für viele Ansiedlungen des Etschtales, die auf den Schuttkegeln von Bergbächen entstanden sind. — Südlich des Dorfes senkt sich die Weinstraße ganz zum Talboden und erreicht die kleine Gemeinde Kurtinig, eine Etschtalinsel inmitten von Obsthainen und Reben.

Das Bozner Unterland links der Etsch

Die nördlichste Gemeinde des Bozner Unterlandes ist Leifers (258 m) mit ihren Fraktionen Steinmannwald und St. Jakob. Hier mündet der vom Reggelberg kommende, an einer Bruchlinie in den Porphyr eingetiefte Brantentalbach. Eine fünfhundert Meter lange und bis sechs Meter hohe Mauer leitet diesen Bach vom Austritt aus dem Berghang nach Südwesten und damit vom Ortskern von Leifers ab. Durch das einsame Brantental führt der bekannte Wallfahrtsweg nach Maria Weißenstein (1521 m). Das Gemeindegebiet von Pfatten erstreckt sich größtenteils am rechten Etschufer, etwa von der Höhe zwischen Leifers und Branzoll bis Gmund, wo die Etsch den Südsporn des Mitterberges streift. Im südlichen Teil liegen die Ruinenreste der Laimburg, an einem uralten Übergang zum Kalterer See. Wer auf der Staatsstraße von Bozen nach Auer fährt, der sieht von Branzoll nur die altersgrauen Dächer. Eine Umfahrungsstraße quert bergseitig über dem Dorfkern den mächtigen Schuttkegel, den der Aldeiner und Petersberger Bach an ihren Mündungen aufgeschüttet haben. Steil fällt die Hochfläche von Aldein gegen das Etschtal ab; an den Porphyrwänden fallen mächtige Steinbrüche auf. Sehr wichtig war die Rolle von Branzoll vom Mittelalter bis ins 19. Jahrhundert als Kopfstation der Etschschiffahrt. Hier war ein wichtiger Anlegeplatz für Schiffe, Flöße und Triftholz. Auch in Auer, Vill und Neumarkt gab es solche „Lendplätze", wo das Holz der Etsch zum Transport übergeben wurde. Der Ort Auer befindet sich auf dem Schuttkegel des Aurer Baches, dessen Quelläste, der Bletter- und Weißenbach, sowie dessen Mittellauf (Hohlenbach) tiefe Schluchten in den Untergrund geschnitten haben. Der Unterlauf floß ursprünglich geradlinig, zeitweise die St.-Peters-Kirche umfassend, der Etsch zu. Auer gehört mit Branzoll, Neumarkt und Montan als eines der wichtigsten Viertel zur Urpfarre und zum Gericht Enn (Schloß Enn), die alles Land von der Etsch bis zu den Grenzen gegen das Fleimstal hin umfaßten. Über Auer zieht sich das sagenumwobene Porphyrgelände von Castelfeder (406 m) hin, ein uralter Kulturboden, der den Archäologen noch manches Rätsel zu lösen gibt. Auf den mit verschiedenen Sträuchern bewachsenen Steppenhängen stehen uralte Eichen mit weiten Kronen. Der charakteristischen Flora und Fauna der Trockenhänge stehen die der feuchtsumpfigen Biotope gegenüber. Am Fuße von Castelfeder, direkt am Damm der ehemaligen Fleimstalbahn, liegt der „Langensee", in einer höher sich befindenden Senke der „Wurm- und Schwarzsee". Wer von Castelfeder zur Salurner Klause im Süden blickt, der erkennt deutlich die stufenförmig abfallenden Terrassen des gegen das Etschtal vorgeschobenen Fennberges. Die von Auer zum Luganopaß und ins Fleimstal führende Straße ermöglicht auch eine Zufahrt zu den Weilern Montan und Pinzon. Besonders sehenswert sind das prächtige Schloß Enn und die Stephanskirche in Pinzon. An den Leiten gedeihen edle Weine, so der Blauburgunder und der Gewürztraminer.

Vom Unterland aus gelangt man über die Fleimstalstraße zu den Ortschaften Truden und Altrei. Lichte Lärchenwälder, an Orchideen reiche Wiesen und kleine Moore gliedern die als Naturpark „Trudner Horn" (ca. 6500 ha) geschützte Mittelgebirgslandschaft am Fleimser Höhenrande. Im „Langen Moos" bei Altrei wachsen u. a. der Sumpfbärlapp (Lycopodium inundatum) und der Mittlere Sonnentau (Drosera intermedia). Kaum woanders in Südtirol blühen die Wiesen so bunt wie in Altrei, das hoch über dem Tal des Avisio liegt. Die Grenzziehung dieses Schutzgebietes vom Luganopaß bis zur Salurner Klause ist durch die Landesgrenze zum Trentino vorgegeben.

An einer der breitesten Stellen des Etschtales befindet sich Neumarkt (217 m), der Hauptort des Unterlandes. Der Trudener Bach, der sein Geschiebe vorwiegend aus der Moränenfüllung der zwischen Cislon und Gampenberg eingebetteten Senke von Truden bezieht, hat den mächtigen Schuttkegel von Neumarkt und Vill aufgebaut, dabei mehrfach auch die Viller Kirche eingeschottert. Ein Wahrzeichen dieser Gegend bildet die Ruine von Schloß Kaldiff, gleich oberhalb am Graben des Trudener Baches. Die Hauptstraße von Neumarkt wird von den altertümlichen Lauben, den erkergeschmückten Fassaden der Häuser und den großen Toreinfahrten mit geräumigen Höfen geprägt. Die verkehrs- und handelspolitische Bedeutung des Ortes reicht weit in das Mittelalter und noch früher zurück. Das mächtige Ballhaus am südlichen Ortsausgang erinnert an die Zeit, da Neumarkt eine Hauptstation der Schiffahrt auf der Etsch war. Über Neumarkt liegen auf einer langgestreckten Terrasse die reiz-

Biotop „Etschloch-Weiher" bei Margreid

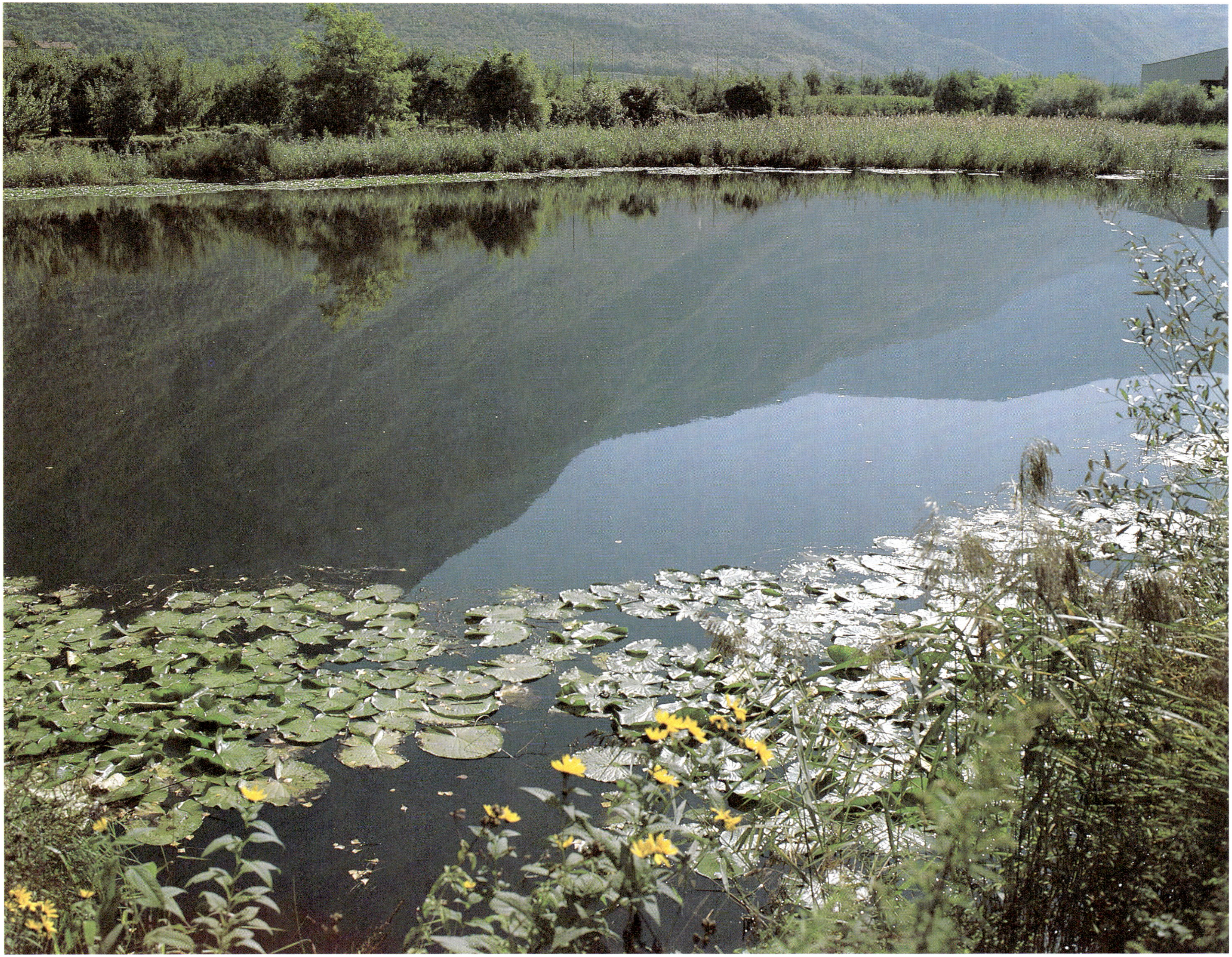

voll gegliederten Weindörfer Pinzon und Mazon. Laag, eine Fraktion der Gemeinde Neumarkt, steht ganz im landschaftlichen Banne der darüber aufragenden, aus Kalkgestein aufgebauten Madrutwand (1507 m). Etwa zwei Kilometer nördlich von Laag trifft man auf das uralte Kirchlein St. Florian an der Etsch; etwas am Berghang erhöht liegt das ehemalige Pilgerhospiz „Klösterle". Hier gewahrt man auch ein E-Werk, in dem das Wasser abgearbeitet wird, das durch einen rund zehn Kilometer langen Stollen aus dem großen Stausee von Stramentizzo im Cembratal heranfließt. Zwischen Laag und Salurn soll sich früher ein See ausgebreitet haben, der im Jahre 1326 urkundlich als „Laager See" aufscheint. Es geht schon aus früheren Reiseberichten hervor, daß hier vom Etschfluß ein großer See gebildet wurde. Daher scheint ein alter Weg von Salurn entlang der Berghänge über Buchholz bis zur Mündung eines Baches geführt zu haben, der sich durch eine Schlucht von Gfrill ins Tal ergießt. Der submediterrane Flaumeichen-Hopfenbuchen-Buschwald an den Hängen von Madrut und Königswiese sowie am Geierberg ist in den Naturpark „Trudner Horn" eingeschlossen. Vom Titschengraben bei Salurn bis gegen Gfrill (1329 m) geht der Buschwald aufgrund des schattig-feuchten Lokalklimas in den Buchen-Tannen-Wald über. Stellenweise werden auch Föhrenwälder mit verschiedenen Trockenelementen im Unterwuchs bestandsbildend. Das letzte Dorf im linksseitigen Bozner Unterland ist Salurn (226 m); zu dieser uralten Siedlung gehören auch die schöngelegenen Bergfraktionen Buchholz und Gfrill. Nur die Bedeutung des Platzes als Straßenknotenpunkt kann für das Werden dieser Ortschaft bestimmend gewesen sein.

Wenn die von den Etschwassern überschwemmte Klause ein Durchkommen nicht mehr zuließ, dann mußte der Verkehr über den flachen Sauch-Sattel hinter dem Geierberg nach Faedo und von hier ins Etschtal hinunterbiegen oder auch weiter auf der Höhe über den See von Lasès in die

Wasserfall des Titschenbaches bei Salurn

Valsugana führen. Wer heute Salurn besucht, den nimmt die Szenerie der näheren Umgebung sofort gefangen. Der Titschenbach erreicht mit einem Wasserfall über die Felsen den Talgrund. Wie ein gut getarntes Felsennest ragt die Haderburg aus einem schmalen Felsgrat auf; ihre Wehranlagen sind im Schrofengelände des Geierberges verankert. In Salurn betonen die vielen adeligen Ansitze das Straßenbild des Dorfkerns. Südlich der Ortschaft treten die Abstürze des Geierberges links der Etsch und die noch steilwandigeren Felsfluchten des Fennberges rechts des Flusses zur Salurner Klause zusammen. Nur etwa zwei Kilometer breit wird hier die Talsohle eingeschnürt, von der Etsch in zwei ungleiche Hälften zerschnitten. Hier verläuft heute die Provinzgrenze zwischen Bozen und Trient sowie die deutsch-italienische Sprachgrenze.

Wie ein gut getarntes Nest ragt die Haderburg bei Salurn aus einem isolierten Felskegel empor.

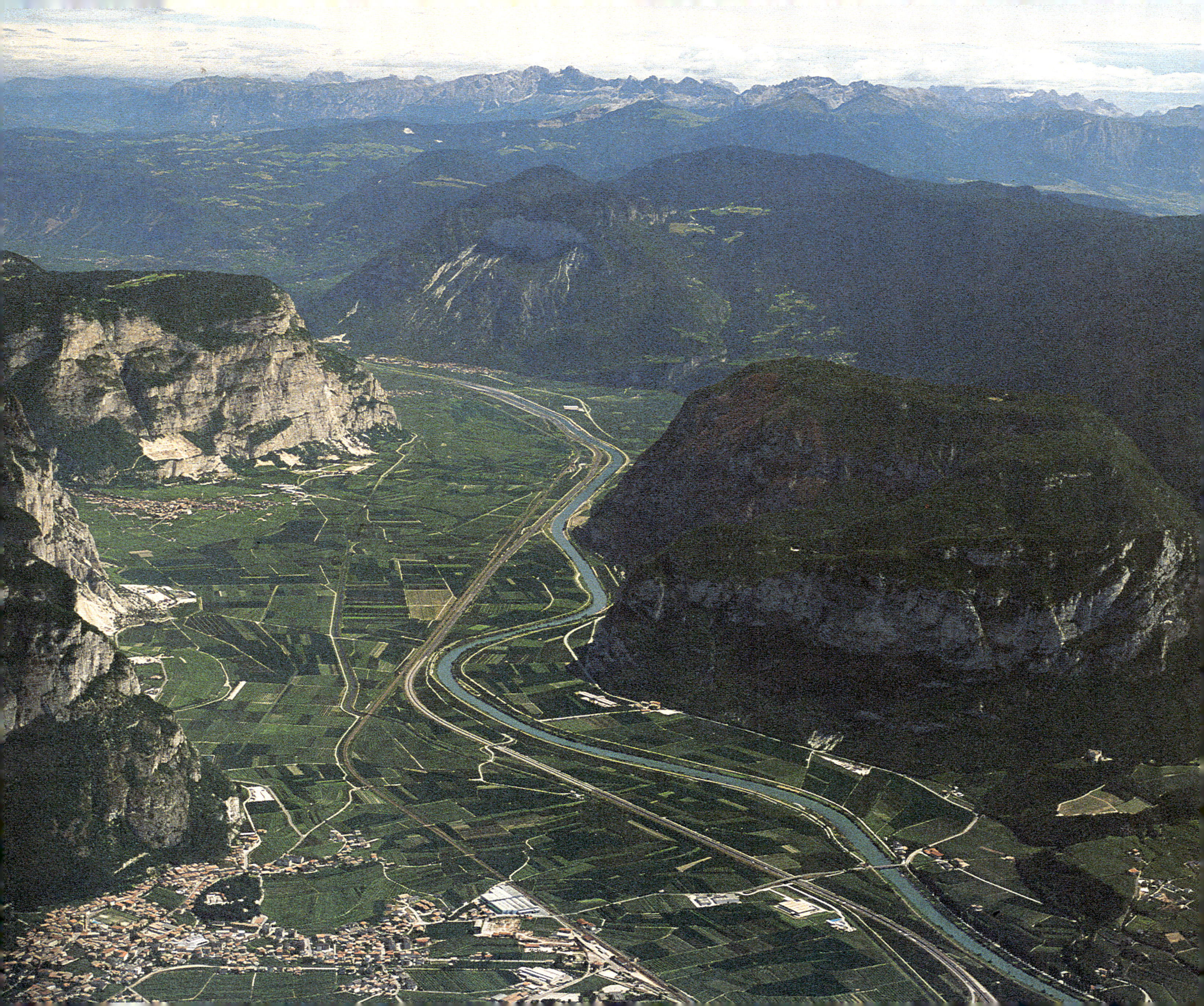

Der Etschverlauf zwischen Salurner Klause und Trient

Südlich der Salurner Klause öffnet sich das Etschtal zum weiten Rebengelände des „Campo Rotaliano". Die alte Siedlung San Michele liegt am linken Etschufer; darüber fällt auf einem Hügelgelände das Castel Montereale auf. Westlich der fruchtbaren Ebene mündet bei den großen Dörfern Mezzolombardo und Mezzocorona das Nonstal, das vom Noce durchflossen wird. Von Mezzocorona führt eine Seilbahn auf die kleine Siedlung Monte, von wo aus man eine weitreichende Sicht auf die Umgebung von Trient hat. Hierher gelangt der trittsichere Wanderer auch durch die tiefe Schlucht des „Burrone Giovanelli". Im Schluchtgrund tost ein sauberer, kalter Bach, und seitlich erheben sich gigantische Felswände. — Nave S. Felice ist ein sehr alter Hafen an der Etsch. Die große Ortschaft Lavis befindet sich am rechten Ufer des Avisio, der durch eine klammartige Porphyrschlucht aus dem Valle di Cembra kommt. Von Lavis führt eine Seilbahn auf die schönste Aussichtswarte von Trient, die Paganella (2124 m). Auf dem Gipfel des aus Dolomit und Jurakalken aufgebauten Berges befindet sich die meteorologische Station der Luftwaffe. Im Jahre 1955 wurde durch einen plötzlichen Bergsturz die alte Ortschaft Zambana teilweise zerstört, die sich auf einem Schuttkegel am Fuße der Paganella ausgebreitet hat; heute noch ist die frische Abbruchstelle in der Felswand von weitem zu erkennen. An Stelle der gefährdeten Siedlung wurde im Gemeindegebiet von Lavis die Ortschaft „Zambana Nuova" erbaut. Bald erreicht man Trient (194 m), die Hauptstadt der Autonomen Provinz Trento. Zwischen der Etsch und der Brennerautobahn erhebt sich der Dos Trento, ein isoliert dastehender Felshügel, der nicht nur von geschichtlicher, sondern auch von naturkundlicher Bedeutung ist. — Wegen der Lage an der Etsch war Trient bis zum Jahre 1858 ein bedeutender Binnenhafen. Der weite Talkessel wird von mesozoischen Kalkgebirgen eingerahmt: von der Gaza-Paganella-Gruppe und dem Bondone (Trienter Skiberg) im Westen, vom Calisio (uralter Silberbergbau), der Marzola- und Scanuppia-Gruppe (Vigolana) im Osten. Trient hat eine besondere Wichtigkeit als Straßenknotenpunkt: Hier zweigt östlich die Straße durch die Valsugana ab, die über Levico und Borgo nach Bassano und weiter nach Venedig führt. In westlicher Richtung hingegen stellt die Straße durch den Buco di Vela und das Tal der Seen (z. B. Lago di Terlago, Lago di Toblino) eine Verbindung nach Arco und Riva am Gardasee her. Die bei Trient in einer beeindruckenden Schlucht (Valle dell'Orco, Ponte Alto) mündende Fersina entstammt dem schönen Gebirgstal der Mocheni (Fersental). Südlich von Trient zweigt die Friccastraße auf die im Ersten Weltkrieg bekannt gewordene Hochfläche der Sieben Gemeinden (Lavarone, Folgaria) ab.

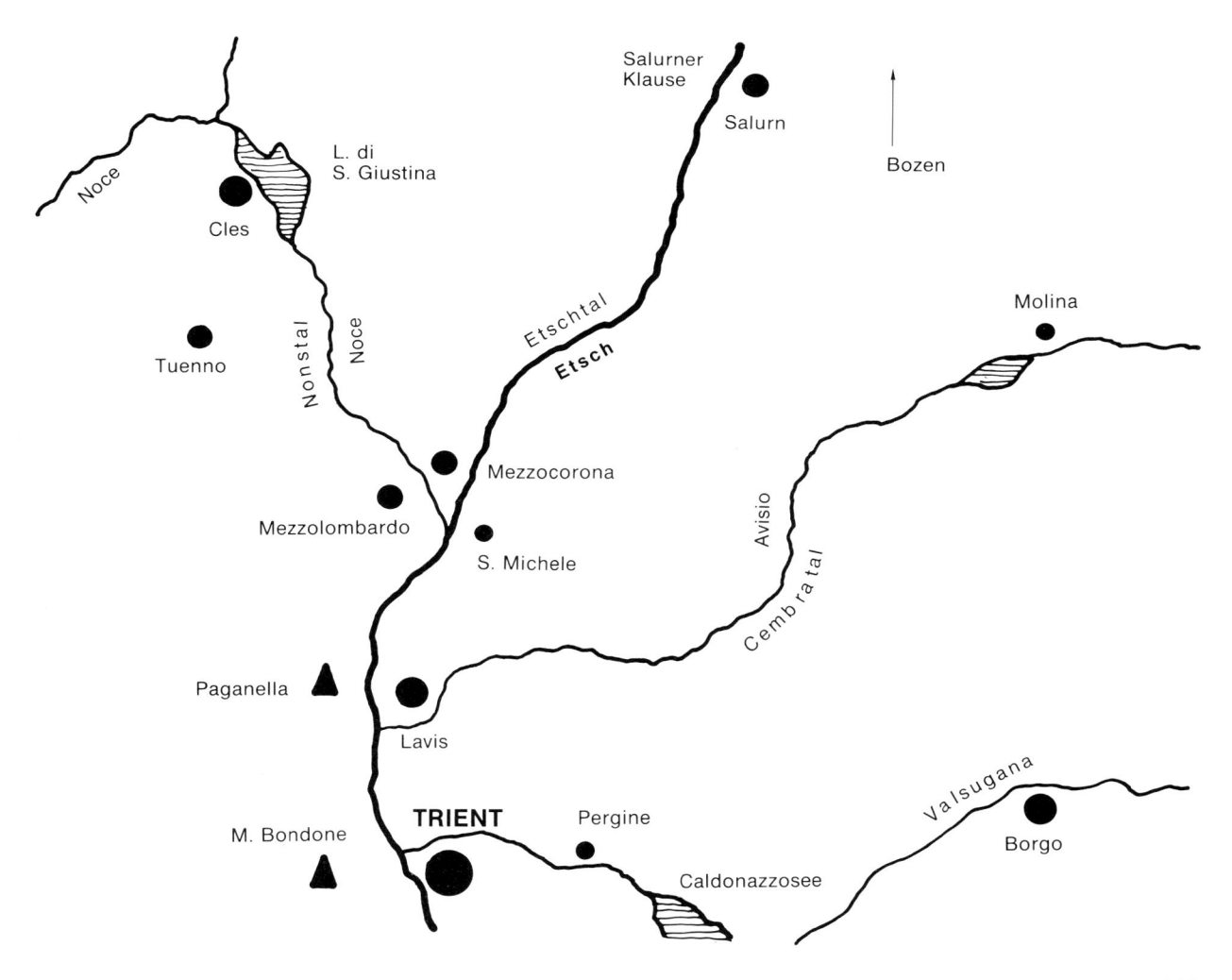

Der Etschlauf im Bereich der Salurner Klause mit den Ortschaften Mezzocorona und Aichholz

Das Tal des Noce (Sulzberg, Nonsberg)

Der Noce, ein rechter Nebenfluß der Etsch, entspringt in der südlichen Ortlergruppe und sammelt seine Gewäser im Bereich Presanella-Tonalepaß-Ortler. Dieses vor allem durch Land- und Forstwirtschaft geprägte Bergtal, in dem der Obstbau beim Hauptort Malè beginnt, heißt seit alters Val die Sole (Sulzberg). Es ist ein grünes Tal, begleitet von waldigen Bergen, das im oberen Teil bis zur Paßhöhe ansteigt, von der man ins Veltlin und an den Iseosee gelangt.

Oberhalb von Cles tritt der Noce in eine große, von Nord nach Süd verlaufende Talweitung ein, die einer bis zum Gardasee verlaufenden Tiefenzone angehört. Dieses weite Becken mit seinen Hügeln und Terrassen in 600 bis 800 m Höhe wird als Nonsberg bezeichnet. In der Mulde befinden sich kalkige und mergelige Jura-, Kreide- und Alttertiär-Schichten. Zahlreiche enggeschlossene Orte mit zumeist romanischen Namen, viele Kirchen und Burgen kennzeichnen die alte Kulturlandschaft; zentrale Orte sind Cles und Fondo. Boden und Klima ermöglichen reiche Obstkulturen, auf den Hängen stocken ausgedehnte Fichtenwälder, und weite Almen begünstigen die Viehwirtschaft. Im Nonsberg wurde im Jahre 1950 der Stausee von Santa Giustina mit einer 152 m hohen Staumauer (172 Mill. m^3) angelegt. Der Noce folgt dem Nonsberg bis zu einem Durchbruch in das Etschtal bei Mezzolombardo, um schließlich bei Mezzocorona in die Etsch zu münden.

Den Nonsberg erreicht man nicht nur von Trient aus, sondern auch von Meran über die Gampenstraße und von Bozen über den Mendelpaß. Im oberen Nonsberg liegen die deutschsprachigen Gemeinden St. Felix, Unsere Liebe Frau im Walde, Proveis und Laurein. Dann folgen Dörfer, die auf einmal romanischen Charakter zeigen und deren Einwohner italienisch sprechen. Das in

Die Noce-Schlucht (Chiusa della Rocchetta) am Übergang des Nonstales in das Etschtal

Der 8 km lange Lago di Santa Giustina im Nonstal ist einer der größten Stauseen Italiens.

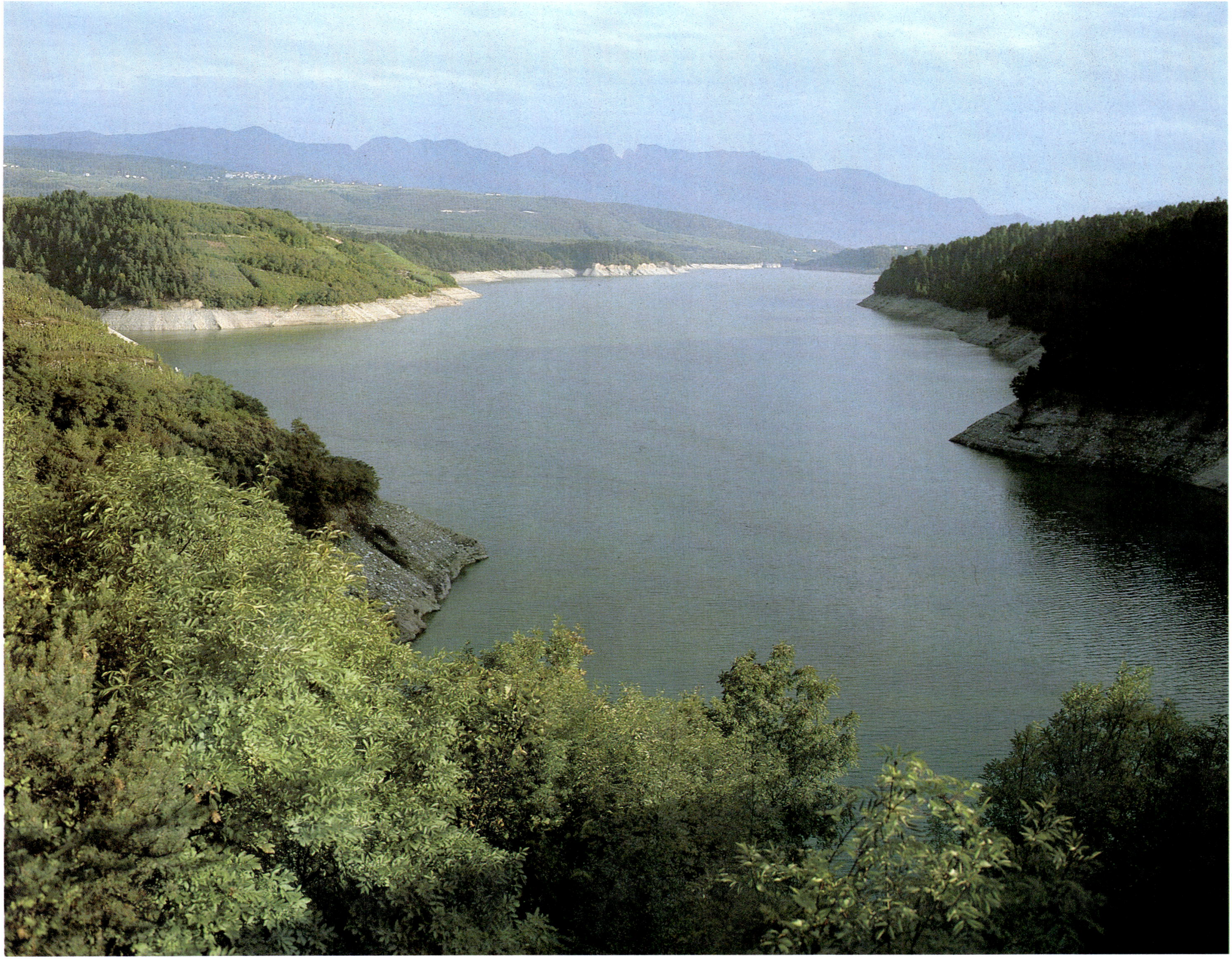

römischer Zeit „Anaunia" genannte Nonstal steigt nach Süden zu ab, wobei es von tiefen Längs- und Querschluchten durchschnitten wird. Wo sich die Gampenstraße mit der vom Mendelpaß kommenden trifft, befindet sich die Ortschaft Fondo, die heute mit dem Sommerfrischort Malosco fast zu einer Einheit zusammengewachsen ist. In Fondo gabelt sich die südwärts strebende Straße: Der eine Strang führt über die tiefe Talschlucht nach Castelfondo, dann zum Santa-Giustina-Stauseegebiet und weiter nach Malè. Der andere Strang geleitet ebenfalls südwärts zum Stausee, doch an den sanften Hängen des Monte Roèn (Mendelkamm) entlang durch eine Reihe anmutiger Ortschaften (z. B. Romeno, Sanzeno). In der Nähe von Sanzeno, das den „Dom Anauniens" beherbergt, liegt die vielbesuchte Einsiedelei von San Romedio.

Allenthalben kann man im Nonsberg zum Teil gut erhaltene Schlösser und Burgen bewundern. Zwei Familien spielten dabei eine entscheidende Rolle: die Grafen von Thun und die Grafen von Spaur. Castelfondo ist eine der reizvollsten kleineren Burgen des Nonsberges. Das Schloß Cles steht imposant auf einem steil in den Stausee von Santa Giustina abfallenden Bergsporn und ist im Besitz der Freiherren gleichen Namens. Auf dem Weg von Fondo nach Trient liegen linker Hand Castel Thun, Coredo und Bragher (unweit von Taio). Castel Thun ist ein riesiges, wohlerhaltenes Schloß. Gegenüber von Thun, auf der anderen Seite des Noce, steht auf einem Bergsporn Valer, eine Burg der Grafen von Spaur. Von Valer aus erreicht man durch den engen Rocchettapaß nach Mezzolombardo im Bereich der fruchtbaren Ebene leicht den Ausgang in das Etschtal. Gegenüber erblickt man Mezzocorona mit dem Schloß der Grafen Firmian; über diesem Ort steht die Burgruine Kronmetz in einer senkrecht abfallenden Felswand.

Von Tuenno im Nonsberg erreicht man auf einer Fahrstraße den inmitten der Brenta-Dolomiten gelegenen und in dichte Wälder eingebetteten Lago di Tovel (1178 m). Obwohl die durch eine kleine Alge (Glenodinium sanguineum) hervorgerufene Rotfärbung infolge Wasserverschmutzung seit etwa 1965 ausgeblieben ist, bildet der Tovel-

Das klammartige Tal des S.-Romedio-Baches mit dem weitum bekannten Wallfahrtsort auf der Spitze eines hohen Felsens (Nonsberg)

see immer noch einen Anziehungspunkt für Naturfreunde aus aller Welt.
Die Brentagruppe liegt den Trentinern sehr am Herzen; deshalb wird sie auch besonders viel besucht. Neben Tuenno sind vor allem Dimaro (Val di Sole), Molveno, Andalo und Denno geeignete Standorte für Ausflüge in die Brentagruppe (Naturpark Adamello-Brenta).

Der Avisio, ein bedeutender linksseitiger Nebenfluß der Etsch

Der oberhalb von Trient bei Lavis in die Etsch mündende Avisio durchfließt drei verschiedene Talstufen, deren nördlichste Fassatal heißt. Den mittleren, vom Avisio durchflossenen Bereich nimmt das Fleimstal ein. Es handelt sich dabei um ein Gebiet mit großen Wäldern und Almen, die sich teils unter den hohen Gipfeln der Dolomiten, teils unter den Bergen von Lagorai ausbreiten. Das südlichste, Val di Cembra genannte Tal ist eine schluchtenreiche Porphyrlandschaft, durch die die Straße tief unter den hoch gelegenen Ortschaften nach Trient zieht.
Das zwischen dem Rosengarten und der Marmolata eingebettete Fassatal reicht vom Quellursprung des Avisio (Fedajapaß, Marmolata) bis zur Einmündung des San-Pellegrino-Baches bei Moena. Die Marmolata (3343 m) beherbergt den einzigen bedeutenden Gletscher der Dolomiten. Hauptorte des Fassatales sind Vigo, Campitello und Canazei, von wo aus Straßen über das Sellajoch nach Gröden und über das Pordoijoch in das Abtei- bzw. Gadertal führen. Im Bereich des Sellastockes treffen sich die wichtigsten Siedlungsräume der Dolomiten-Ladiner. Bei Vigo di Fassa zweigt die „Große Dolomitenstraße" zum Karerpaß (Latemar-Rosengarten) ab, über den man durch das Eggental die Weitung von Bozen erreicht. Alle Siedlungen zwischen Canazei und Moena sind geeignete Talorte für Besucher der berühmten Fassaner Dolomiten. Meida und Pozza liegen direkt am Eingang in das schöne Val di San Nicolò, in das geologisch bedeutsame Valle dei Monzoni (Rifugio Taramelli, 2015 m) und das Val Giumela. Von Meida gelangt man auch auf den Buffaure-Stock, dessen felsige Ränder als Fundstellen von prachtvollen Kristallen berühmt sind. Zu den beliebtesten Wanderungen in den Fassaner Bergen zählt jene von Pera in das Vajolet-

Die kleine Siedlung Grumo jenseits der Etschbrücke, die San Michele mit Mezzocorona verbindet. Den Hintergrund bildet die Paganella.

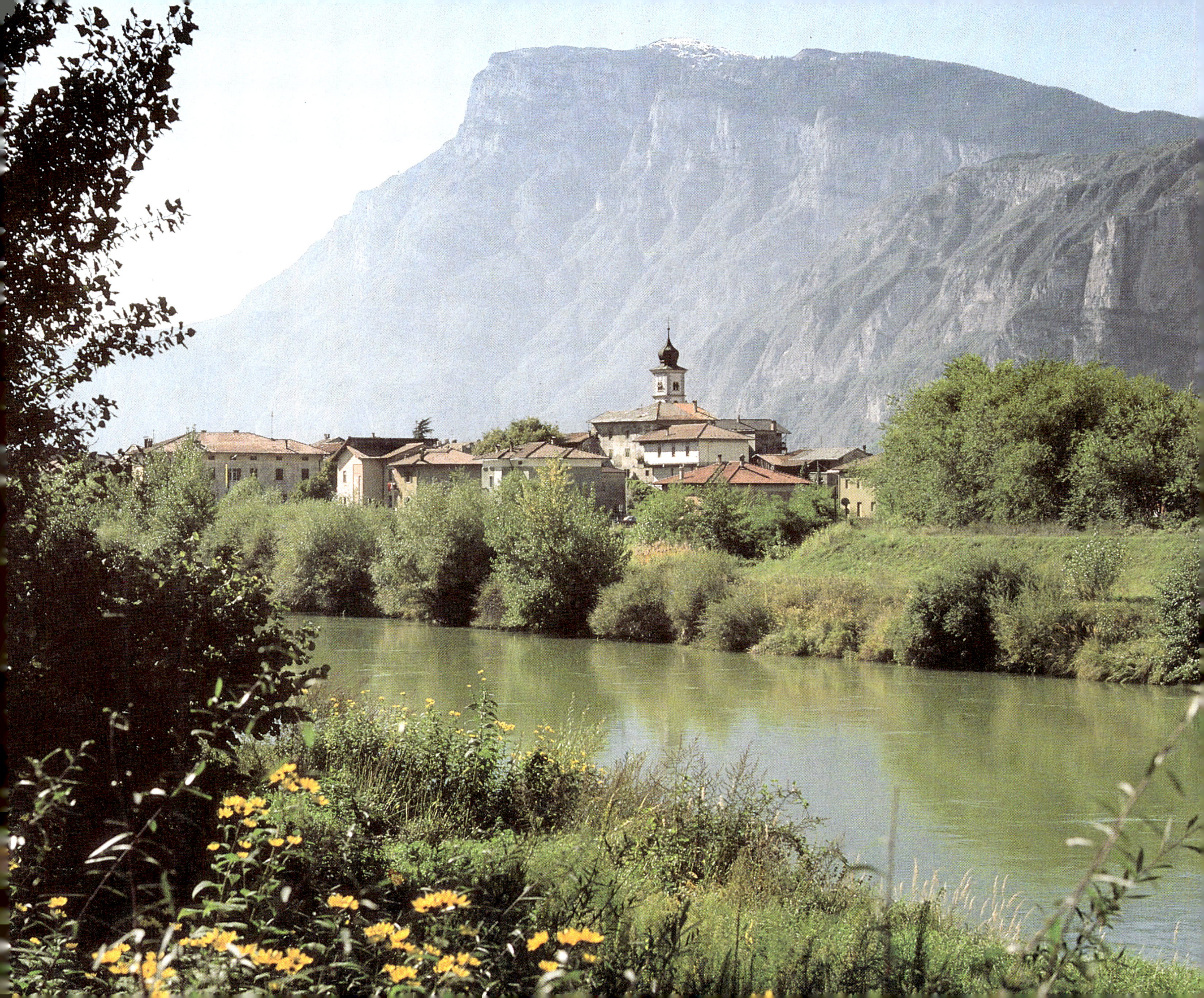

tal (Rosengartengruppe). Campitello befindet sich in schöner Lage an der Mündung des Val Duron, das in weitem Bogen zum Grenzkamm gegen die Seiser Alm hinaufzieht. Die schwarzen, aus vulkanischen Tuffen aufgebauten Felskuppen auf den Hängen des Durontales bieten einen seltsamen Anblick. An der Mündung des sagenreichen Udai-Tales liegt das kleine Dorf Mazzin. Der Udai-Bach entwässert den schönen Antermojasee mitten im Felsenreich des Rosengartens. Der stattliche Ort Moena (1184 m) ist Ausgangspunkt für den San-Pellegrino- und Luisa-Paß sowie für Touren in die Latemargruppe.

Ab Moena beginnt die zweite Talstufe des Avisio, das Fleimstal, mit den Hauptorten Predazzo und Cavalese. Predazzo (1014 m) befindet sich auf ebener Fläche an der Einmündung des Travignolotales, durch dessen Ausschnitt die formschönen Dolomiten der Palagruppe (Naturpark Paneveggio-Pale di San Martino, 158 qkm) hereinleuchten. Zum großen Fichtenwald von Paneveggio gelangt man auf der Straße, die von Predazzo nach Bellamonte und über den Rollepaß nach San Martino di Castrozza geleitet. Seit der Entdeckung von Eruptivgesteinen am Canzoccoli ist Predazzo bei Geologen und Mineralogen in aller Welt bekannt geworden. Im Gemeindemuseum ist eine interessante Sammlung von Fossilien und Mineralien zu sehen. — Zu den größeren Ortschaften des Fleimstales zählen auch Ziano, Panchià und Tèsero, von wo die Straße nach Pampeago (Skigebiet, mit Obereggen im Eggental verbunden) abzweigt. Im Süden begleiten das Fleimstal die mit ausgedehnten Wäldern bedeckten Hänge der Lagorai-Kette (Porphyrberge); im Hintergrund erscheinen die Dolomitgipfel der Palagruppe. Cavalese (996 m) liegt ausnehmend schön auf einer leicht geneigten Hangstufe über dem Avisio; es hat den Charakter eines Städtchens. Sehenswert ist der ehemalige Bischofspalast der „Magnifica Comunità di Val di Fiemme" (= Bezeichnung für die Talschaft der 13 Gemeinden des Fleimstales). Im Park vor der ursprünglich romanischen Pfarrkirche steht unter uralten Linden ein steinerner Tisch mit zwei Reihen von Steinbänken, vermutlich eine Gerichtsstätte des Tales zur Langobardenzeit. — Westlich von Cavalese gabelt sich die Straße wieder: Der eine Teil erreicht über die flache Paßhöhe von San Lugano (1101 m) das Etschtal bei Auer, der andere Teil folgt dem Lauf des Avisio durch das Val di Cembra nach Lavis.

Von Castello abwärts trägt das Tal des Avisio den Namen Val di Cembra. Es handelt sich dabei um eine schluchtartig ausgebildete Talstufe aus Quarzporphyr, wobei die größeren Dörfer auf Terrassen liegen.

Cembra (667 m) ist der Hauptort des Tales, inmitten von sorgfältig gepflegten Rebkulturen gelegen. Nordwestlich von Cembra ist der Heiligensee (1194 m) in einem aus Tannen, Lärchen, Buchen und Birken zusammengesetzten Mischwald eingebettet. Obwohl es sich dabei um einen nährstoffarmen See handelt, ist die Flora und Fauna recht vielfältig. Neben schönen Röhricht-, Binsen- und Seggenbeständen kommen auch der Fieberklee (Menyanthes trifoliata), das Sumpfläusekraut (Pedicularis palustris), die Sumpf-Orchis (Orchis palustris), die Händelwurz (Gymnadenia conopea) und das Herzblatt (Parnassia palustris) vor. Zwischen Torfmoosen gedeiht der insektenfressende Sonnentau (Drosera rotundifolia). Nordwestlich von Cembra befindet sich in einer kleinen Senke auch das wertvolle Moor von Lagabrun (1050 m). Die Mooraugen, der ausfließende Wasserlauf, das Ufer der Lachen, die Torfmoospolster und Schwingrasen bilden sozusagen die Bausteine dieses Mosaiks. Der torfige Grund mit seinen Schilfbeständen, die eigenartige Färbung der Torfmoose und die silberweißen Tupfen der Wollgräser sind unvergleichlich schön. Lagabrun im Tal des Avisio ist eines der letzten Torfmoore im Südalpenbogen.

Von Cembra aus sieht man bis zum Monte Bondone bei Trient und bis hinüber nach Segonzano, wo die berühmten Erdpyramiden stehen. Hier gibt es zahlreiche Moränenablagerungen, ganz besonders am rechten Hang des Regnana-Baches. Porphyrblöcke bilden vielfach die Decksteine der höchsten Erdpyramiden. Neben den klassischen Formen (bis 30 m hoch) kann man auch plumpe und rippenförmige Gruppen ohne Deckstein sowie tief eingeschnittene Schuttrippen beobachten. Die Erdpyramiden von Segonzano im Cembratal zählen mit jenen des Bozner Rittens zu den elegantesten geologischen Charakterbildern der Alpen.

Das Val di Cembra mit seiner noch weitgehend ungestörten Kulturlandschaft, mit seinen Erdpyramiden und Kleingewässern mündet bei Lavis schluchtartig in das Etschtal.

Die Stadt Trient und der Wasserfall von Ponte Alto

Die Stadt Trient ist das kulturelle und wirtschaftliche Zentrum des Trentino. Wegen der Lage an der Etsch war es — wie bereits erwähnt — bis zum Jahre 1858 ein bedeutender Binnenhafen. Immer noch ist es ein bedeutender Verkehrsknotenpunkt geblieben. Die von Mauern und Türmen eingefaßte Altstadt befindet sich zwischen dem Castello del Buonconsiglio (ehemalige Bischofsburg), dem Fersenbach und der Etsch. Der alte Stadtkern rings um den Dom hat aufgrund seiner freskengezierten Renaissancehäuser und der vielen Paläste ein vornehmes Aussehen. Im Dom des hl. Vigilius wurden alle festlichen Sitzungen des berühmten Konzils von Trient abgehalten; die Arbeitstagungen fanden in der Basilica Santa Maria Maggiore statt. Mittelpunkt der Stadt ist der geräumige Domplatz mit dem schönen Neptunbrunnen, dem Stadtturm und dem Palazzo Pretorio (Dommuseum). Sehenswert sind auch mehrere Paläste (Palazzo del Municipio, Palazzo Geremia, Palazzo Galasso) und das Dante-Denkmal in den Grünanlagen vor dem Bahnhof. Auf der rundlichen Kuppe des Dos Trento befindet sich in einem weithin sichtbaren Säulenrundbau das Grab des Freiheitskämpfers Cesare Battisti. — Die Stadt Trient ist reich an Kunstdenkmälern, Bibliotheken und Museen (z. B. Museo Tridentino di Scienze Naturali). Mehrere Parkanlagen mit sehenswerten Baumbeständen bilden sozusagen die grüne Lunge der Stadt.

Besonders sehenswert ist das Tal des Orco mit dem Wasserfall von Ponte Alto. Das Valle dell'Orco ist ein etwa 200 Meter langes und 15 Meter tiefes Tal, das von nahezu senkrechten, zum Teil auch überhängenden Felswänden beherrscht wird. Die schön geschichteten und mäanderförmig verlaufenden Kalkfelsen verraten uns die Entstehung dieses eindrucksvollen Naturdenkmales: Das Tal des Orco wurde vor Jahrtausenden vom Fersenbach in das anstehende Gestein eingeschnitten. Dieselbe Struktur zeigen die Felswände unterhalb des vielbesuchten Wasserfalles von Ponte Alto, den man von Trient auf der alten Straße in das Valsugana erreicht. Das Valle dell'Orco zeigt in eindrucksvoller Weise die einschneidende Wirkung des fließenden Wassers.

Es gibt noch Oasen der Ruhe vor den Toren der Stadt Trient. Wenn man etwa von Ponte Alto nach Povo wandert, so erlebt man die Lieblichkeit der Hügellandschaft von Trient. Povo hat mit seinen Rebanlagen und vornehmen Villen den landschaftlichen Charakter bis auf den heutigen Tag bewahrt.

In kürzester Zeit erreicht man von Trient über eine kurvenreiche Straße den Monte Bondone mit dem sehenswerten Alpengarten der „Viotte". Auf engem Raume gedeihen hier über 100 Arten von Pflanzen aus den wichtigsten Bergmassiven der Welt mit den unterschiedlichsten Ansprüchen an Klima und Boden. Dem Fachmann fallen vor allem jene Blumenarten auf, die auf die Südalpen beschränkt sind.

Das fruchtbare Talbecken von Pergine/Valsugana bildet die Wasserscheide zwischen der Brenta und dem Fersinabach (Einzugsgebiet der Etsch). Wenn man bei Civezzano (Valsugana) in die aussichtsreiche Straße Fersina—Avisio einbiegt, so gelangt man zu den kleinen Seen von Valle und Lasès sowie zu den mächtigen Porphyr-Steinbrüchen von San Mauro di Pinè. Unweit von Lasès liegt der Lago di Santa Colomba (= Lago Santo, 922 m), umgeben von dichtem Kiefernwald. Das 19 ha große Moorgebiet von Laghestel (899 m) gehört zur Gemeinde Miola di Pinè. Es ist ein Feuchtgebiet von großer ökologischer Bedeutung im Südalpenraum.

So bietet die Stadt Trient und deren nähere Umgebung viel Sehenswertes. Als schönste Aussichtswarte von Trient gilt die Paganella (2124 m).

Ausblick von Trient auf den Dos Trento, der zwischen der Etsch und der Brennerautobahn liegt. Der isoliert dastehende Felshügel mit dem Mausoleum von Cesare Battisti war bereits im Neolithikum Wohnsitz des Menschen.

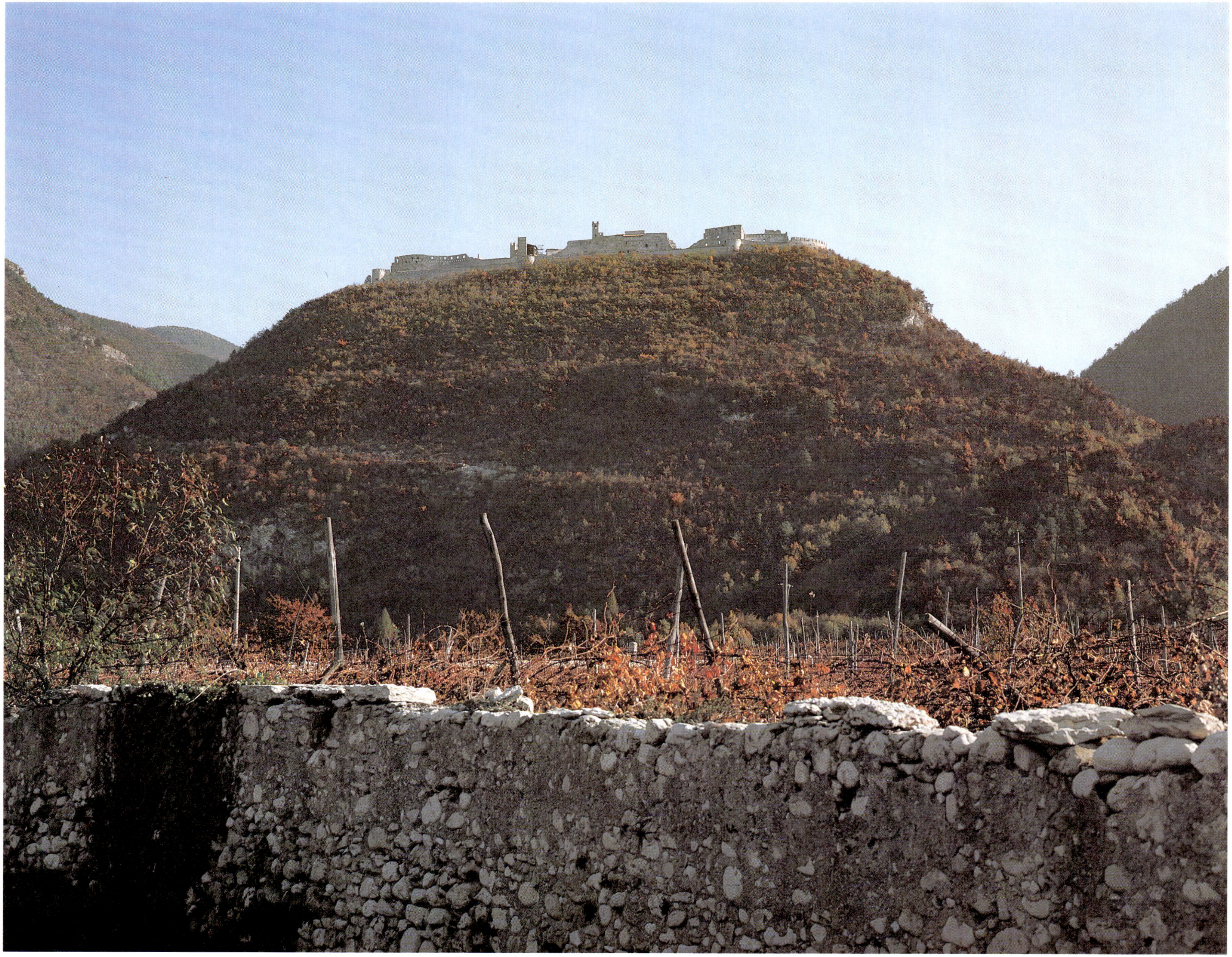

Das Val Lagarina (Lagertal)

Das südliche Etschtal zwischen Trient (Chiusa di Murazzi) und der Klause von Ceraino bei Verona wird als Val Lagarina bezeichnet. Dieser Name ist wohl auf das einstige Vorkommen von Seen zurückzuführen, die erst in den vergangenen Jahrhunderten infolge Trockenlegung und Etschregulierung völlig verschwunden sind. Beim Bau der Brennerautobahn ist man auf zum Teil recht ansehnliche Seeablagerungen gestoßen.

Das Val Lagarina ist im Westen von der langen Kette des Monte Baldo und des Stivo-Bondone, im Osten von den Monti Lessini, der Zugna Torta, den Hochebenen von Scanuppia (Vigolana), Folgaria, Serrada, Finonchio und Pozzo begrenzt. Die hohen und steilen Talflanken sind vorwiegend aus Trias- und Jurakalken aufgebaut. Auf kleinere Flächen sind Sedimente des mittleren Eozän, vulkanische Tuffe und Basalte beschränkt. Die Jurakalke weisen mannigfaltige Karsterscheinungen auf. Die von den Etschalluvionen aufgeschüttete Talsohle ist mehrmals durch Engstellen (Klausen) gegliedert, so durch jene bei Chiusole, Predaglia und Serravalle. Der U-förmige, bis zu zwei Kilometer breite Talquerschnitt, wurde durch eiszeitliche Gletscher ausgeschürft. Auf deren Tätigkeit weisen auch zahlreiche Findlinge aus Quarzporphyr, Granit und Schiefergesteinen hin; dazu kommen Moränen und Hängetäler. Viele Seitentäler leiten durch Wasserfälle und Schluchten in das Etschtal über. Der wichtigste Zufluß der Etsch in diesem Talabschnitt ist der Leno, der bei Rovereto mit einer eindrucksvollen Schlucht mündet.

Das Val Lagarina zeichnet sich durch ein Übergangsklima zwischen dem der Poebene und dem der Alpen aus. Mehrere Pflanzen und Tiere des Südens sind durch das Etschtal tief in die Alpen eingedrungen. Von der Veroneser Klause bis Ala fällt an den tiefsten und heißesten Hanglagen die immergrüne Steineiche auf. Auf kleineren Flächen stehen malerische Olivenhaine. Die Edelkastanie bildet ein wesentliches Element der Kulturlandschaft. Das Lagertal ist auch als Anbaugebiet für hervorragende Weine bekannt. Einzigartig schön ist die Obstblüte im Frühjahr; viele Kirschbäume kann man in Brancolino, Marano und Nogaredo bewundern. Einzelne Maulbeerbäume weisen auf die ehemalige Bedeutung der Seidenraupenzucht im Etschtal hin. Die schönste Kulturlandschaft des Lagertales liegt rechts der Etsch, zwischen Isera und Pomarolo. Auf den Schuttkegeln hat der Mensch im Laufe einer langen Geschichte bedeutende Siedlungen errichtet, wie Rovereto, Ala und Avio. Man entdeckt im Val Lagarina immer wieder Kulturlandschaften, deren Harmonie bis in unsere Zeit fast ungestört erhalten blieb.

Auf der Fahrt von Trient nach Rovereto erreicht man über Mattarello, Acquaviva und Aldeno die auf der linken Etschseite gelegene Ortschaft Besenello; den Hintergrund bildet der 2150 Meter hohe Kegel des Becco di Filadonna. Etwas südlicher fällt bei Calliano die gewaltige Anlage des Castel Beseno auf, das die ganze Kuppe eines isoliert dastehenden Felshügels einnimmt. Das Schloß wird erstmals im Jahre 1171 erwähnt, war im Besitz der Herren von Castelbarco, dann der Republik Venedig. Diese größte Burganlage des

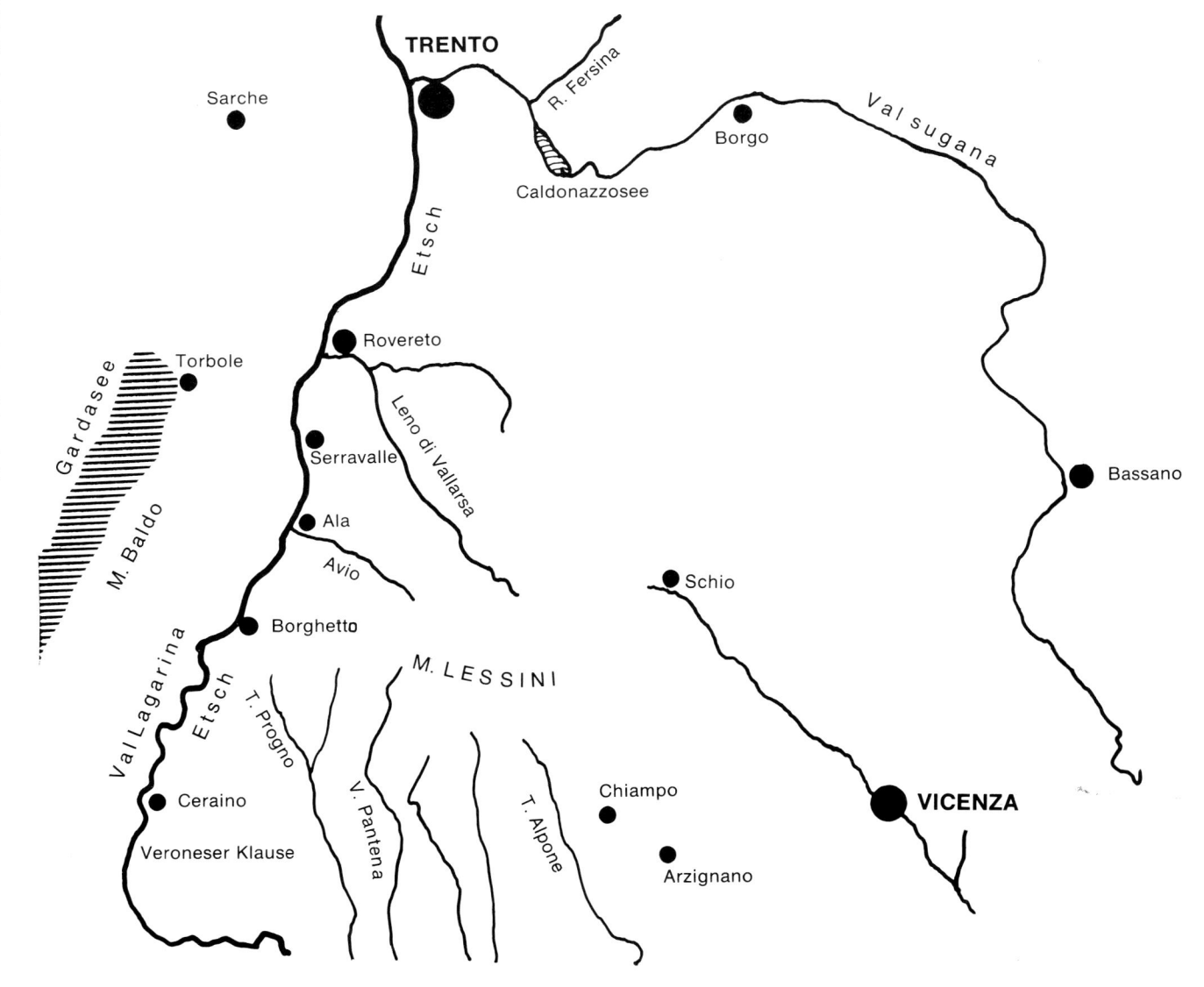

Das Castel Beseno unweit von Calliano, das die ganze Kuppe eines Felshügels einnimmt, gilt als die größte Burganlage des Etschtales.

Die kleine Einsiedelei von San Colombano am Beginn der Vallarsa (Leno-Tal)

Etschtales ging 1973 mit einer Schenkungsurkunde der tirolischen Grafen Trapp (Besitzer seit 1470) an die Provinz Trient über. Die strategisch günstige Lage Besenos machte es leicht, zusammen mit dem nicht minder strategisch günstig gelegenen Castel della Pietra bei Calliano, wo die Berge wieder dicht an den Fluß treten, das Etschtal militärisch zu beherrschen. Knapp vor Rovereto erblickt man auf dem anderen Etschufer das Dorf Villa Lagarina. Im 8. Jahrhundert war es der Hauptort des Beckens von Rovereto; hier herrschten später die Grafen Lodron. Nach der alten Siedlung Volano gelangt man in eine weite, sonnige Mulde des Val Lagarina, wo am Zusammenfluß des Leno mit der Etsch die Stadt Rovereto (212 m) liegt.

Rovereto, die Vallarsa und der Cei-See

Die alte, am Hang gelegene Stadt Rovereto mit dem Kastell, den vielen Kirchen und Palästen (z. B. Palazzi Rosmini und Fedrigotti) ist für den Besucher ein besonderer Anziehungspunkt. Die berühmte Glocke der Gefallenen (Campana dei Caduti) gilt als eine der größten der Welt mit einem Gewicht von 17.000 Kilogramm. — Rovereto ist römischen Ursprungs und erlangte im Mittelalter sowie während der Herrschaft der Republik Venedig große Bedeutung, so daß es heute auf eine alte geschichtliche, kulturelle und wirtschaftliche Tradition zurückblicken kann. Es erhielt um 1416 durch die Venezianer, die damals das ganze Val Lagarina unter ihrer Herrschaft hatten, das Stadtrecht. Der Charakter des Stadtbildes, das stark lombardische Züge trägt, ist bis auf den heutigen Tag erhalten geblieben. In der Umgebung wachsen die besten Qualitätsweine des Lagertales.

Von Rovereto zweigt südöstlich durch das Vallarsa eine Straße ab, die durch das hartumkämpfte Kriegsgebiet um den Monte Pasubio und über den Pian delle Fugazze nach Schio und Vicenza führt. Das Pasubio-Massiv verbindet die Piccole Dolomiti mit weiten Hochplateaus. Die „Kleinen Dolomiten" der Vallarsa sind noch weitgehend unberührt und zeichnen sich durch ähnliche landschaftliche, geologische und botanische Eigenheiten aus wie der Monte Baldo am Gardasee. Mehrere Pflanzen (z. B. Gentiana terglioviensis, Knautia persicina) sind in diesem Dolomitengebiet endemisch. Die zum Teil schluchtartig verlaufende Vallarsa wird vom Leno, einem Seitenfluß der Etsch, entwässert. Wie ein Schwalbennest klebt S. Colombano an den Felswänden unmittelbar am Beginn des Tales.

Ein besonderes Juwel der Umgebung von Rovereto ist der idyllische Cei-See (918 m). Man fährt jenseits des rechten Etschufers nach Villa Lagarina und Pedersano. Von dort kann man auf aussichtsreichem Weg zu den Höfen von Torrano wandern. Dann geht es durch schöne Buchenwälder und Wiesen zum Gehöft Daiano und zum Cei-See, der durch einen Felssturz vom Monte Bondone herab abgedämmt worden ist. Die Ufervegetation setzt sich aus Schilf, Weiden, Seggen und Binsen zusammen; in den Einbuchtungen am Südufer gedeiht die Weiße Seerose (Nymphaea alba) besonders üppig. Eine im Südosten des Sees gelegene Insel mit Lärchen vervollständigt die Vielfalt dieser Landschaft. Der Abfluß ergießt sich in den kleinen, fast kreisrunden Lagabis-See. In der Umgebung stehen kräftige, alte Buchen und

Rovereto liegt am Zusammenfluß der Etsch mit dem aus der Vallarsa stammenden Leno. Das alte, am Hang gelegene Stadtbild mit den vielen Kirchen, Palästen und dem Castel ist ein besonderer Anziehungspunkt für die Besucher.

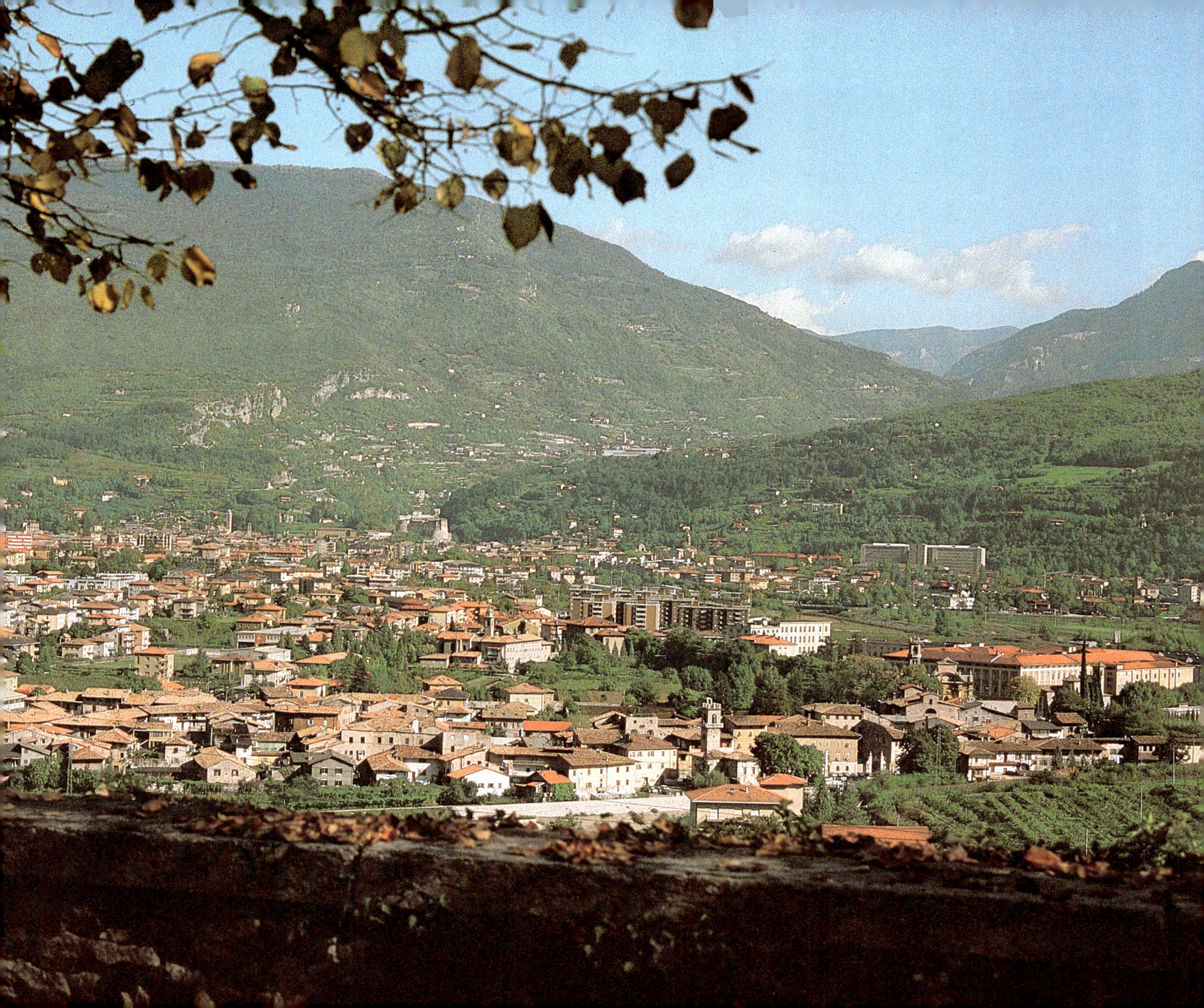

Eines der beiden Kleingewässer (Laghetti di Marco) im Bergsturzgelände der Slavini di Marco südlich von Rovereto

darüber stocken Nadelwälder. Am Boden der Buchenwälder blühen von Dezember bis Februar die Christrosen (Helleborus niger). Hundertjährige Buchen, von denen die meisten als Baumdenkmale bezeichnet werden können, bilden auch bei Daiano einen Halbkreis um die Niederlassung der Grafen Marzani. Vom Cei-See empfiehlt es sich zum Sumpfgelände Prà da l'Albi zu gehen. Auf einem einsamen Höhenrücken in der Nähe des Sees liegt das Kirchlein zum heiligen Martin. Oberhalb, am Dos Pagano (1350 m), befindet sich die schönste vorgeschichtliche Siedlung, die man weit und breit finden kann.

Das Bergsturzgelände der Slavini di Marco

Südlich von Rovereto erreicht man Lizzana und dann die Abzweigung der Straße zum Gardasee. Man biegt nach Mori ab, von wo ein Teil des Etschwassers unterirdisch in den Gardasee geleitet wird. Bald gelangt man nach Loppio, das an einem schönen, jetzt leider trockengelegten See liegt. Hier steht die Villa Castelbarco, in der die einstigen Beherrscher des Val Lagarina, die Grafen von Castelbarco, lebten. Die Straße verliert sich allmählich in wilden Felstrümmern, bis sich auf der Höhe des Passo di S. Giovanni der Blick auf Torbole und den Gardasee öffnet.

In der Val Lagarina drängen sich die Burgen zu beiden Seiten der Etsch auf den Höhen, so Beseno, Nomi Castelbarco, Nogaredo, Lizzana und viele andere. Recht bekannt geworden ist Lizzana, ebenfalls eine Burg der Castelbarco, weil Dante dort Gast des Grafen Wilhelm gewesen ist. Hier oben mag der Dichter auf die Slavini di Marco und das ganze Land geschaut haben. Der gewaltige Felssturz hat einen Teil des Tales zwischen Marco und Mori mit seinen Gesteinsmassen zugedeckt. Im zwölften Gesang des Inferno lesen wir:

Dem Bergsturz gleich bei Trento, der den Schoß der Etsch vordem dort ausgefüllt, entstanden einst durch Unterwühlung oder Erdenstoß,
wo man vom Berg, auf dem die Trümmer standen,
am steilen Felsen keinen Pfad entdeckt,
der niederleite zu den ebnen Landen.

Der Bergsturz der Slavini di Marco hat sich an Schichtflächen von anstehenden grauen Liaskalken losgelöst. Auf dieser Rutschbahn fuhren die chaotischen Gesteinstrümmer zu Tal. Die von den Abhängen der Zugna Torta (1257 m) herabziehenden Bergsturzhalden nehmen eine Breite von über zwei und eine Länge (Lizzana bis Calchèra die Serravalle) von fünf Kilometern ein. Nach einer Chronik aus Fulda soll sich der Bergsturz zur Zeit der Karolinger im Jahre 883 zugetragen haben. Der Etschlauf sei durch die Trümmermassen ganz abgedämmt worden. Nach einer Sage soll unter dem Schutt die alte Stadt Lagaris (Valle Lagarina) begraben sein. Inzwischen ist die große Steinwüste — zumindest stellenweise — mit Österreichischen Schwarzkiefern aufgeforstet worden. Etwas vor Marco liegen mitten in der von Kiefern bedeckten Trümmerhalde zwei kleine Seen, die sogenannten Laghetti di Marco. Sie stellen zusammen mit dem Palù di Borghetto die letzten Reste der vielen Kleingewässer und

Gesteinstrümmer im Bergsturzgebiet der Slavini di Marco

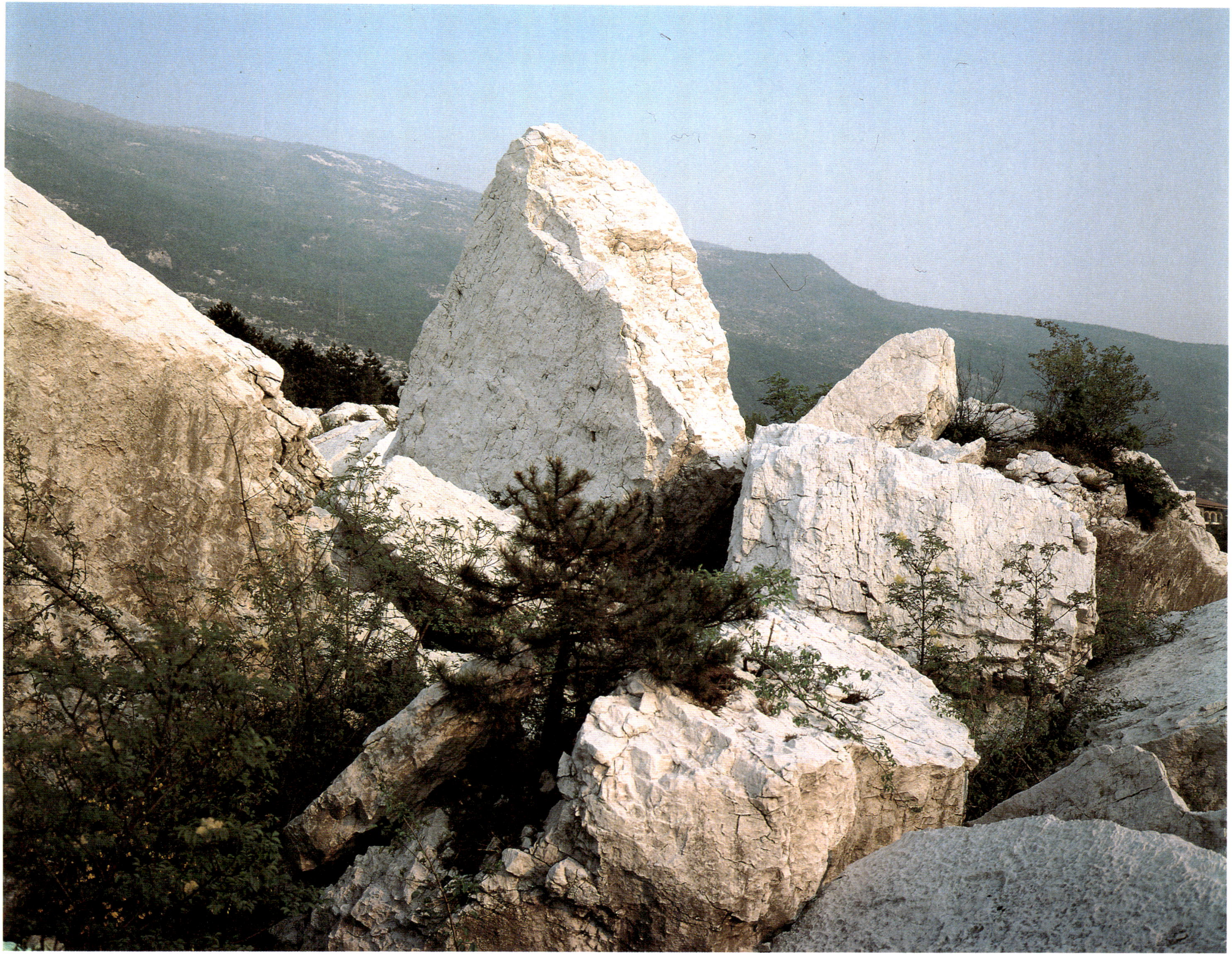

Feuchtgebiete im unteren Val Lagarina dar, die einst weite Bereiche der Etschtalsohle eingenommen haben.

Es wurde bereits hervorgehoben, daß Dante Alighieri in seiner „Göttlichen Komödie" die chaotischen Trümmer der Slavini di Marco schildert, um den fürchterlichen Charakter eines Abschnittes der Hölle darzustellen. Einige Wissenschaftler sind allerdings auch der Ansicht, er könnte dabei an den Bergsturz von Cengio Rosso di Castel Pietra südlich von Calliano gedacht haben, der ebenfalls auf der linken Seite des Lagertales liegt.

Das untere Val Lagarina und die Berner Klause

Fährt man von Rovereto südwärts Verona zu, so werden Bahnlinie und Straße eingeengt von Felsen und begleitet von der Etsch. Darüber sieht man einen Streifen Buschwerk aus Stein- und Flaumeichen sowie die senkrechten Wandstufen jenes Mittelgebirgsplateaus, das in einer Höhe von etwa 1000 bis 1300 m in ziemlich gleichmäßiger Breite den Sockel des Monte-Baldo-Hauptkammes bildet. In der Enge des Tales bleibt für Siedlungen wenig Raum. Wo aber eine Ortschaft Platz gefunden hat, da führen auch Wege hinauf zu den Almwiesen der Hochfläche. So öffnet sich bei Avio ein enges Tal. Eine schmale Fahrstraße führt in abenteuerlichen Windungen über die Steilstufe empor und trifft auf der Bocca di Navene mit dem von Brentonico heraufziehenden Weg zusammen. Zwei Kilometer südlich von Peri tut sich nochmals ein Tälchen auf. Ganz hinten, etwa 800 m über der Etsch, erblickt man mitten in einer senkrechten Felswand klebend die weitum bekannte und immer noch vielbesuchte Wallfahrtskirche Madonna della Corona. Ein seit alters begangener Stufensteig führt von Peri hinauf nach Spiazzi am Monte Baldo.

Der Etschlauf bei Serravalle im unteren Val Lagarina. Schön geschwungene Etschschleife südlich von Avio (Val Lagarina)

Stark verkarsteter Felsrücken der Klause von Ceraino

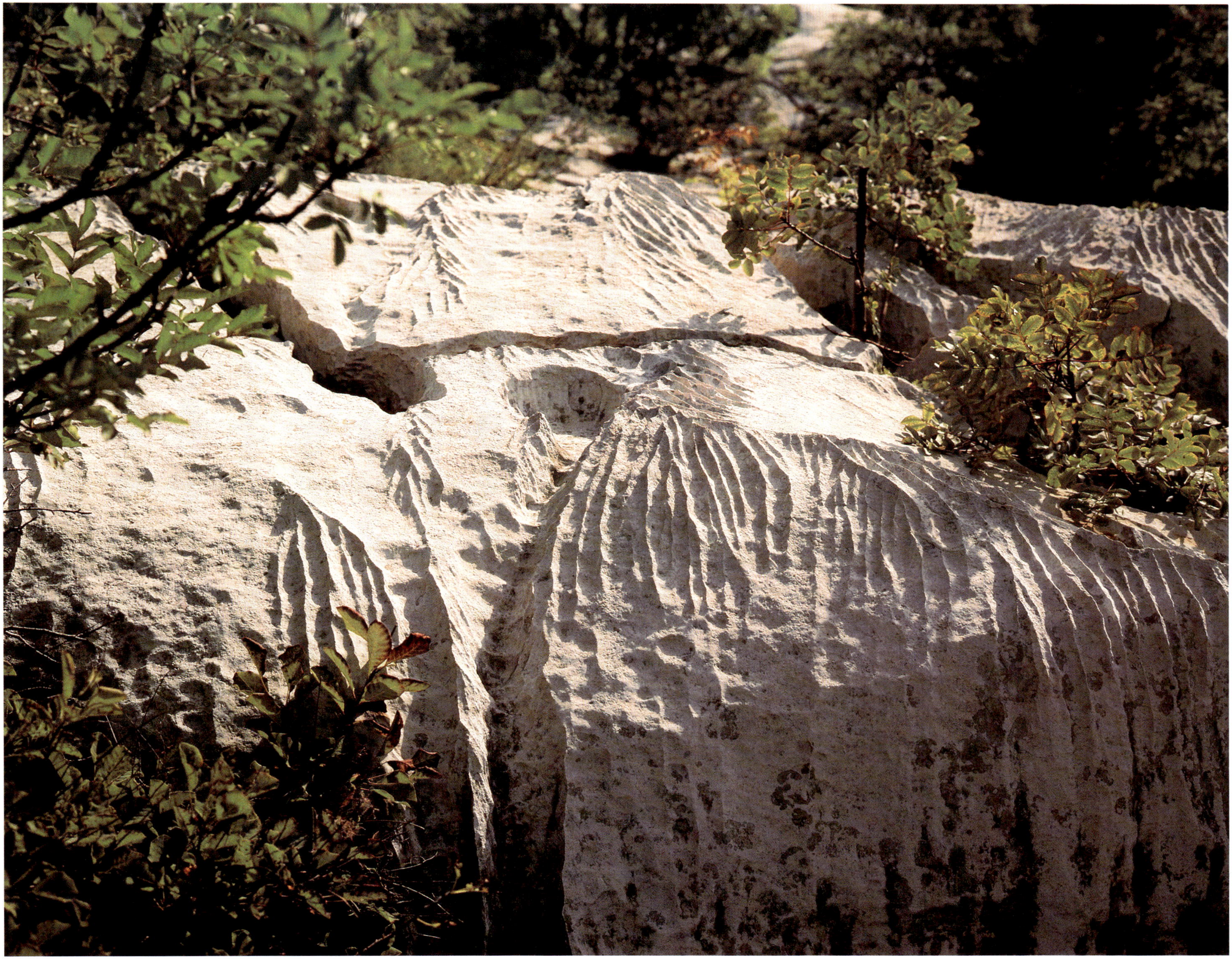

Südwärts von Marco bei Rovereto verengt sich das Etschtal trichterartig (750 m bei Ala) und gewinnt einen nahezu cañonartigen Charakter.

Die Straße verliert sich in eine Klause, zwischen den Kalkfelsen von Serravalle im Westen und der Eisenbahn bzw. der Etsch im Osten. Beim sogenannten „Port" ermöglichte bis zum Jahre 1951 eine Fähre die Verbindung zwischen den Etschufern von Serravalle und Chizzola. Das untere Val Lagarina ist von Rebanlagen übersät. Nach Santa Margherita und Marani (bekannte Wallfahrtskirche S. Valentino) erreicht man Ala (211 m), den Hauptort des unteren Lagertales. Er liegt an der Mündung des vom gleichnamigen Bach durchflossenen Valle dei Ronchi, das in die Caregagruppe und in die Lessinia hineinführt (Passo Pertica). In Ala betreten wir die letzte Stadt des alten Welschtirol. Sie steht auf dem Boden der römischen Straßenstation „ad Palatium". In der Stadtmitte fallen einige Paläste (z. B. Palazzo Angelini, P. Pizzini) mit schönen Portalen und Fresken auf. Vom 17. bis zum 19. Jahrhundert blühte hier die Handweberei von Samt und Seide (Zucht der Seidenraupe). Dem folgenden kleinen Ort Vo liegt jenseits der Etsch das große Weinbauerndorf Avio gegenüber, das schon eine römische Siedlung war und im Mittelalter eine bedeutende Rolle spielte. Etwas östlich von Avio erhebt sich auf einem hohen Felssporn über dem Weiler Sabbionara das stolze Castel d'Avio. Es ist ein hervorragendes Beispiel einer großflächigen, wehrhaften Anlage und gleichzeitig eines vornehmen Adelssitzes. Die Burg wurde um 1200 von den Herren von Castelbarco erbaut und war einer ihrer wichtigsten Stützpunkte. Sie steigt terrassenförmig bis zum hochliegenden Bergfried und Palas auf und ist von weit ins Etschtal herabreichenden Mauern bzw. Türmen umschlossen. Berühmt sind die Fresken in der „Casetta", der Vorburg, die an allen vier Wänden Kampfszenen aus dem ritterlichen Lebenskreis aufweist. Auf der Weiterfahrt erblickt man kurz vor Borghetto, und zwar links, nahe oberhalb der Straße, die unscheinbare Kapelle San Leonardo in Sardis, die auf den Grundmauern einer uralten Kirche steht (nach anderer Version in San Pietro in Bosco). Darin vermählte sich am 15. Mai 589 der Langobardenkönig Authari mit der Prinzessin Theodolinde.

Über die Ortschaften Mama und Borghetto verläuft die Grenze zwischen der Autonomen Provinz Trient und der Region Veneto. Borghetto all'Adige war bis 1918 das südlichste Dorf Welschtirols. Hier wird das Val Lagarina im Osten vom Corno d'Aquilio (1548 m, Monti Lessini) beherrscht.

Je mehr man sich der Berner Klause nähert, um so mehr weitet sich der Blick zum jenseitigen Etschufer, wo sich die Ausläufer des Monte Baldo zur Hochfläche von Rivoli senken. Rechts ist auf hoher, nackter Felskuppe eine große österreichische Befestigungsanlage sichtbar. Hier verläßt die rechts der Etsch verlaufende Brennerautobahn das Etschtal und erreicht das Hügelgelände am Südfuße des Monte-Baldo-Kammes. Auf dieser Teilstrecke befindet sich die Anschlußstelle Affi-Garda, die kürzeste Verbindung zum südlichen Gardasee. Knapp nach der Ortschaft Ceraino fährt man durch die in die Ausläufer des Monte Pastello eingetiefte Talstrecke der Berner Klause (Veroneser Klause, Chiusa di Rivoli) ein, die von den Ausläufern des Monte Baldo im Westen und den Vorbergen der Monti Lessini im Osten gebildet wird. Die prächtige Talenge wird beidseitig von senkrechten Felswänden gebildet, die nur knapp dem Flußbett der Etsch, der Straße und der Eisenbahnlinie Raum lassen. Die Berner Klause hat ihren Namen nach Verona, das bereits die Ostgoten Bern nannten. Hier war der gefährlichste Punkt, den die Züge der deutschen Kaiser im hohen Mittelalter vor dem Eintritt in die Poebene überwinden mußten. Hier errichtete Kaiser Otto I. im Jahre 952 die Berner Mark als kaiserliche Grafschaft, um das Tor der Alpen und den Schlüssel zu Italien fest in den Händen zu halten. In dieser Sperre kam es oft zu blutigen Kämpfen. So schlug der junge General Napoleon auf der strategisch beherrschenden Höhe von Rivoli am 14. Jänner 1797 die Österreicher und stand nach kurzer Zeit vor Trient. Die Etschklause ist die gewaltigste Sperre, welche die Natur zwischen den Alpen und der lombardischen Ebene errichtet hat.

Der Felsrücken der sogenannten Chiusa di Ceraino wurde vom würmeiszeitlichen Etschgletscher abgeschliffen und ist später stark verkarstet (Schichttreppenkarst). Man kann westlich von Ceraino, am linken Etschufer, auf kleiner Fläche zahlreiche unterschiedliche Karstformen beobachten. Geologisch bedeutsam ist das Moränen-Amphitheater von Rivoli Veronese. — Vor den Mündungen des Gardasees und des Etschtales liegen die ausgedehnten Stirnmoränenwälle der Gletscher, die aus den Alpentälern während der Eiszeiten in die Poebene hinaustraten. Am südlichen Ausgang der Berner Klause weitet sich das Etschtal zur breiten Ebene von Domegliara, die durch rotgelb leuchtende Marmorbrüche und durch große Pfirsichkulturen gekennzeichnet ist. Durch sanfte Moränenhügel fließt die Etsch hinaus in die lichtvolle Weite der Poebene, der alten Scaligerstadt Verona zu.

Die Etsch im Bereich der „Berner Klause" vor Verona

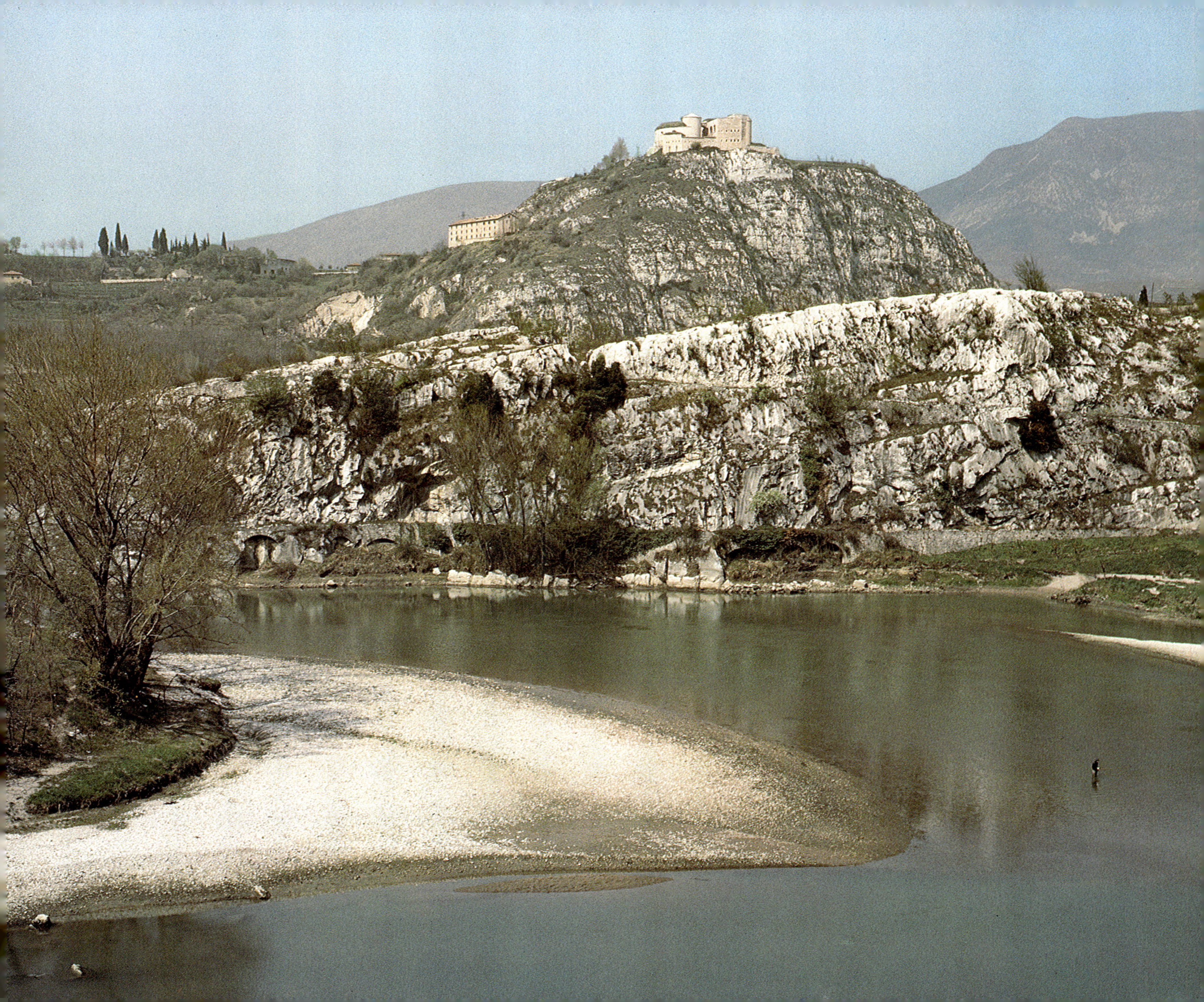

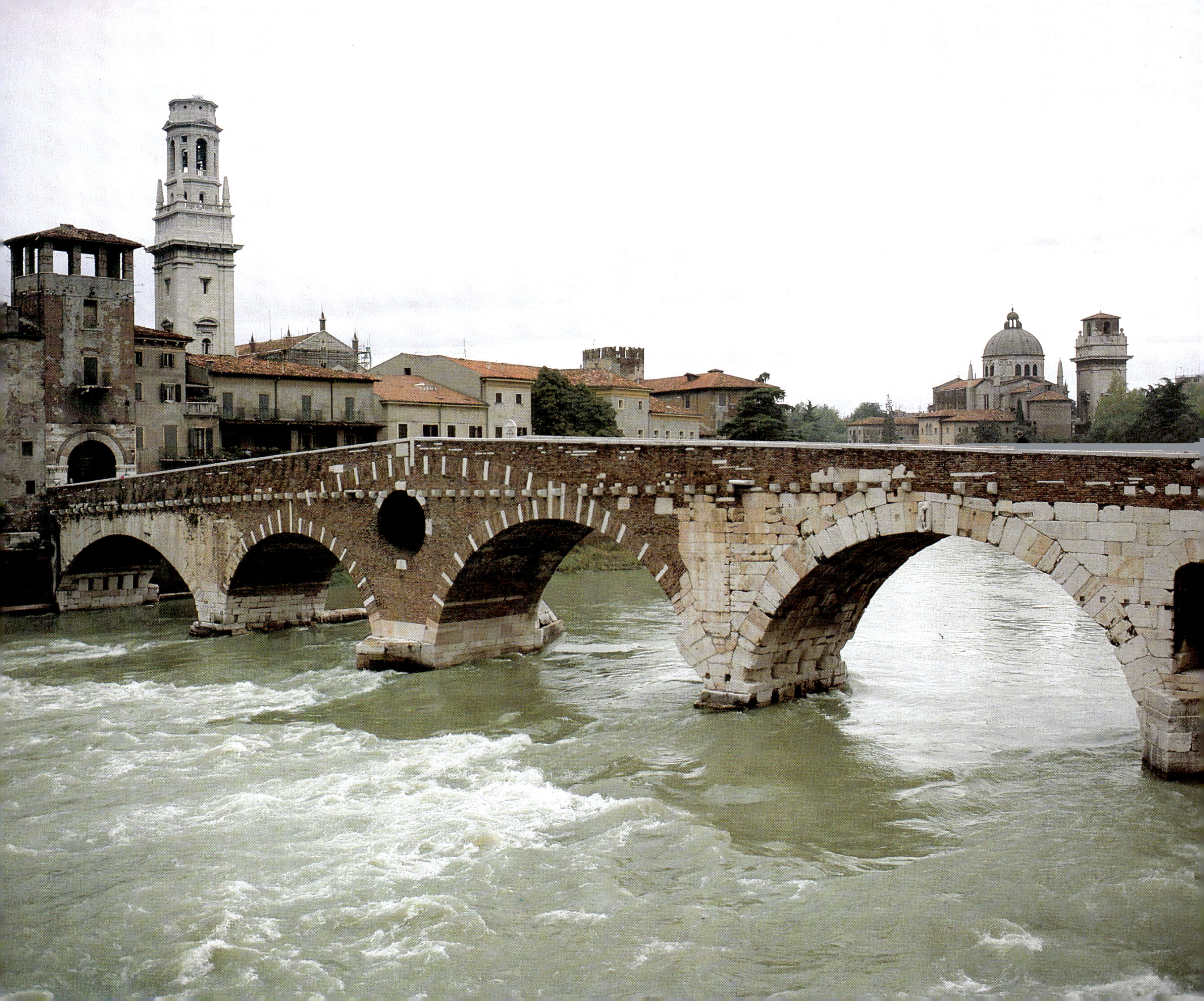

Verona und die Monti Lessini

Verona (59 m), die Hauptstadt der gleichnamigen Provinz, breitet sich an beiden Ufern der Etsch aus. Der Fluß durchzieht die nach Venedig wichtigste Stadt der östlichen Poebene in eleganten Windungen und wird von acht Brücken überspannt. Von Castelvecchio aus übersetzt die mächtige und malerisch mit Zinnen geschmückte Scaligerbrücke die Etsch. Wie alle anderen Etschbrücken von Verona wurde auch diese im Jahre 1945 gesprengt; 1951 war sie getreu dem Vorbild wieder aufgebaut. Was Verona besonders auszeichnet, ist die schöne Lage am Fuße der Ausläufer der Monti Lessini und am Rande der Poebene. Seine seit dem Altertum wichtige geographische Lage am Schnittpunkt der größten Nord-Süd-Route durch die Alpen und der West-Ost-Verbindung durch die Poebene ist heute durch die Kreuzung der Brennerautobahn mit der großen oberitalienischen Autobahn (Turin—Verona—Triest) noch überragender geworden. Verona ist eine Stadt mit regem Handel und Verkehr; die landwirtschaftliche Messe von Verona zählt zu den bedeutendsten Europas. Die Gegend von Verona war schon in vorgeschichtlicher Zeit besiedelt. Im Jahre 89 vor Christus wurde Verona eine römische Kolonie, die wegen ihrer wichtigen Verkehrslage am Alpenrand rasch aufblühte. Der eindrucksvolle Bau der Arena (Opernfestspiele im Sommer), mehrere Stadttore, das römische Theater am linken Etschufer und der Arco dei Gavi sind die wichtigsten Kunstdenkmäler aus römischer Zeit. Verona war einst Residenz des Ostgotenkönigs Theoderich (Dietrich von Bern), es erlebte die Herrschaft des mächtigen Geschlechtes der Scaliger und war im Mittelalter eine der treuesten Ghibellinenstädte Italiens. Aus jeder Epoche sind uns viele Kunstdenkmäler erhalten geblieben. Das vom Scaliger Cangrande II. in den Jahren 1354 bis 1357 erbaute Schloß Castelvecchio liegt am Ufer der Etsch, zuinnerst in eine enge Flußschleife hineingeschmiegt. Heute ist dort das sehenswerte Museo Civico d'Arte untergebracht. Die bereits genannte Scaligerbrücke bildet mit der Burg eine Einheit. Der romanischen Epoche gehört die Basilika San Zeno Maggiore an. Es gibt auch gotische Kirchen, Paläste und Bürgerhäuser; die Renaissance hat einige große Profanbauten hinterlassen. Mittelpunkte der Stadt sind die Piazza Bra mit den Laubengängen und der Arena sowie die malerische Piazza delle Erbe (Gemüsemarkt). Es gibt noch viele andere Sehenswürdigkeiten, so den Dom, die monumentalen Scaligergräber, die Prachtbauten des Palazzo del Comune und des Palazzo del Governo (Piazza dei Signori) sowie die Erinnerungsstätten an Romeo und Julia. Die Altstadt liegt zwischen einem Etschbogen und dem Canale Adigetto, der diesen abschneidet. So zeigt sich Verona dem Besucher in einer wunderbaren Vielfalt von Aspekten.

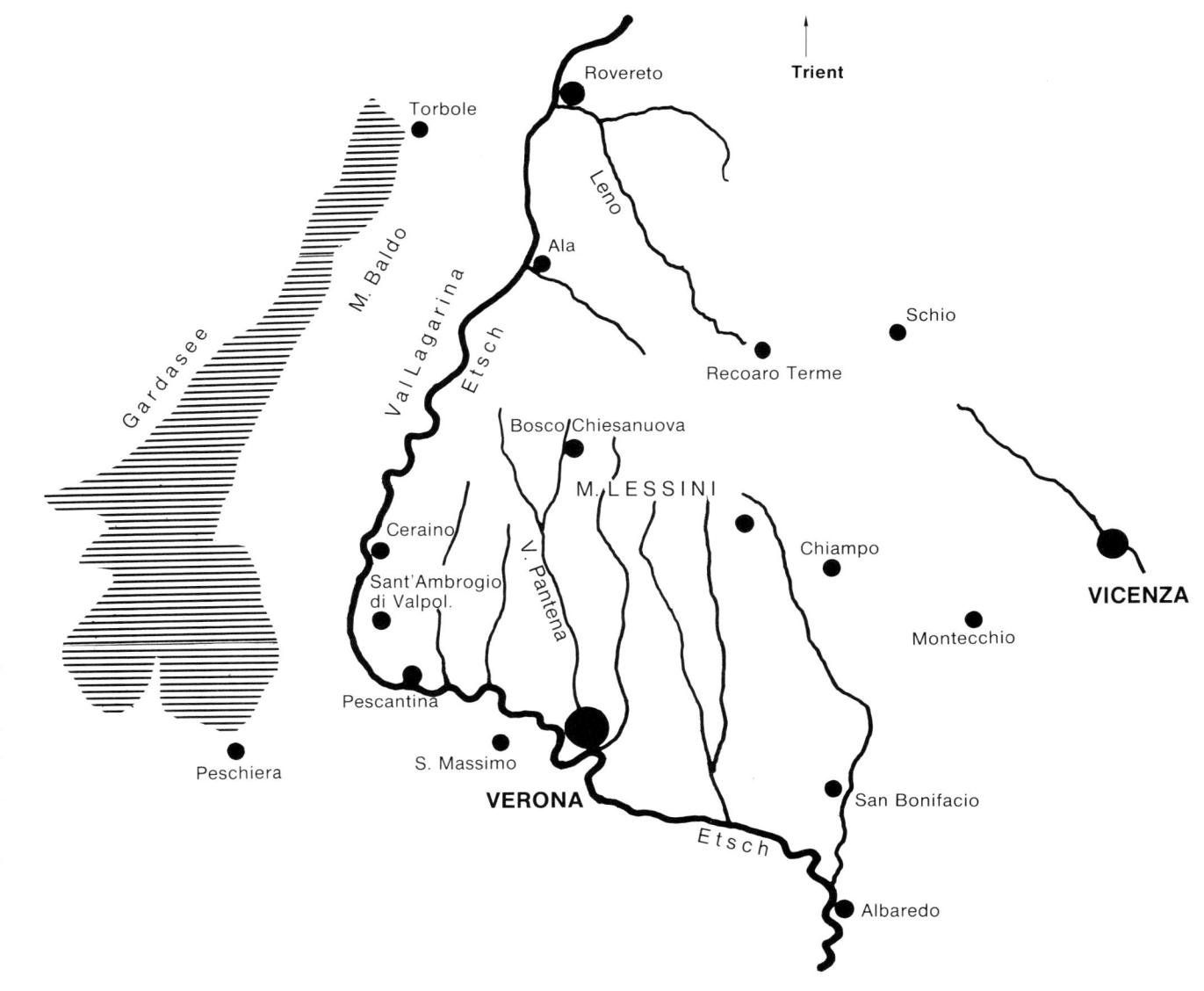

Eine der zahlreichen Brücken über die Etsch, die verschiedene Stadtteile von Verona miteinander verbinden.

Die Monti Lessini (Einzugsgebiet der Etsch)

Die Monti Lessini, auch unter der Bezeichnung „Dreizehn Gemeinden" bekannt, bilden das alpine Hinterland von Verona. Sieben Täler führen in dieses vom Veroneser Hügelland bis in die alpine Stufe reichende Gebiet.

Mutter Natur hat das Valpolicella mit den meisten Vorzügen bedacht. Rebhügel mit malerischen venezianischen Villen bilden ein charakteristisches Element der Kulturlandschaft. Der Ortsname Pescantina weist auf die bekannten Pfirsichkulturen von Verona hin. San Ambrogio bürgt für Weine und Marmorsorten bester Qualität. Als ein Zentrum ältester Besiedlungsgeschichte des Menschen hat sich S. Anna d'Alfaedo erwiesen. Zu dieser Gemeinde gehören zwei naturkundliche Besonderheiten: die Naturbrücke „Ponte di Veia" und die von Speläologen immer wieder aufgesuchte „Spluga della Preta" im Gebiet des Corno d'Aquilio.

Die Entstehung des Val Pantena ist in erster Linie auf tektonische Vorgänge zurückzuführen, denn es handelt sich dabei um einen Grabeneinbruch. Ein Netz altbegangener Steige und Wege führt durch das „Vajo dell'Anguilla", das in seinem letzten Abschnitt einem Cañon gleicht. Dieses waldreiche Tal trennt den Bergrücken von Boscochiesanuova von dem der Ortschaft Erbezzo. Cerro und Boscochiesanuova haben sich zu wichtigen Fremdenverkehrszentren entwickelt. Bekannt ist auch die vorgeschichtliche Wohnhöhle des „Riparo Tagliente" im Gemeindegebiet von Grezzana (Fraktion Stallavena). Neben vielfältigen Geräten hat man hier kunstvolle Felszeichnungen von Tieren entdeckt, die zu den schönsten Funden des Jungpaläolithikums gehören.

Das Val Squaranto wird von den Gemeinden Roverè und Velo eingenommen. Camposilvano, eine Fraktion von Velo, bietet mehrere naturkundliche Sehenswürdigkeiten: das „Tal der Sphinxe" und den „Covolo di Camposilvano", eine eingebrochene Karsthöhle. In den Monti Lessini sind mannigfaltige ober- und unterirdische Karsterscheinungen ausgebildet, so Karren, Felsdächer, Karstschächte, Dolinen, Naturbrücken und Karstmonolithe. Besuchenswert in Camposilvano ist auch ein interessantes Museum mit Fossilien.

Die liebliche Landschaft des Val di Mezzane fasziniert den Besucher sowohl im Frühjahr, wenn die Kirschbäume blühen, als auch im Herbst zur Zeit der Weinlese. Es ist, ähnlich wie das Valpolicella, durch ein mildes Klima ausgezeichnet. Das Val d'Illasi mit den Gemeinden Colognola ai Colli, Illasi, Tregnago, Badia Calavena und Selva di Progno reicht von der Hügellandschaft bis ins Hochgebirge. In den Flurnamen der Fraktion Giazza (Selva di Progno) hat sich noch die sogenannte zimbrische Sprache erhalten. Stellvertretend für die unterschiedlichen Höhenstufen der Vegetation stehen die Rebe, der Kirschbaum und die alpinen Weiden.

Das Val Tramigna könnte man als das Tal der Kirschen und Reben (Soave) bezeichnen. Schließlich bleibt noch das Val d'Alpone zu erwähnen, dessen Ort Bolca di Vestenanuova durch die vielen Fisch- und Palmfossilien in aller Welt bekannt wurde. Bolca ist ein Mekka für die Paläontologen. Das Tal des Alpone verläuft entlang der Grenze zwischen den Provinzen Verona und Vicenza. Die Stufenfolge der Vegetation dieses auffallend grünen Tales reicht von den Weinbergen um Monteforte d'Alpone und Roncà bis zu den Kirschbäumen von Montecchia di Crosara, von den alten Kastanienbäumen um San Giovanni Ilarione bis zu den Wiesen von Vestenanuova.

Insgesamt erscheinen die Monti Lessini als ein zur Poebene allmählich abfallendes Tafelland, das von den bereits genannten Nord-Süd verlaufenden Tälern durchzogen wird. In dem sonst wasserarmen Gebiet bilden die wasserundurchlässigen Schichten tonhaltiger Gesteine und die vulkanischen Tuffe lebenswichtige Quellhorizonte. Die weite Verbreitung verwitterter Basalte im östlichen Abschnitt fördert die Entwicklung oberirdischer Gewässer. Quellen und kleinere Wasserfälle findet man im beschränkten Ausmaße auch in den westlichen Monti Lessini (z. B. Prun, Molina). Die weit verbreiteten Jurakalke und die wasserdurchlässigen Gesteine des mittleren Eozän unterliegen der Verkarstung. Die von den Monti Lessini kommenden Wildbäche haben besonders bei Hochwasser einen großen Einfluß auf den Wasserstand der Etsch im Bereich der Poebene. Dies trifft insbesondere für den Alpone, den Altanello (gebildet von Illasi und Fibbion) und den Val-Pantena-Bach zu.

Fossiler Haifisch Fundstelle bei Bolca (Lessinische Berge)

Die Naturbrücke „Ponte di Veia" ist das bekannteste Naturdenkmal des Valpolicella (Lessinische Berge).

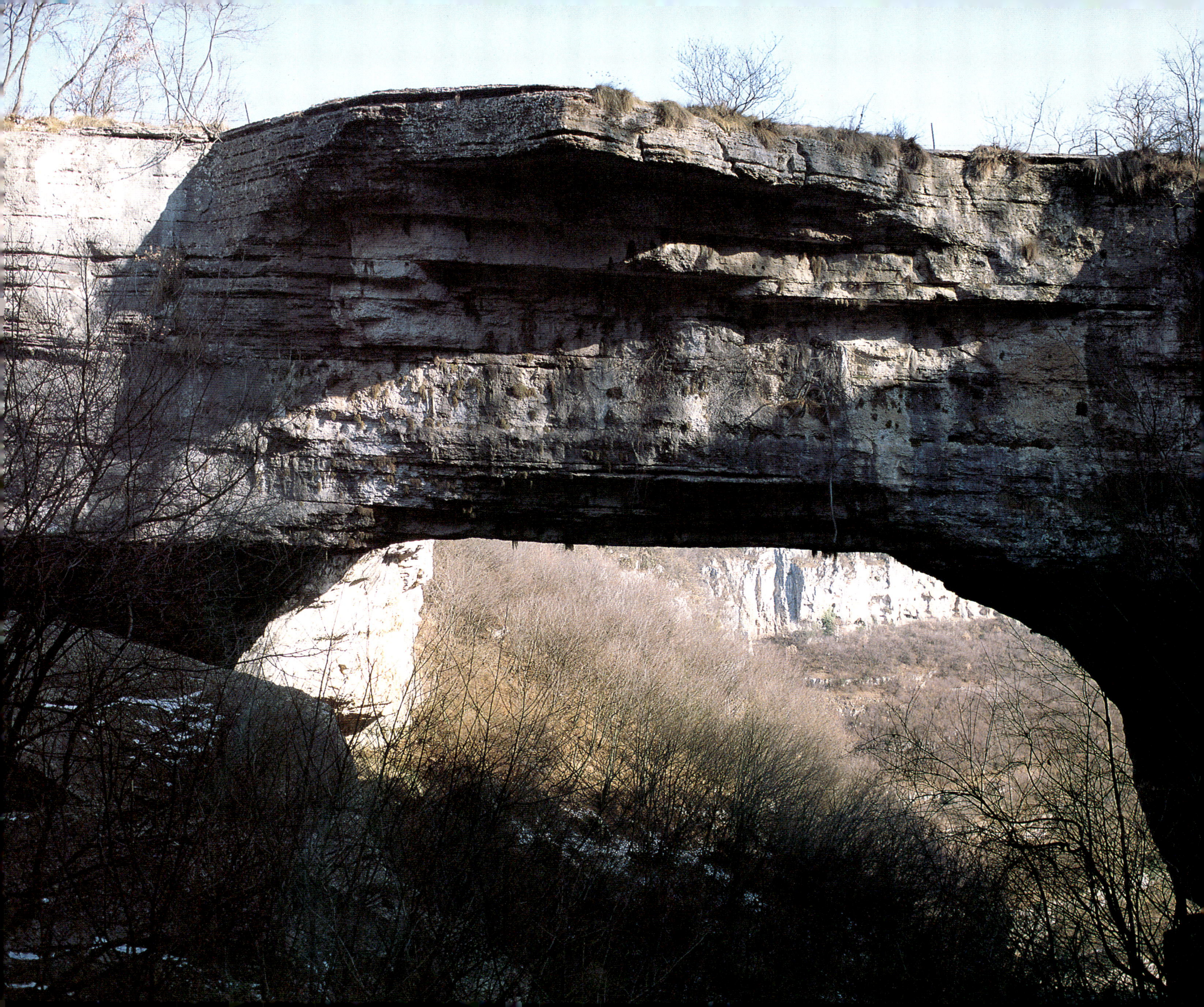

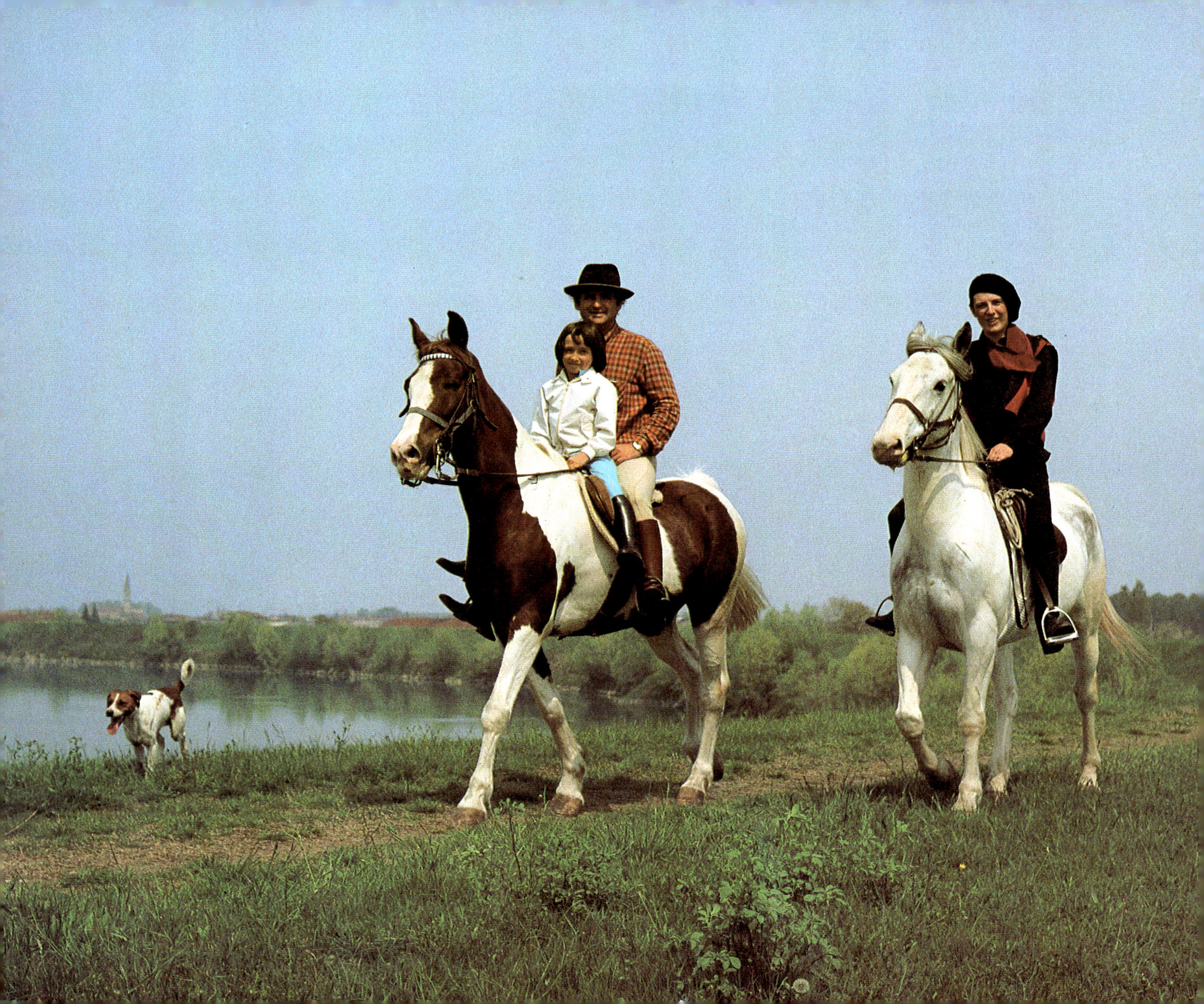

Die außeralpine Etsch und das Mündungsgebiet

Nachdem die Etsch die Klause von Rivoli durchflossen hat, biegt sie gegen Südosten um. Sie durchschneidet dabei ihre alten Alluvionen und bewegt sich mit weiten Mäandern in Richtung Pescantina. Dort empfängt die Etsch die Gewässer des Progno di Fumane. Sie umspült den Felssporn von Parona und Castel San Pietro (Verona). Dann fließt sie, von Dämmen begleitet, in die Zevio-Ebene bis nach Ronco, wo die Gewässer des Alpone und des Chiampo einmünden. Von hier ab strömt die Etsch in gerader Richtung nach Süden bis Castagnaro. In diesem Abschnitt empfängt sie die Bäche der Lessinischen Täler und die vielen Quellwasser, die am Fuße der ausgedehnten Terrassen zwischen Verona und San Bonifacio entspringen. Nach Legnago und Badia abfallend verläßt die Etsch die Veroneser Landschaft.

Das Gefälle der Etsch ist im Unterlauf so gering, daß die Strömung nicht alles Geschiebe zu transportieren vermag; ein Teil davon bleibt daher liegen. Dadurch erhebt sich die Sohle des Flußlaufes ständig, so daß die Umgebung nur durch hohe und starke Dämme vor Überschwemmungen geschützt werden kann. Bei San Giovanni Lupatoto liegt das Etschbett auf der Höhe der angrenzenden Felder, bei Villa Bartolomea (Albaredo) erhebt es sich schon weit darüber, und die höchsten Lagen erreicht es zwischen Legnago, Badia und Boara. Von 1502 bis 1786 zählte man 182 Dammbrüche, die enorme Schäden zur Folge hatten. Beim Dammbruch von Legnago am 18. Oktober 1882 wurden weite Landflächen überschwemmt. Das Wasser erreichte in einigen Siedlungen eine Höhe von acht Metern. Immer wieder wurden ganze Ortschaften und intensive landwirtschaftliche Kulturen, wie sie im Polesine vom Menschen mit großer Mühe angelegt wurden, durch die Hochwasser der Etsch schwerstens geschädigt. Als Polesine bezeichnet man die Ebene zwischen der Etsch und dem Po, eine Übergangszone zur Region des Deltas. Als Hauptorte gelten Rovigo,

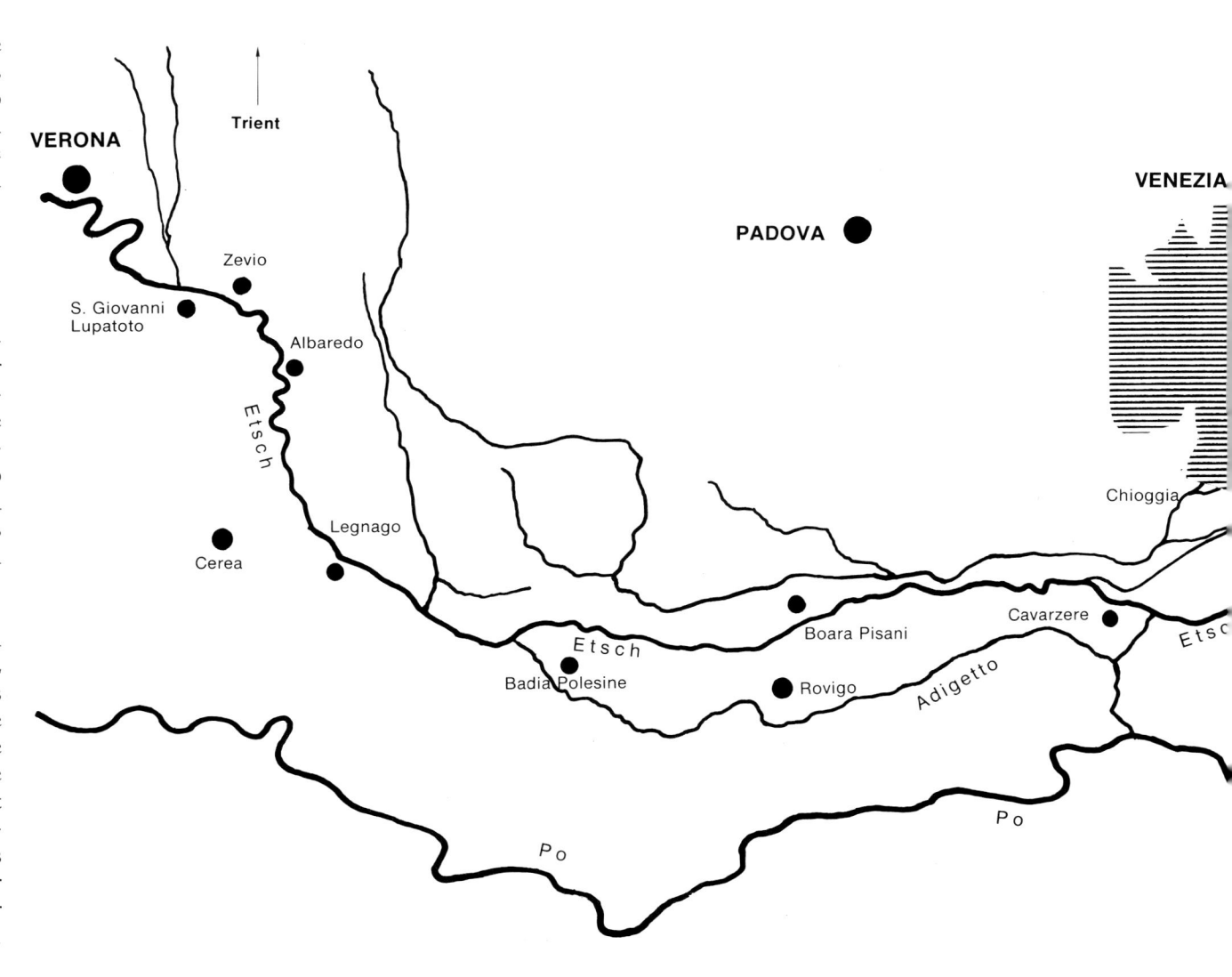

Erholungsgebiet „Etschdamm" in der Nähe von Rovigo (7 m), der Provinzhauptstadt im Süden der Region Veneto

Lendinara und Badia an der Etsch, von wo der sogenannte Adigetto abzweigt. Im Polesine wurde der größte Teil der ehemaligen Feuchtgebiete erst in jüngerer Zeit trockengelegt. Die Fischerei wird nur mehr in den zahlreichen Wassergräben betrieben. Stellenweise begleiten noch Pappeln und Weiden die Flußufer. Im sogenannten „Basso Polesine" liegen die Orte Loreo und Adria, das ca. 21 Kilometer vom Meer entfernt ist. Die letztgenannte Ortschaft war bereits in der Antike von großer Bedeutung und hat dem Adriatischen Meer den Namen gegeben. Das ursprünglich direkt am Meer gelegene Adria wurde von den Ablagerungen des Po und der Etsch allmählich ins Landinnere verdrängt. Die Gewässer der Etsch und des Po sind durch zahlreiche größere und kleinere Kanäle miteinander verbunden (z. B. Canalbianco, Canale Scortico, Canale di Loreo). Im Vergleich zu früher, wo weite Gebiete im Bereich der Etsch versumpft und daher ohne Verkehrsverbindungen waren, spielt heute die Schiffahrt keine größere Rolle mehr. Einst wurde die Wasserkraft der Etsch auch zum Betrieb von Mühlen verwendet.

Im Gegensatz zum Po mündet die Etsch bei Fossone südlich von Chioggia ohne Entwicklung eines größeren Deltas in die Adria. Im Bereich der Mündung befinden sich einige Inseln, die sich aus den Sedimenten der Etsch gebildet haben und die jenen des Po-Deltas ähnlich sind. Sie gehören zur Gemeinde Chioggia (Provinz Venedig) und umfassen eine Fläche von ca. 70 Hektar. Diese Inseln beherbergen eine vielfältige hygrophile Vegetation, die einst typisch für die Sumpf- und Küstengebiete des Adriatischen Meeres war. Hier halten sich — zumal im Winter — viele Wasservögel auf, darunter Enten und Bläßhühner. Diese Inseln im Bereich der Etschmündung sollten wegen der artenreichen Flora und Fauna auf jeden Fall als Schutzgebiete ausgewiesen werden. Die

Röhricht und verschiedene Laubhölzer säumen das Wasser des Etsch-Deltas ein.
Fischer am Naviglio Adigetto

Mündungsbereich der Etsch in das Adriatische Meer. Das Brackwasser (Süß- und Salzwasser) ist ein wichtiger Lebensraum für zahlreiche Fischarten.

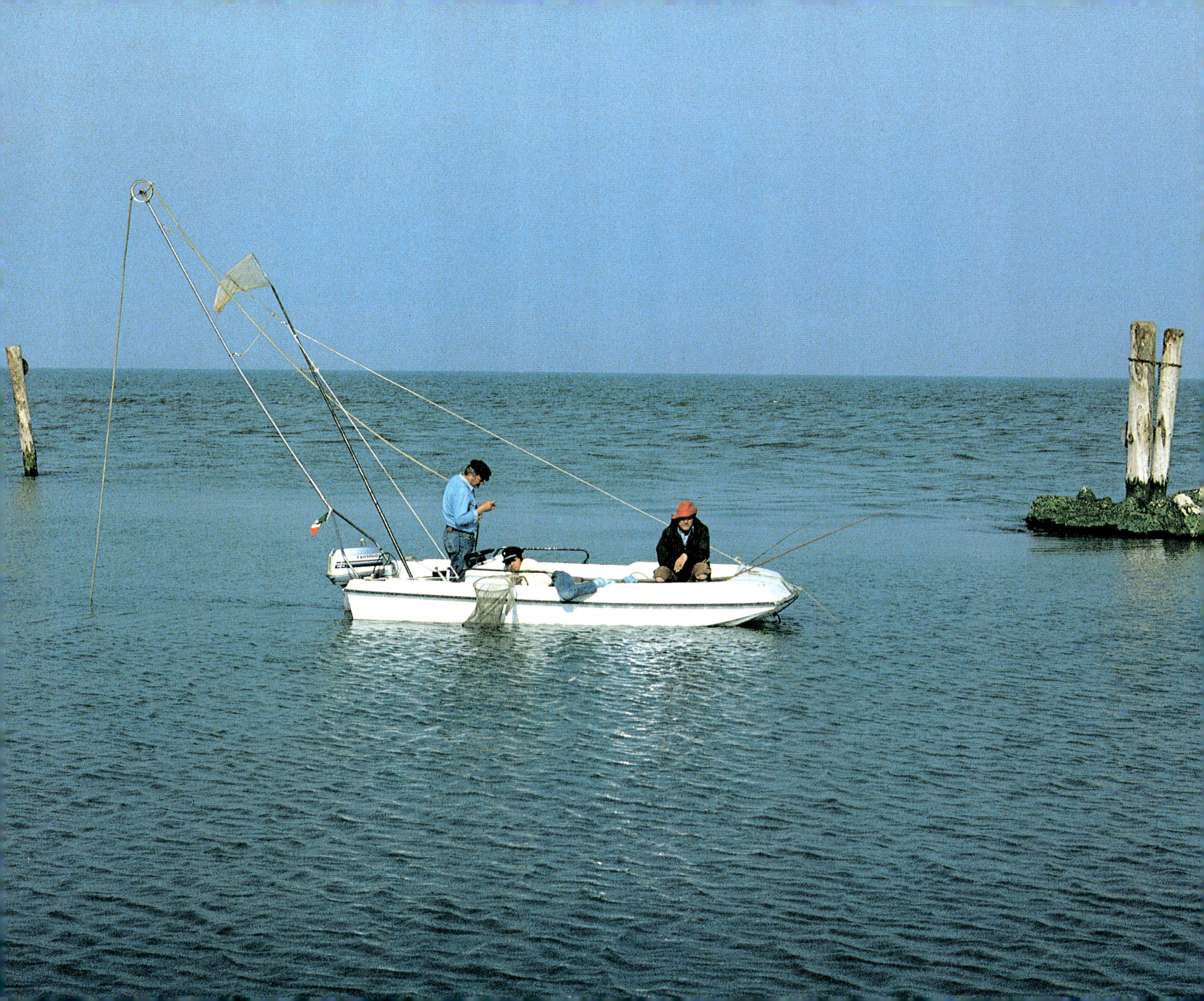

restlichen Sumpflandschaften und Deltazonen spielen auch noch eine große Rolle für die Fischerei bzw. die Fischzucht. Chioggia ist als Fischereihafen immer noch von Bedeutung.

Unter „Valli" versteht man Lagunen. Sie sind vom Meer durch Wälle aus Sand getrennt, die sich aus den Schwemmstoffen der Flüsse gebildet haben. Wegen des wechselnden Salzgehaltes im Bereich der Flußdeltas konnten sich darin vielfältige Lebensgemeinschaften entfalten. Hier nisten Sumpf- und Wasservögel in einer naturnahen Landschaft, in der die Pflanzenwelt besonders durch den Queller, das Salzkraut und das Seegras vertreten ist. Wo das Gelände offener und der Wasserstand niedriger wird, halten sich in Mengen Stock-, Spieß-, Kolben- und Reiherenten auf, die zweimal jährlich Italien durchfliegen. In diesen „Valli" wird auch die Fischerei ausgeübt. Es kommt nicht selten vor, daß die Etsch im Winter von schwimmenden Eisinseln bedeckt ist.

Der Po führt sehr viel feinkörniges Material mit sich. Durch seine Aufschlickung werden die Nebenflüsse weit verschleppt, so daß sie wie die Etsch parallel zum Po verlaufen. Lagunen und Fischzuchten, Felder und Siedlungen, Deiche und Entwässerungsgräben prägen die Landschaft, die teilweise unter der Höhe des Meeresspiegels liegt. Trotz der gewaltsamen Eingriffe des Menschen, insbesondere der intensiven Entwässerungsmaßnahmen, sind noch Landstriche mit dichtem Röhricht aus Phragmites, Queller und Bleiwurzgewächsen mit kleinen Inseln aus Schlamm und Sandbänken erhalten geblieben, auf denen sich Möwen, Seeschwalben und Wasserhühner aufhalten. Viele Pflanzenarten sind hier noch heimisch, darunter zum Teil sehr seltene. Weitere „Meliorierungsmaßnahmen" und Nutzungen für den Badebetrieb sind nicht mehr zu verantworten. Das Mündungsgebiet der Etsch und insbesondere das noch bedeutendere Po-Delta (ca. 400 km^2) sollten als Naturschutzgebiete kompromißlos erhalten und gepflegt werden.

Abendstimmung im Mündungsgebiet der Etsch

Dieses Foto der weiteren Umgebung des Etsch-Deltas zeigt, wie sich eine vom Meer und den Flüssen geprägte Naturlandschaft durch menschliche Eingriffe verändert hat. Neben Lagunen, teils „lagune" und teils „valli" genannt, prägen Fischzuchten, Kanäle, Felder und Siedlungen das Landschaftsbild.

Nahe dem Südende der Lagune von Venedig und unweit des Etsch-Deltas liegt der wichtige Fischereihafen Chioggia (2 m). Diese Stadt wird wegen ihrer malerischen Gassen und der an Venedig erinnernden Kanäle viel besucht. Abb. Seite 196

Inseln aus Schlamm und Sandbänken im Mündungsgebiet der Etsch. Auf ihnen hat sich eine üppige Vegetation entwickelt. Abb. Seite 197

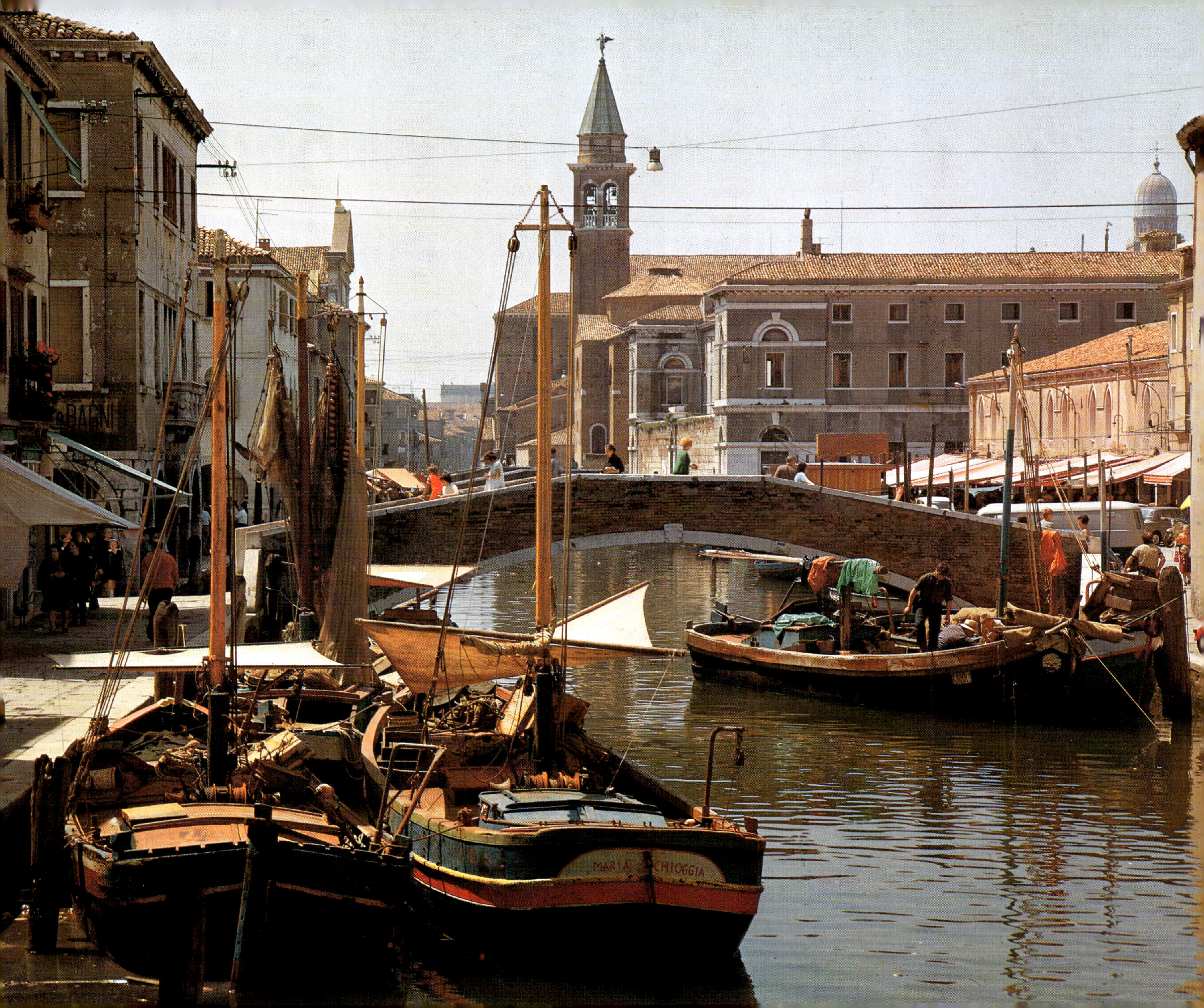
BAGNI
MARIA
CHIOGGIA

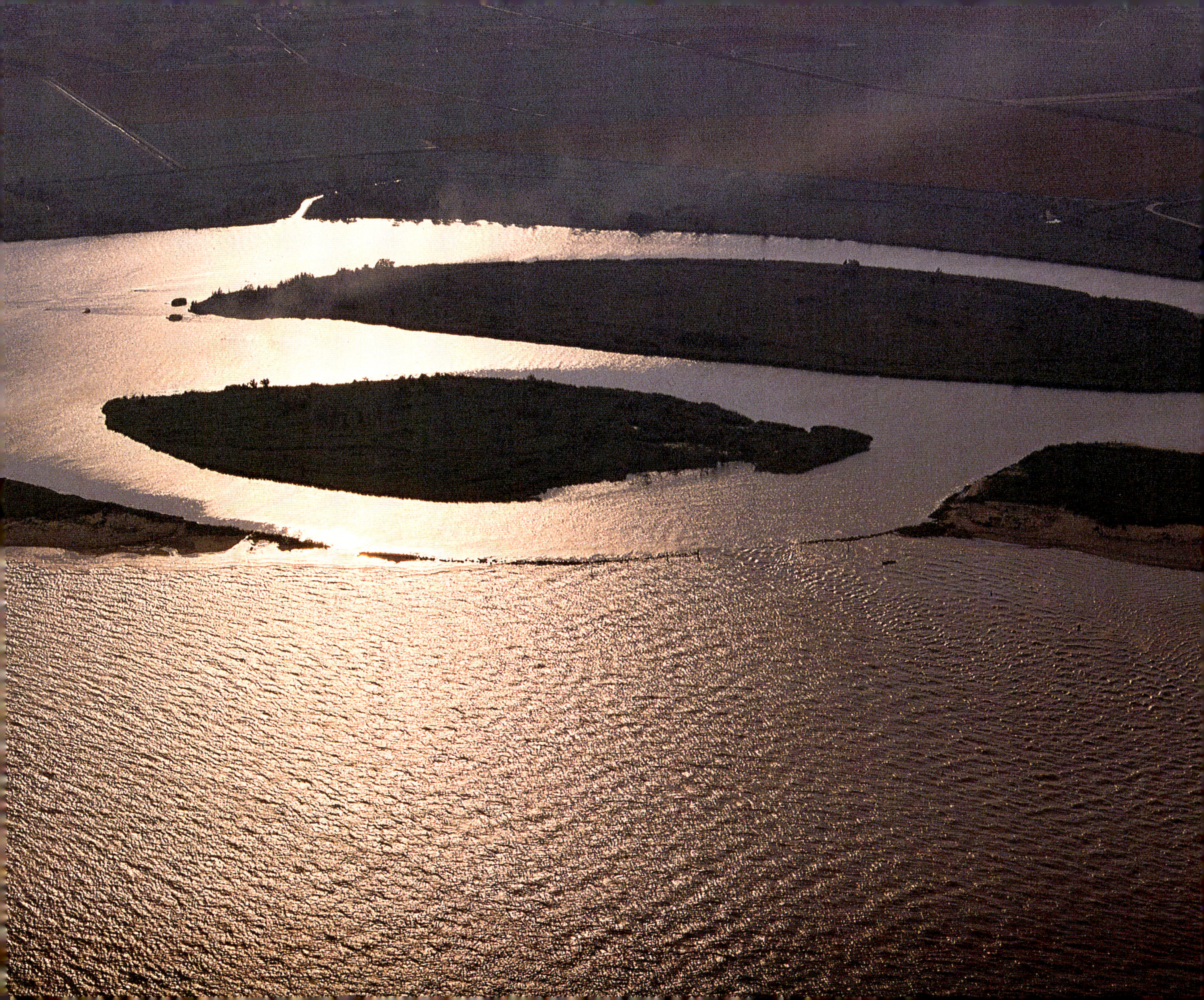

Trotz der starken menschlichen Eingriffe sind im Bereich des Etsch-Deltas Zonen mit dichter Vegetation erhalten geblieben. Die beiden Fotos zeigen die Etschmündung sowohl in Richtung Meer als auch in Richtung Festland.

Stellenweise weist das Mündungsgebiet der Etsch eine artenreiche Vegetation auf.

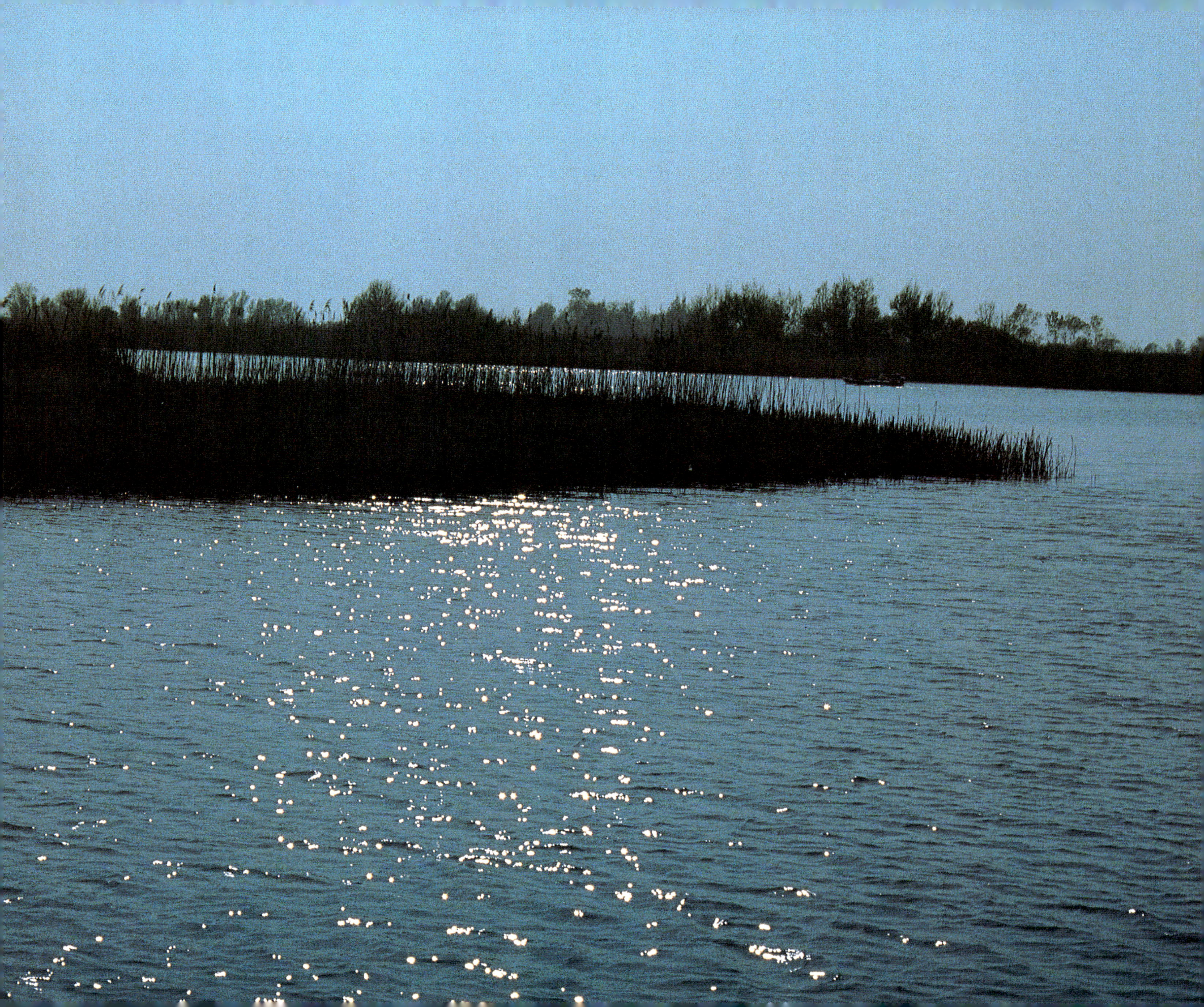

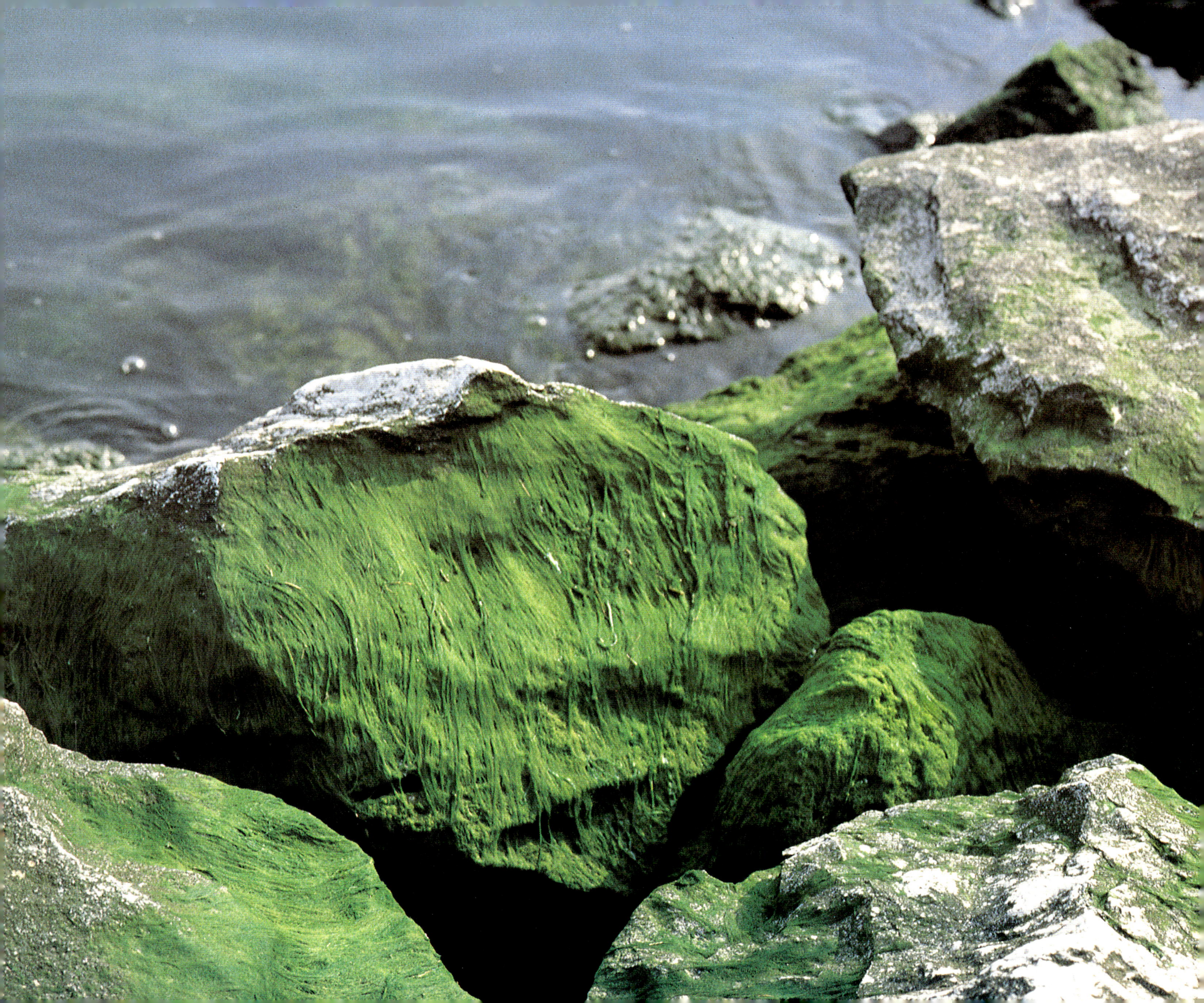

Von Algen und anderen niederen Pflanzen überzogene Steine im Bereich des Etsch-Deltas

Morgenstimmung an der Adria

Wie sauber ist die Etsch?

Viele Menschen leben im Einzugsgebiet der Etsch, einem zum Teil landwirtschaftlichen, zum Teil industriellen Raum. Wegen der dichten Besiedlung und der vielseitigen Verwendung des Wassers werden in die Etsch und ihre Seitenbäche allenthalben Abwässer eingeleitet. Die Verschmutzung stammt aus verschiedenen Quellen. Teils handelt es sich um ungereinigte Abwässer aus Wohngebieten, teils aber auch um Rückstände einer übermäßigen landwirtschaftlichen Düngung, die in den Fluß gelangen. Dazu kommen bewußt oder unbewußt eingeleitete Industrieabwässer und -abfälle, Öle, Abwässer aus Müllhalden und andere Rückstände.

Anläßlich eines von der Region Veneto in Zusammenarbeit mit dem Institut für Hygiene der Universität Padua im Jahre 1977 abgehaltenen Kongresses versuchten Wissenschaftler und leitende Behördenvertreter Aussagen über den Zustand des Etschwassers zu machen. Pro Jahr werden schätzungsweise 50.000 Tonnen an organischen Stoffen direkt oder indirekt in die Etsch geleitet. Dazu kommen Abfälle von Industriebetrieben, die noch zu einem guten Teil ohne Kläranlagen arbeiten. Von 1972 bis 1975 wurden an 18 verschiedenen Stellen des Etschlaufes Untersuchungen über die chemischen und physikalischen Eigenheiten des Wassers durchgeführt. Wegen mangelnder Koordinierung sind allerdings die Ergebnisse unterschiedlich zu werten. So nimmt beispielsweise der Phosphatgehalt des Etschwassers südlich von Bozen, Trient, Rovereto und Verona zu; gering sind die Konzentrationen hingegen zwischen Zevio und Boara-Polesine, da größere Zentren fehlen. Die Messungen des Ammoniaks, eines Abbauproduktes stickstoffhaltiger organischer Substanzen, ergaben: leicht verschmutztes Etschwasser vom Vinschgau bis Bozen, stark verschmutzt bei Bozen und im Unterland bis Salurn, leicht verschmutzt bis Rovereto und stark verschmutzt bei Mori. Die Belastung des Etschwassers mit Ammoniak nimmt bei Borghetto ab, steigt aber dann wiederum stark bis Zevio; nicht verschmutzt ist das Etschwasser bei Boara Pisani.

Was den Sauerstoffgehalt anbelangt, sind die Verhältnisse im Oberlauf der Etsch (bis Salurn) zufriedenstellend; für den restlichen Flußverlauf ergibt sich ein leichtes Defizit, das von Zevio bis Boara-Polesine wieder ausgeglichen wird. Völlig ungenügend sind die bisher durchgeführten Messungen über den Chlor-, Kupfer-, Chrom- und Bleigehalt des Etschwassers, über die mitgeführten Detergentien, Pestizide und Mineralöle. Immerhin läßt sich die Aussage machen, daß die Etsch im Oberlauf — zumindest streckenweise — einen hohen Grad an Selbstreinigungskraft aufweist. Soweit allerdings infolge Stauungen für hydroelektrische Zwecke Mindest- oder Restwassermengen fehlen, ist auch die Selbstreinigungskraft des Wassers weitgehend erloschen. Der trostlose Anblick vieler ausgetrockneter Fluß- und Bachabschnitte ist ein Hinweis darauf, wie nachhaltig auch die an sich „saubere" Energieform Wasserkraft in die Natur eingreift. Dies ist um so bedauerlicher, als man längst um die landschaftsbelebende Wirkung von rauschenden Flüssen und schäumenden Bächen weiß.

Im Mittel- und Unterlauf ist das Etschwasser mehr oder weniger stark verunreinigt; dementsprechend nimmt auch die Selbstreinigungskraft in besorgniserregender Weise ab. — Die Belastung des Etschwassers wechselt mit der im Laufe des Jahres ab- oder zunehmenden Wassermenge. Die Verschmutzung hat für die Anlieger der unteren Etschabschnitte schwere Folgen, denn sie sind auf die Verwendung des Etschwassers als Trink- und Bewässerungswasser angewiesen. Über eine Million Menschen benützen das Etschwasser direkt oder indirekt als Trinkwasser.

Sauerstoffgehalt, Plankton und Fischbestände sind für die Gesundheit des Wassers von ausschlaggebender Bedeutung. Jedes Gewässer vermag sich selbst zu reinigen, so lange nicht zu viele Abwässer zugeleitet werden. Abfallstoffe bilden die Nahrung für das Plankton, das wiederum den Fischen zur Nahrung dient. So hält sich das Wasser auf natürliche Weise sauber. Sein Sauerstoffgehalt verändert sich kaum, der Verlust wird ständig aus der Luft erneuert. Gelangen aber zu viele Abwässer in die Seen und Flüsse, vermehren sich die Algen und die übrigen Pflanzengesellschaften rasch, sterben ab und sinken zu Boden, wo sie sich unter hohem Sauerstoffverbrauch zersetzen. Es entsteht ein stinkender Faulschlamm; viele Lebewesen gehen zugrunde. Man sagt, daß das Gewässer „umkippt". Bei Flüssen dauert das „Umkippen" meist etwas länger als bei Seen, denn durch die Strömung gelangt mehr Sauerstoff von der Luft ins Wasser. Aber auch Flüsse sind gefährdet.

Was die Etsch und ihr Einzugsgebiet anbelangt, müssen die zuständigen Organe der daran beteiligten Provinzen bzw. Regionen ehestens alle nur möglichen Maßnahmen koordinieren und ergreifen, um der zunehmenden Wasserverschmutzung Einhalt zu gebieten. Wir verlieren Jahr für Jahr wertvollste Gewässersubstanz. Unsere Flüsse und Bäche brauchen auch dort, wo sie durch Staumauern oder Sperren abgedämmt sind, ein Minimum an Restwasser. Alle Feucht- und Wasserbiotope, die bisher vor Eingriffen verschont geblieben sind, müssen als Quellen des Lebens geschützt und gepflegt werden. Wesentlich erscheint auch eine naturnahe Verbauung der Fließgewässer, soweit dies überhaupt notwendig ist. Es bedarf einer ständigen Überwachung der Etsch von der Quelle bis zur Mündung, sei es durch regelmäßige Probeentnahmen an vielen Stellen oder durch Kontrollen mit Computern.

Die Einleitung von ungeklärten Abwässern nimmt besonders in den Monaten mit geringster Wasserführung ständig zu. Um so wichtiger ist die sofortige Errichtung von Abwassersammelsträngen der Wohn- und Produktionszentren und die Verwirklichung von Kläranlagen. — Umweltschutzmaßnahmen sind teuer, aber die Reinhaltung der Gewässer ist eine ebenso wichtige Aufgabe wie jene des Landschaftsschutzes. — Eine große Gefahr stellen schließlich die zahlreichen Mülldeponien dar, die an den Ufern der Bäche und Flüsse angelegt worden sind. Auch hier muß raschestens Abhilfe geschaffen werden. Nur wenn alle an der Etsch und an ihrem Einzugsgebiet beteiligten Bürger zusammenarbeiten, besteht die Hoffnung, daß dieser bedeutende Südalpenfluß allmählich wieder rein wird. Geben wir der Etsch eine Chance!

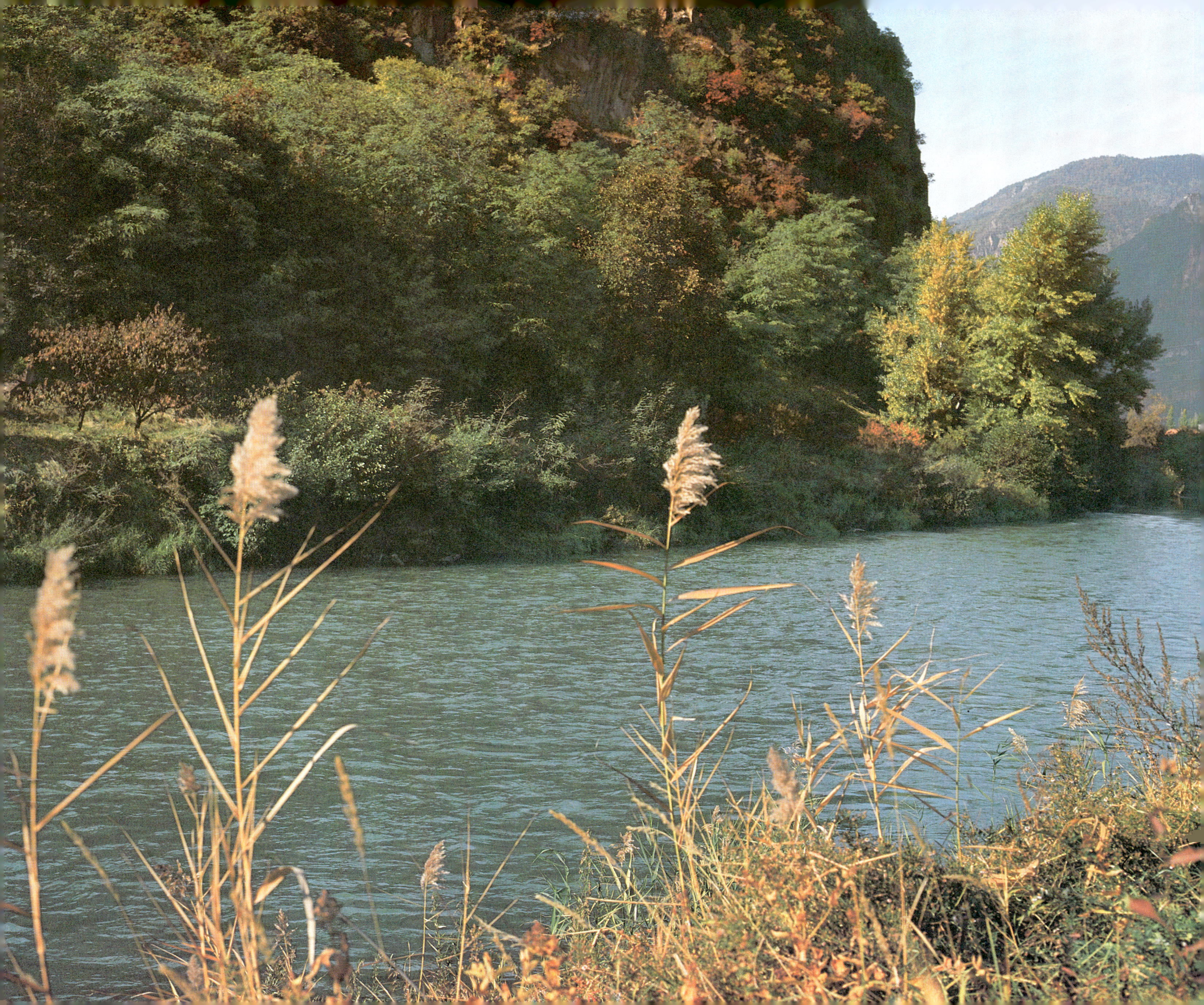

Benützte Literatur

Associazione Gruppi Naturalistici della Lessinia: La Lessinia — ieri, oggi, domani. Quaderno culturale 1980 (reichhaltiges Literaturverzeichnis)

Atti del Convegno — Conoscenze attuali sullo stato di inquinamento del fiume Adige. Regione del Veneto, Giunta regionale, con la collaborazione del II° Ist. di Igiene dell'Univ. di Padova. Verona 1977

Autonome Provinz Bozen - Südtirol: Die Auen von Schluderns als Biotop. Assessorat für Umweltschutz. Bozen 1976

— Das Moor „Rasen-Antholz" ein Biotop. Assessorat für Umweltschutz. Bozen 1980

— Der Gletscher, natürlicher Speicher, Aufgaben und Schutzmaßnahmen. Assessorat für Umweltschutz. Bozen 1981

— Naturpark Fanes-Sennes-Prags. Assessorat für Umweltschutz. Bozen 1982

— Naturpark Schlern. Assessorat für Umweltschutz. Bozen 1982

— Lebensräume in Südtirol. Die Pflanzenwelt. Amt für Naturparke. Bozen 1983

— Naturpark Trudner Horn. Assessorat für Umweltschutz. Bozen 1983

— Fische und Angeln in Südtirol. Assessorat für Landwirtschaft und Forstwesen. Bozen (Athesia) 1983

Bassi, M. Rosa: Das Deutschnofner Reifholz und die Floßfahrt auf der Etsch; die Bozner Märkte. Der Schlern 4, Bozen (Athesia) 1981

Bernardi, G.: La Valle dell'Orco. Natura Alpina, vol. XXII, Nr. 1, Trento 1971

Bonicelli Vardabasso, S.: Lo spartiacque dell'Adige. Natura Alpina 4, Museo Tridentino di Scienze nat., Trento 1964

Catasto dei Ghiacciai Italiani, anno geof. 1957—1958; vier Bände. Consiglio Nazionale delle Ricerche, Comitato Glaciologico Italiano, Torino 1959—1961

Corrà, G.: Dante e gli Slavini di Marco. Natura Alpina, vol. XVII, Nr. 1, Trento 1966

— La distribuzione del leccio e dell'olivo nella Val Lagarina. Natura Alpina, vol. XIX, Nr. 2, Trento 1968

— Il ruolo delle glaziazioni quaternarie nelle vicende della idrografia atesina. Natura Alpina, vol. XXV, Nr. 4, Trento 1974

Dalla Fior, G.: La nostra flora. Monauni. Trento 1969

Dalla Torre, K. W. — Sarnthein, L. G.: Die Farn- und Blütenpflanzen von Tirol, Vorarlberg und Liechtenstein; sieben Bände. Innsbruck (Wagner) 1906—1913

Delago, H.: Dolomiten-Wanderbuch. Innsbruck (Tyrolia) 1972

Engelhardt, W.: Was lebt in Tümpel, Bach und Weiher? Kosmos-Naturführer. Stuttgart (Franckhsche V.) 1967

Farneti, G., Pratesi, F. und Tassi, F.: Natur-Reiseführer Italien, BLV Verlagsgesellschaft mbH, München 1975

Fliri, F.: Die Niederschläge in Tirol und in den angrenzenden Gebieten im Zeitraum 1931 bis 1960. Wetter und Leben, Sonderheft X zum Jg. 17, 3—16, Wien 1965

— Das Klima der Alpen im Raum von Tirol. Innsbruck (Wagner) 1975

Fischer, K.: Die Murkegel des Vinschgaus. Der Schlern, 40, 24—34, Bozen (Athesia) 1966

Gorfer, A.: Le valli del Trentino. Trentino occidentale e orientale; zwei Bände, Calliano - Trento (Manfrini) 1975, 1977

Gruppo di Lavoro per la conservazione della Natura della Soc. Bot. Italiana. Censimento dei biotopi di rilevante interesse vegetazionale meritevoli di conservazione in Italia. Azienda di Stato per le Foreste Demaniali. Tipogr. Succ. Savini-Mercuri, Camerino 1971

Imboden, Chr.: Leben am Wasser. Kleine Einführung in die Lebensgemeinschaften der Feuchtgebiete. Verlag Schweiz. Bund für Naturschutz. Basel 1976 (reichhaltiges Literaturverzeichnis)

Klebelsberg, R.: Geologie von Tirol. Berlin (Bornträger) 1935

— Südtiroler geomorphologische Studien: Das mittlere und obere Eisacktal; das Pustertal. Schlern-Schriften, Museum Ferdinandeum, Innsbruck (Wagner) 1950, 1953, 1956

— Durch Tirol nach dem Süden. Schlern-Schriften, Museum Ferdinandeum. Innsbruck (Wagner) 1974

Kohlhaupt, P. — Reisigl, H.: Blumenwelt der Dolomiten. Bozen (Athesia) 1974

— Kleine Meraner Flora. Bozen (Athesia) 1980

Langes, G.: Ladinien. Kernland der Dolomiten. Ein Streifzug durch Gröden, Gadertal, Buchenstein, Fassa und Ampezzo. Bozen (Athesia) 1979

— Überetsch und Bozner Unterland. Landschaft und Leben im unteren Etschtal. Ein Streifzug von Sigmundskron bis zur Salurner Klause. Bozen (Athesia) 1981

— Burggrafenamt und Meran. Das Herzstück Tirols. Ein Streifzug durch das Meraner Etschtalbecken, das Tisenser Mittelgebirge, durch Passeier und Ulten. Bozen (Athesia) 1983

Leidlmair, A.: Das mittlere Etschtal. Wandlungen einer Südtiroler Kulturlandschaft. Hermann-Lautensach-Festschrift (Stuttg. Geogr. Studien, 69). Stuttgart 1957

Leonardi, P.: Le Dolomiti, geologia dei monti tra Isarco e Piave; zwei Bände. Rovereto (Manfrini) 1967/68

Marcuzzi, G.: La fauna delle Dolomiti. Calliano-Trento (Manfrini) 1975

Menara, H. P. — Rampold, J.: Südtiroler Bergseen. Bozen (Athesia) 1976

Migliorini, E.: Le regioni d'Italia. Veneto (vol. 4). Collana di monografie diretta da Roberto Almagià. Unione Tip.-Editrice Torinese 1962

Oberrauch, H.: Tirols Wald und Waidwerk. Schlern-Schriften, 88, XVIII, Innsbruck (Wagner) 1952

Ortner, P.: Zur Ornithologie des Etschtales. Der Schlern. Bozen (Athesia) 1969

— Naturpark Puez-Geisler. Autonome Provinz Bozen - Südtirol, Assessorat für Umweltschutz. Bozen 1978

— Tierwelt der Südalpen. Bozen (Athesia) 1978

— Vogelwelt der Südalpen. Bozen (Athesia) 1979

— Südtirol und die Dolomiten in Farbe. Kosmos-Reiseführer für Naturfreunde. Stuttgart (Franckhsche V.) 1979

— Mayr, Chr.: Südtiroler Naturführer. Bozen (Athesia) 1981

— Mayr, Chr.: Naturführer Südalpen. Bozen (Athesia) 1981 (reichhaltiges Literaturverzeichnis)

— Naturpark Texelgruppe. Autonome Provinz Bozen - Südtirol, Assessorat für Umweltschutz. Bozen 1982

— Kleine Tierwelt der Südalpen. Bozen (Athesia) 1982

— Südtirol — vielfältiger Lebensraum für Pflanze und Tier. Schutz seiner Landschaft, Biotope und Naturdenkmäler unerläßlich. Noi International, Nr. 66, Jänner-März, Klagenfurt 1984

— Naturpark Sextner Dolomiten. Autonome Provinz Bozen-Südtirol, Assessorat für Umweltschutz. Bozen 1984

Padoan, G.: Region Trentino - Tiroler Etschland. Tagung über das Einzugsgebiet der Etsch; Trient, 7.—8. April 1967.

Peer, Th.: Der Schwarzerlenbestand im Etschtal. Jahrb. des Vereins zum Schutz der Bergwelt e. V., 42. Band. München 1977

Pitschmann, H. — Reisigl, H.: Flora der Südalpen. Stuttgart (Fischer) 1965

Prinz zu Sayn-Wittgenstein, F.: Südtirol und das Trentino. Prestel Verlag München 1980

Rampold, J.: Bozen, Salten, Sarntal, Ritten, Eggental. Eine Führung durch die Stadt und Wanderungen in die Umgebung. Bozen (Athesia) 1979

— Vinschgau. Landschaft, Geschichte und Gegenwart am Oberlauf der Etsch. Bozen (Athesia) 1980

— Pustertal. Landschaft, Geschichte und Gegenwart an Drau, Rienz und Ahr. Bozen (Athesia) 1980

— Eisacktal. Landschaft zwischen Firn und Reben. Auf alten und neuen Wegen vom Brenner nach Bozen. Bozen (Athesia) 1981

Schenk, I. — Ladurner, F. — Wieser, H.: Krebsvorkommen in Südtirol. Tätigkeitsberichte des Biol. Labors in Leifers. Autonome Provinz Bozen - Südtirol, Assessorat für Umweltschutz

Stacul, P.: Wildbachverbauung in Südtirol gestern und heute. Sonderbetrieb für Bodenschutz, Wildbach- und Lawinenverbauung. Autonome Provinz Bozen - Südtirol. Bozen 1979 (reichhaltiges Literaturverzeichnis)

Staindl, A.: Kurze Geologie von Südtirol. An der Etsch und im Gebirge. Brixen (Weger) 1967

Stefenelli, F.: Die Gletscher Südtirols. CAI — Bozen 1958

Strimmer, A.: Die Steppenvegetation des mittleren Vinschgaues. Berichte des naturw.-med. Vereins. Innsbruck 1974

Stolz, O.: Geschichtskunde der Gewässer Tirols. Schlern-Schriften, 32, XII, Innsbruck (Wagner) 1936

Südtiroler Kulturinstitut — Jahrbücher: Ladinien; der Obere Weg; Brennerweg; das Südtiroler Unterland. Bozen 1965—1980

Svetina, L.: Die Marmorierte Forelle. Landes-Fischereiverband, 2. Internationale Fischereitagung. Bozen (1976)

Tomasi, G.: I laghi del Trentino. Trento (Manfrini) 1963

Touring Club Italiano: Guida d'Italia. Trentino-Alto Adige, Milano 1976

Trapp, O.: Tiroler Burgenbuch. Eisacktal-Burggrafenamt-Vinschgau-Sarntal. Bozen (Athesia) 1977 bis 1982

Weingartner, J.: Landschaft und Kunst in Südtirol. Bozen (Athesia) 1979

Widmoser, E.: Südtirol A—Z. Innsbruck (Südtirol V. Herbert Neuner) 1982

Wolkenstein, M. S. v.: Landbeschreibung von Südtirol, um 1600. Schlern-Schriften, Band 34, Innsbruck (Wagner) 1936

Der Venezianische Löwe auf einer Brücke der reizenden Inselstadt Chioggia Abb. Seite 204

Fotonachweis

M. Furlan, Neumarkt: S. 31
K. Gruber, Brixen: S. 117
W. Haberer, Terlan: S. 43 links, rechts oben, rechts unten
R. Hofer, Innsbruck: S. 53 unten, S. 54, S. 55, S. 162 unten, S. 163 unten links
R. Leitner, Sterzing: S. 141
L. Nübel, Fürstenfeldbruck: S. 11
J. Tappeiner, Meran: S. 16, S. 35, S. 74, S. 168
J. Zmöling, Mölzbichl: S. 86, S. 103 oben, S. 116, S. 163 oben links

Freigabe der Luftaufnahmen: Nr. 507 vom 20. 09. 1984; Nr. 413 und 394 vom 21. 09. 1978

Inhaltsverzeichnis

	Seite
Vorwort	5
Das Einzugsgebiet der Etsch	7
Allgemeines	7
Das Etschtal einst und jetzt	7
Orographischer Überblick	8
Der geologische Bau	12
Der alte Etschgletscher	14
Junge Veränderungen im Landschaftsbild	14
Die hydrographischen Grundlagen	18
Die Gletscher	18
Die Seen und das Grundwasser	25
Niederschläge und Hochwasser	30
Die Etschschiffahrt und die Flößerei	38
Die Etschmöser und die Folgen der Etschregulierung	41
Die Waldvegetation im Bereich der alpinen Etsch und ihrer Seitentäler	44
Die Fischfauna der alpinen Etsch und ihres Einzugsgebietes	52
Geographisch-ökologische Gliederung des Einzugsgebietes der Etsch	57
Der Vinschgau, das Tal der jungen Etsch	63
Das Meraner Becken	119
Das Etschtal zwischen Meran und Bozen	127
Der Bozner Talkessel	137
Eisack und Rienz, zwei bedeutende Zuflüsse der Etsch	142
Das Bozner Unterland und das Überetsch	157
Der Etschverlauf zwischen Salurner Klause und Trient	169
Das Val Lagarina (Lagertal)	177
Verona und die Monti Lessini	187
Die außeralpine Etsch und das Mündungsgebiet	191
Wie sauber ist die Etsch?	202
Benützte Literatur	204